Südschweden

HIGHLIGHTS | GEHEIMTIPPS | WOHLFÜHLADRESSEN

»Eine leise Minute ist eine lange Minute. –

En tyst minut är en lång minut.«

Schwedisches Sprichwort

Südschweden

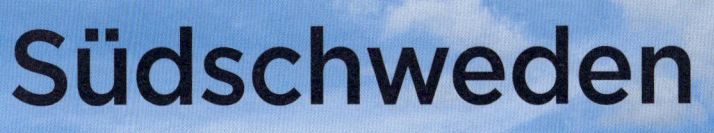

Claudia Rothkamp
Thomas Krämer
Petra Woebke

BRUCKMANN

INHALT

Die Uferpromenade des Strandvägen in Stockholm

Das sollten Sie sich nicht entgehen lassen	8
Mehr als nur Michel und Pippi	12

SKÅNE, BLEKINGE & HALLAND

1	Malmö	30
2	Malmö – Västra Hamnen	36
3	Lund	38
4	Helsingborg & Kullahalbinsel	42
5	Bjärehalbinsel & Ängelholm	50
6	Ystad & Südküste	54
7	Kristianstad & Vattenriket	64
8	Karlskrona & Ronneby	68
9	Varberg	74

SMÅLAND

10	Nationalpark Store Mosse	78
11	Växjö	82
12	Das Glasreich	84
13	Kalmar	92
14	Elchparks	98
15	Eksjö	102
16	Jönköping	106
17	Åsens by	110
18	Vimmerby	112

ÖLAND & GOTLAND

19	Öland	122
20	Visby & der Süden	130
21	Farö & der Norden	138

Ein freundliches Lachen an Mittsommer

STOCKHOLM & UMGEBUNG

22	Stockholm	144
23	Stockholm – Gamla Stan	154
24	Stockholm – Schärengarten	162
25	Stockholm – Schloss Drottningholm	168
26	Birka	172
27	Historisches Uppsala	174
28	Sigtuna	176
29	Schloss Gripsholm & Mariefred	180
30	Trosa & Stendörren	184
31	Nyköping	188
32	Schärenwelt von Gryt & Tjust	190

MEHR WISSEN

→ SÜDSCHWEDISCHE KÖPFE 60

→ SCHWEDISCHE GLASKUNST 90

→ ASTRID LINDGREN 114

→ STOCKHOLMS MUSEEN 152

→ LUST AUF EIN »FIKA«? 252

Fischerhütten an den Bootsstegen von Smögen

MEHR ERLEBEN

→ ABENTEUER AUF
  DEM WASSER   220

→ SÜDSCHWEDEN
  FÜR KINDER UND
  FAMILIEN   282

DAS LANDESINNERE

33	Auf dem Götakanal	194
34	Linköping & Umgebung	200
35	Vadstena	202
36	Rund um den Vättern	204
37	Nationalpark Tiveden	210
38	Örebro	214
39	Rund um den Vänern	216
40	Durch Västergötland	224
41	Kranichtanz am Hornborgasjön	228

Seite 2/3: Traumhaft ruhig – Hamburgsund
Linke Seite: Fischerboote bei Hunnebostrand
Rechte Seite: Idyllische Landschaft im Naturreservat Stendörren
Seite 8: Im Freilichtmuseum Linköping Gamla laden die liebevoll restaurierten Altstadthäuser zum Träumen ein.

42	Skulpturenstadt Borås	230
43	Aquädukt von Håverud	232
44	Wandern im Naturreservat Glaskogen	234

GÖTEBORG & WESTKÜSTE

45	Göteborg	240
46	Historisches Göteborg	248
47	Im Schärenreich von Göteborg	254
48	Smögen & Hamburgsund	262
49	Tanum & seine Felszeichnungen	266
50	Nationalpark Kosterhavet	268

Die alte Holzstabkirche von Källvik bei Stegeborg

REISEINFOS

| Südschweden von A bis Z | 274 | Register | 286 |
| Kleiner Sprachführer | 281 | Impressum | 288 |

DAS SOLLTEN SIE SICH NICHT ENTGEHEN LASSEN

❶ Visby (S. 130)

Die Weltkulturerbestadt Visby auf der Insel Gotland ist ein historisches Kleinod, das man einfach gesehen und erlebt haben muss. An die 200 Steingebäude aus dem Mittelalter sind hier noch ganz oder teilweise bewahrt, dazu zählen auch mehr als zehn Kirchenruinen aus dieser Zeit und eine über drei Kilometer lange Ringmauer, die in Nordeuropa ihresgleichen sucht. Daher ist es nicht verwunderlich, dass diese Hansestadt bereits im Jahr 1806 unter Denkmalschutz gestellt worden war.

❷ Die Altstadt von Stockholm (S. 154)

In der Stockholmer Altstadt »Gamla Stan« reihen sich in unmittelbarer Nähe des Königlichen Schlosses prächtige Renaissancepaläste und Handelshäuser in den schmalen und verwinkelten Gassen auf. Im Schatten der historischen Gebäude gibt es unzählige Cafés, Restaurants und Boutiquen, und hinter ihren Fassaden findet man auch heute noch Kellergewölbe und Kalkmalereien aus dem Mittelalter.

❸ Vimmerby & Astrid Lindgrens Welt (S. 112)

Für Familien ist der Besuch von Vimmerby ein absolutes Muss. Denn hier verbrachte Astrid Lindgren nicht nur ihre Kindheit und Jugendzeit, die kleine Stadt hat zudem die Autorin auch in ihren Büchern oft begleitet. Absolut unschlagbar für Kinder ist ein Tag im Theater- und Erlebnispark Astrid Lindgrens Welt (Astrid Lindgrens Värld) in Vimmerby.

❹ Wandern im Nationalpark Tiveden (S. 210)

Der Tiveden-Nationalpark ist mit seinen Seen, Mooren und Wäldern eine Art Schweden en miniature. Die Wege und Pfade sind ein Traum für Wanderer, die die Schönheit der Landschaft en gros und en détail suchen und Muße haben.

❺ Glasreich (S. 84)

Ein Besuch im schwedischen Glasreich (Region Småland) vereint faszinierende Handwerkskunst und Shoppinglüste inmitten wunderschöner Natur. Insbe-

Historische Hafenansicht in Visby offenbart einen Blick auf alte Gildenhäuser.

Das sollten Sie sich nicht entgehen lassen

Pukeberg Glasbruk ist bekannt für seine außergewöhnlichen Kunstwerke aus Glas.

sondere in den kleineren Glashütten kann man die jahrhundertealte Tradition der Glasbläser hautnah miterleben und auch selbst einmal Hand anlegen.

6 Mit dem Kajak in die Schären (S. 190)

Die Schären – ob an der West- oder an der Ostküste – sind wie geschaffen für eine kleine oder größere Tour mit dem Seekajak. Das Gewirr aus diesen unzähligen unterschiedlich großen Inseln bietet Schutz vor großen Wellen und eröffnet faszinierende Blicke auf Fauna und Flora. Picknickkorb einpacken, eine eigene kleine Insel suchen und den Blick über die Schärenwelt genießen – ein perfekter Tag!

7 Fårö (S. 138)

Auf der kleinen Insel Fårö nördlich von Gotland hat die Natur ganz besondere Kunstwerke aus Kalk geschaffen: Bis zu zehn Meter hoch sind die imposanten Felsformationen, die sogenannten Raukar, die im warmen Licht der Abendsonne besonders stimmungsvoll wirken. Im Nebel verleihen sie der kargen Landschaft einen geradezu gespenstischen Charakter.

Der Raukstein »Jungfrau« in Lickershamn ist 14 Meter hoch.

Wasseransicht auf Gamla Stan

❽ Bootstour auf dem Götakanal (S. 194)

Bei einer Schiffstour mit einem der nostalgischen Götakanal-Schiffe erlebt man die schwedische Landschaft rund um den Götakanal auf eine ganz eigene und entschleunigte Weise. Es ist eine Fahrt in eine Zeit, in der das Tempo des Alltags seine Bedeutung verliert, während die Landschaft langsam an den Fahrgästen vorbeigleitet. Wer es etwas sportlicher will, absolviert die gleiche Strecke mit dem Fahrrad auf gut ausgebauten Wegen.

❾ Gamla Linköping (S. 200)

Wie aus einem Bilderbuch entsprungen kommt das Freilichtmuseum Gamla Linköping daher. Hier reihen sich historische Holz- und Steinbauten aneinander und bilden ein perfektes Schweden-Idyll. Dies ist der Ort, um gedanklich im Bild des alten Schweden zu schwelgen, ja, es sogar zu leben. Man fühlt sich wie in einem Traum.

❿ Weihnachtsstadt Göteborg (S. 240)

In der Adventszeit verwandelt sich Göteborg in ein wahres Lichtermeer. Kreative Lichtinstallationen und stimmungsvolle Darbietungen versetzen die Besucher in richtige Weihnachtsstimmung. Und es lockt natürlich der besonders schöne Weihnachtsmarkt im Vergnügungspark Liseberg, der alljährlich mit Millionen Lichtern geschmückt wird.

MEHR ALS NUR
Michel und Pippi

Zwischen der Ostseeküste und den Schären im Westen Südschwedens erstreckt sich eine vielfältige Landschaft mit dichten Wäldern, lauschigen Seen und weiten Feldern. Dazu kommt die interessante Geschichte dieser Region, die hin- und hergerissen war von den Machtansprüchen der verschiedenen Herrscher. Und die rot-weiße Idylle aus den Astrid-Lindgren-Büchern, die findet man hier natürlich auch.

An Skandinavien scheiden sich dennoch die Geister der Urlauber. Für manchen kommt die Region als Ziel nicht infrage, da es angeblich immer kalt ist und regnet (was nicht stimmt!). Andere haben sich regelrecht in die Idylle mit rot-weißen Häusern, hübschen Seen und tollpatschigen Elchen verliebt, reisen alljährlich nach Schweden, haben sich sogar eine »stuga«, ein kleines Häuschen gekauft. In einer schwedischen Zeitung war schon vom »Bullerbü-Syndrom« der Deutschen die Rede, die im Norden ihre heile Welt suchen.

Südschweden für Einsteiger

Der Süden des Landes ist als Einstieg für »Schweden-Anfänger« bestens geeignet.

Die Öresundbrücke verbindet Schweden und Dänemark.

Bis auf die kargen Fjell Lapplands findet man hier so ziemlich alles, was das »Tre-Kronor-Land« ausmacht. Grandiose Küstenlandschaften, lauschige Seen und Wälder, umtriebige Städte und kleine Dörfer. Südschweden ist schnell und einfach zu erreichen. Seit mehreren Jahren kann man das Land über beeindruckende Brückenkonstruktionen via Dänemark komplett auf dem Landweg erreichen. Oder man nimmt die Fähre, ist entweder eine ganze Nacht oder nur mehrere Stunden auf dem Wasser und erreicht eine der vielen Hafenstädte an der südschwedischen Küste.

In Astrid Lindgrens Värld in Vimmerby werden Kinderträume wahr.

Das Land ist sehr einfach zu bereisen. Das Straßennetz ist gut ausgebaut, Beschilderungen sind klar und fehlen nie. Kleine Nebenstrecken sind bisweilen nicht asphaltiert. Aber keine Angst vor Schotterpisten. Auch diese Straßen werden meist gut gepflegt. Im Verkehr geht es außerdem erheblich gemächlicher zu als in Deutschland. An die Tempolimits sollte man sich tunlichst halten – die Strafen für Überschreitungen sind horrend!

In jeder Stadt und praktisch in jedem touristisch bedeutsamen kleineren Ort gibt es eine Touristeninformation, die an einem »T« zu erkennen ist. Dort steht man Ihnen immer gern mit Rat und Tat zur Seite und gibt Tipps zu den schönsten Reisezielen oder hilft bei Fragen zur Unterkunft oder nach einem guten Restaurant. Sprachprobleme sollten keine auftauchen, da nahezu alle Schweden Englisch, bisweilen auch Deutsch sprechen: Eine gute Voraussetzung, um das Land ganz entspannt kennenzulernen.

Beste Reisezeit

Wann sollte man nach Südschweden reisen? Die Antwort darauf fällt nicht ganz leicht. Ganz sicher sind die Sommermonate zwischen Juni und August die klassische Urlaubszeit für Südschweden. Dann sind die Tage lang, Temperaturen von 25 Grad und mehr werden erreicht. Außerdem erwärmen sich die im Winter zugefrorenen Seen sehr schnell und sind

Einleitung

Schwedens Wetter ist viel besser als sein Ruf. Und für den Notfall greift man eben zum Regenschirm.

ideal zum Baden. Die Schweden selbst gehen traditionell nach »Midsommar«, also nach dem längsten Tag des Jahres Ende Juni, in den Urlaub. Dann kann es auf dem einen oder anderen Campingplatz besonders an der beliebten Westküste eng werden. Eine Reservierung ist also empfehlenswert.

Aber auch der Herbst, besonders der September, ist eine gute Zeit, besonders für Aktivurlauber. Allerdings wird das touristische Angebot Mitte, spätestens Ende August vielerorts zurückgefahren. Das bedeutet, dass so manche Sehenswürdigkeit geschlossen ist oder die Öffnungszeiten reduziert sind. Wer allerdings in der Natur unterwegs ist, muss nicht mehr mit Mücken rechnen, was je nach Ort und Witterung ein Vorteil sein kann. Auch der Winter hat seinen Reiz und bietet vielfältige Möglichkeiten für Wintersportler.

Das Wetter

In Schweden regnet es die ganze Zeit, und kalt ist es außerdem? Zugegeben: Mit stabilem Mittelmeerklima kann das Land auch im Süden nicht mithalten. Aber die Realität ist weit besser als das Image. Temperaturen von 20, gar 25 Grad Celsius und mehr sind die sommerliche Regel. Im südöstlichen Schweden liegt mit 38 Grad Celsius der Landesrekord. Es können sogar lange Trockenperioden (wie auch selten einmal eine längere Regenperiode) vorkommen. Sprich: Das Wetter unterscheidet sich nicht so sehr von dem in Mitteleuropa. Lediglich schwüles Gewitterwetter gibt es seltener, dafür die hübschen Schäfchenwolken, die über den blauen Himmel huschen.

Die Tage allerdings sind im Sommer erheblich länger. Schon in Südschweden wird es im Juni und Juli kaum noch richtig dunkel. Die Sonne, die dann sehr schräge Bahnen zieht, zaubert immer wieder fantastische Lichtstimmungen an den Abendhimmel.

Südschwedens Landschaft

Das Südschweden, das gibt es nicht. Zu sehr unterscheiden sich die Landschaften voneinander. Da sind die weiten Felder von Skåne, der Kornkammer des Landes, wo die Landwirtschaft aufgrund des vergleichsweise milden Klimas und der guten Böden schon immer eine große Rolle gespielt hat. Das reiche Land brachte auch reiche Menschen hervor, wie an den vielen Schlössern und Herrenhäusern zu sehen ist. An der Küste von Skåne – oder auch Schonen – findet man lange Sandstrände mit besten Bademöglichkeiten. In den Küstenstädtchen haben Fischfang und Handel immer eine große Rolle gespielt.

Ystad gehört da sicherlich zu den bekanntesten Orten, wenn auch in einem ganz anderen Zusammenhang. Hier war der vom Krimiautor Henning Mankell geschaffene Kommissar Wallander auf der Jagd nach Mördern unterwegs.

An Skåne, auch Schonen genannt, schließt sich im Norden Småland an, das wie kaum eine andere Landschaft stellvertretend für das »typische« Schweden steht. Es ist das Land mit den rot-weißen Häuschen an den Seen. Hunderte Gewässer sind es, die diesen Landstrich zu einem Paradies für Wassersportler machen, für Angler oder einfach Menschen, die ihre Ruhe und Erfüllung an einem Ufer finden, gegen das sanft die Wellen plätschern. Und mittendrin ist das Glasreich mit seiner langen Glasbläsertradition.

Dann ist da die prächtige Inselwelt an der schwedischen Westküste. Schären nennen die Schweden diese kleinen und größeren Inseln, die manchmal nur ein Fels im Meer sind, bisweilen aber auch von grünen Kiefern bewachsen sind und an denen einsame Sandstrände zum Baden einladen. Hier verbringen viele Schweden selbst ihren Urlaub, lassen ihr Boot zu Wasser, um in einer stillen

Das Naturreservat Glaskogen ist bei Naturfreunden sehr beliebt.

Einleitung

Nur mit Mühe können sich Bäume auf den kargen Felsen festkrallen.

Bucht der Sonne beim Untergehen zuzusehen. Unbedingt sehenswert sind die vielen kleinen Fischerdörfer, deren Häuser schon einmal wie Pilze aus dem nackten Fels gewachsen zu sein scheinen. Ein Sonnenuntergang am Meer mit ein paar Krabben auf dem Teller und den Rufen der Möwen am Himmel gehören mit Sicherheit zu den unvergesslichen Erlebnissen einer Südschweden-Reise. Västergötland mit den großen Seen Vänern und Vättern steht in Kontrast zu den Wäldern Smålands. Hier dominieren weite Felder, die immer wieder an Wälder stoßen. Das besondere an Västergötland ist der Reichtum an mittelalterlicher Geschichte, der sich in Schlössern, Klöstern und Kirchen manifestiert. Und die beiden Seen sind an sich schon ein Reiseziel, an dem man seinen Urlaub zwischen Wald und Wasser verbringen kann. Im westlich des Vänern gelegenen Dalsland kann man schon ein wenig Nordland-Feeling erhaschen. Unzählige Bäche und Flüsse, lang gestreckte Seen und einsame Wälder machen dieses Gebiet zu einem beliebten Ziel bei Outdoor-Sportlern, die wandern oder paddeln wollen. Siedlungen findet man hier nicht sehr viele.

Vielfältig präsentieren sich Östergötland und Södermanland. Hier reichen sich Natur und Kultur die Hände. Denn unter dem Einfluss der nahen Hauptstadt Stockholm siedelten sich gerade in Södermanland (manchmal auch kurz Sörmland genannt) wohlhabende Industrielle und Großgrundbesitzer an, die hier exklusive Wohnsitze errichten ließen. Dass diese an den schönsten Plätzen zu finden sind und meist Zugang zum Meer oder den Seen haben, verwundert nicht. Am ausgedehnten Seensystem steht man an der Wiege des Landes, an dessen Ufern sich Geschichte und Geschichten abgespielt haben. Die Wikinger lebten hier, auch der schwedische Freiheitsheld und erste König Gustav Vasa. Und die Hauptstadt Stockholm wäre ohne den Mälaren, der hier das Land mit der Ostsee verbindet, nicht denkbar.

Ganz besondere Landschaften erlebt man auf den schwedischen Ostseeinseln. Öland – direkt vor der Küste bei der historisch bedeutsamen Stadt Kalmar gelegen – besteht im Gegensatz zum größten Teil Südschwedens aus Kalk. Die Stora Alvaret, eine karge Heidefläche, gehört zu den exotischsten Landschaften des ganzen Landes. Einen ganz eigenen Charakter hat die zwischen Süd-

An Stränden wie hier bei Tobisvik blühen im Sommer duftende Heckenrosen.

schweden und Lettland mitten in der Ostsee gelegene Insel Gotland. Auch sie besteht aus Kalkgestein und hat mit der mittelalterlichen Stadt Visby ein echtes Highlight zu bieten.

Und dann ist da noch die Hauptstadt Stockholm, die aufgrund ihrer Lage auf vielen kleinen und größeren Inseln als das »Venedig des Nordens« bezeichnet wird und einem Vergleich mit ihrem italienischen Pendant spielend standhält. Nicht nur kulturell, sondern auch an Lebensfreude, besonders im Sommer. Die kurzen Nächte lassen dann die Stadt förmlich sprühen. Hinzu kommt das vielfältige Angebot an Museen, Schlössern und Kirchen. Der Schärengarten vor Stockholm gehört zur Stadt wie eben die berühmte Altstadt »Gamla stan« mit ihren schmalen Gassen und fantastischen Häusern. Trotzdem ist man auch in der Hauptstadt der Natur sehr nahe. Das Wasser ist sauber, man kann darin baden, fischen oder mit dem Boot fahren.

Tiere und Pflanzen

Ein Tier gibt es, das jeder Schwedenurlauber zu sehen wünscht. Das ist – natürlich – der Elch. So tollpatschig die Tiere jedoch aussehen: Ganz ungefährlich sind sie nicht. Wer zwischen Mutter und Jungtier kommt, den kann der Zorn der Dame treffen. Gefährlich sind die Elche vor allem im Straßenverkehr. In jedem Jahr kommt es zu rund 5000 bis-

Wilde Sommerblumenpracht in jeder Felsspalte an der Bohuslänküste

Einleitung

In Elchparks kommt man dem König der Wälder näher.

weilen tödlichen Kollisionen mit dem bis zu einer halben Tonne wiegenden Elch. Besonders achtsam sollte man in der Morgen- und Abenddämmerung fahren, wenn die Tiere zu ihren Futterwiesen unterwegs sind. Die Hinweisschilder an den Straßen sind daher unbedingt zu beachten. Als Souvenir sollte man sie jedoch nicht betrachten. Ein »Achtung Elch«-Schild zu stehlen ist strafbar. Die gewöhnliche Folge ist eine Verurteilung auf Bewährung und eventuell auch eine Geldstrafe. Für den Ersatz des Schildes muss man bis zu 500 Euro bezahlen. Man sollte sich danach also im Souvenirshop umsehen. Ebenfalls unterwegs in den schwedischen Wäldern sind Rehe. Auf die vor allem in Mittel- und Nordschweden lebenden Wölfe wird man in Südschweden kaum treffen, was auch für Bären gilt. Aber dem Biber wird man möglicherweise in der Abend- oder Morgendämmerung schon begegnen, bevor er mit einem lauten Schlag seines Schwanzes untertaucht. Und an den Küsten leben auf den vorgelagerten Inseln Robben.

Vogelliebhaber erwartet aufgrund der verschiedenen Lebensräume eine große Artenvielfalt. An der Küste findet man verschiedene Möwenarten und Enten, natürlich Schwäne und auch einmal einen Adler. Das Binnenland bevölkern verschiedene Waldvögel wie Spechte, Habicht und natürlich verschiedene Singvogelarten. Der Hornborgasjön ist der Rastplatz der Kraniche. Im Frühjahr und Herbst waten Hunderte der eleganten Tiere über die feuchten Wiesen und das flache Wasser des Sees auf der Suche nach Nahrung. Ein Spektakel, das alljährlich Hunderte Ornithologen und Fotografen anzieht. Auf den Seen wird man auf verschiedene Entenarten und Taucher treffen.

Natürlich gibt es auch Tiere, die man weder beobachtet noch gern sieht: die Plagegeister des Nordens, die Stechmücken. Allerdings sind die manchmal beschriebenen »Wolken« stechwütiger Insekten meist übertrieben. Die Viecher können zugegeben sehr lästig werden. Allerdings variiert die Mückendichte sehr stark, was vor allem vom Wetter im Frühjahr und der aktuellen Witterung abhängt. Im Zweifelsfall helfen lange Kleidung und ein Hut, aber auch die vor Ort überall erhältlichen Mückenmittel. Und die Pflanzenwelt? In den weiten schwedischen Wäldern wachsen vor allem Fichten sowie Kiefern. Ganz im Süden des Landes lässt das mildere Klima aber zudem Laubbäume wie beispielsweise Buchen und Eichen gedeihen. Spannend ist die Vegetation in den Mooren mit den großen Torfmoospolstern. In den Mooren Südschwedens wachsen auch fleischfressende Pflanzen wie der Sonnentau. An seinen klebrigen Pflanzenteilen bleiben Insekten hängen und versorgen so die Pflanze mit dem lebensnotwendigen Stickstoff.

Öland und Gotland warten aufgrund ihres für Südschweden ungewöhnlichen Untergrunds, der vor allem aus Kalkgestein besteht, mit einer komplett anderen Flora auf. Die weiten Heideflächen werden vor allem von Pflanzen besiedelt, die sich auf trockene Böden spezialisiert haben. Denn der Regen versickert sehr schnell im Untergrund und die dünne Bodenschicht kann wenig Feuchtigkeit halten.

Feste und Bräuche

Es gibt kein anderes Land, dem der längste Tag des Jahres so wichtig ist. Das »Midsommarfest« wird in der ersten Nacht zum Samstag nach dem 21. Juni

Mittsommer wird nicht nur wie hier in Torstuna, sondern im ganzen Land gefeiert.

Einleitung

Petri Heil an einem der vielen Seen in Schweden

gefeiert. Richtig dunkel wird es um diese Jahreszeit auch im Süden nicht, am nördlichen Himmel ist immer noch ein fahler Lichtschein zu sehen. Dieser Feiertag wird schon seit Jahrhunderten begangen. Im Mittelpunkt steht ein mit Birkenreisig und Blumen geschmückter Baum, der in etwa dem Maibaum in Deutschland gleicht. In der Midsommarnacht wird ausgelassen um den Baum getanzt und gesungen. Dazu gibt es die ersten Jungkartoffeln, Hering, Sauerrahm, Schnittlauch, Knäckebrot und Käse. Die Verdauung regt danach ein Schnaps an, aus dem auch einmal zwei oder mehr werden können. Wer die Schweden für ein unterkühltes Volk hält, sollte unbedingt einmal ein Midsommar-Wochenende miterleben. Er wird seine Meinung angesichts der fröhlichen Stimmung gründlich ändern.

Weihnachten ist für die meisten Schweden das wichtigste Fest des Jahres und rangiert knapp vor Midsommar. Bevor jedoch der Jultomte, der Weihnachtsmann, kommt, erscheint am 13. Dezember Lucia in einem weißen Kleid und mit einem Lichterkranz im Haar. Vor der Gregorianischen Kalenderreform war dies der kürzeste Tag des Jahres. Wichtigster Feiertag in der Weihnachtszeit ist der Heilige Abend. Da duften die Häuser nach Lussekatter und Julkuchen. Den hilfreichen Hauswichteln wird Milchbrei vor die Tür gestellt – auch wenn diese Tomtes bisher noch nie jemand gesehen hat. Die Geschenke bringt dann der Jultomte und legt sie unter den Weihnachtsbaum. Wer die Tradition pflegt, bringt zum Essen deftige Speisen wie Schinken, Sülze, Fleischbällchen, Hering oder die »Weihnachtswurst« auf den Tisch. Dazu gibt es Käse, Brot und natürlich Kartoffeln.

Südschweden aktiv

Südschweden kann nicht mit hohen Bergen aufwarten. Trotzdem gibt es ein tolles Angebot an Wandermöglichkeiten. Mehrere Fernwanderwege wie der Sörmlandsleden oder der Skåneleden durchziehen das Land. Wanderer finden hier eine gute Infrastruktur mit sogenannten »Vindskydds«, in denen man bei Regen eine trockene Nacht verbringen kann. Natürlich kann man auch auf ein breites Angebot an Hotels und Privatunterkünften zurückgreifen, sollte sich aber vorher über die Distanzen klar werden. Wer eher Tagestouren unternehmen will, ist in Wandergebieten wie dem Tiveden, an Halle- und Hunneberg oder Kinnekulle bestens aufgehoben. Überhaupt sind die Nationalparks im Süden bestens zum

Wandern geeignet und warten mit markierten Pfaden auf. Hinweise geben die örtlichen Touristenbüros.

Das Gebiet kann zudem bestens mit dem Fahrrad erkundet werden. Vieleicht ist es sogar das ideale Gefährt, um Südschweden kennenzulernen. Man kommt gut voran, ist jedoch mit einem Tempo unterwegs, das noch den Blick für die vielen schönen Details am Wegesrand ermöglicht. Allerdings sollte man das Terrain nicht unterschätzen – auch wenn lange Anstiege nicht zu bewältigen sind. Bisweilen wird man nämlich auf knackige Steilstücke stoßen. Auf Nebenstrecken wird man die Straße nur mit wenigen anderen Autos teilen. Allerdings muss man damit rechnen, einmal auf einer Schotterstraße unterwegs zu sein. Bekannt ist der »Sverigeleden«, der von Helsingborg im Süden bis nach Karesuando in Lappland verläuft. Weitere ausgeschilderte Radstrecken im Süden sind der Västgötaleden oder der Dalslandsleden.

Bei einem solchen Reichtum an Seen und Flüssen ist Südschweden natürlich ein Paradies für Paddler. Sävsö, Värnamo oder das Wasserreich bei Kristianstad sind genauso beliebt wie Dalsland. Wen es eher in ein Seekajak zieht, findet in den Schären an der Westküste, vor Stockholm oder bei St. Anna an der Ostküste hervorragende Paddelreviere, wo man immer im Schutz kleinerer oder größerer Inseln unterwegs ist. Wer kein eigenes Boot hat oder dieses nicht bis Schweden transportieren kann oder will, findet vor Ort an den entsprechenden Gewässern einen Kanuverleih.

Golfen ist in Schweden Volkssport.

Einleitung

Auch Angler profitieren von diesem Wasserreichtum. Im ganzen Land leben rund 40 verschiedene Fischarten in den Seen und Flüssen, wo Zander und Barsch sowie Lachsforelle und Äsche vorkommen. So zappelt schnell das Abendessen am Haken. Und natürlich kann man auch am Meer die Rute auswerfen oder mit einem Boot hinausfahren und auf einen dicken Fisch hoffen.

Hinzu kommen weitere Aktivitäten wie Gold waschen oder Reiten. Und eines darf nicht vergessen werden: Golf spielen. In Schweden greifen wesentlich mehr Menschen zum Eisen als in Deutschland, der Sport hat ein ganz anderes, wesentlich weniger elitäres Image als in heimischen Breiten. Und in einem Land mit so viel Platz gibt es natürlich auch viel mehr Möglichkeiten, den Schläger zu schwingen. Auch für Wintersportler, besonders aus Norddeutschland, ist ein Winterurlaub in Südschweden durchaus eine Alternative zur langen Fahrt in die Alpen. In Småland gibt es mehrere Skianlagen, beispielsweise in Isaberg bei Hestra. Mangels hoher Berge können die Abfahrten zwar nicht mit denen in den Alpen mithalten, aber doch anspruchsvolles Skivergnügen bieten. Langlaufloipen, teilweise nachts auch beleuchtet, sind allerorten zu finden. Ein großes Vergnügen ist das Schlittschuhlaufen auf den zugefrorenen Seen oder auf dem Meer.

Südschweden kulinarisch

Schwedens Leibgericht, das sind die Fleischklößchen, »Köttbullar« genannt, dazu Kartoffelpüree. Dann noch die Imbissbude direkt neben der Tankstelle, wo man Würstchen mit Röstzwiebeln, Ketchup und Gurken bekommt. Auch wenn man in dem bekannten schwedischen Möbelmarkt immer noch auf diese »schwedische« Spezialität stößt, so ist in den letzten Jahrzehnten das Speiseangebot deutlich vielfältiger geworden.

Klar, es gibt dieses Gericht heute immer noch allerorten. Doch es hat sich in den vergangenen Jahren viel getan in der schwedischen Gastronomie. Die Schweden sind durchaus auf den guten Geschmack bekommen. Wildgerichte, unter anderem natürlich auch Elch, stehen genauso auf der Speisekarte wie Fisch und Meeresfrüchte. Pilze und Beeren aus heimischen Wäldern sind eine absolute Delikatesse. Und zum Nachmittagskaffee sollte man unbedingt einmal »våfflor med sylt och grädde«, also Waffeln mit

Frische Produkte auf dem Markt in Malmö

Ein historisches Schiff bei Jönköping

Marmelade und Sahne bestellen. Wer Geld sparen will, geht mittags in ein Restaurant und bedient sich beim »dagens rätt«, dem Tagesessen. Für oft deutlich weniger als 100 Schwedenkronen (rund zehn Euro) bekommt man hier Salat und Hauptgericht, bisweilen auch einen Nachtisch, dazu ein Getränk und zum Abschluss einen Kaffee.

Noch ein paar Worte zum Thema Alkohol: Höherprozentiges – und dazu gehört schon ein normales Bier – kann nur in den staatlichen Systembolaget-Geschäften gekauft werden. Im Supermarkt bekommt man lediglich Bier mit einem Alkoholgehalt von 2,8 und 3,5 Prozent zu kaufen. Generell gilt, dass Alkohol teurer ist als in Deutschland.

Geschichte

Über Jahrtausende war die Geschichte Südschwedens quasi erstarrt, war das Land unter einem dicken Eispanzer vergraben. Dann zog sich das Eis nach Norden zurück. Ihm folgten die Menschen, wie 8000 Jahre alte Funde bei Göteborg beweisen. Bronze- und Eisenzeitmenschen hinterließen in Südschweden ihre Spuren.

Hervorzuheben sind die unbekannten Künstler, die in dieser Zeit an der Bohuslänküste bei Tanum Hunderte Darstellungen von Menschen, Tieren, Booten und Symbolen mit großer Liebe und sicherlich mühselig in den harten Fels ritzten.

Erst um das Jahr 800 betrat Schweden die Bühne der Welt. Die Wikinger schifften über die Nord- und Ostsee, fuhren auf Flüssen bis weit nach Asien hinein – manchmal räubernd, manchmal handelnd. Am Mälaren, einem verzweigten Seensystem westlich Stockholms, entstand mit Birka ein zentraler Handels-

Einleitung

Bitte einsteigen und Platz nehmen in den historischen Wagen der Museumseisenbahn von Mariefred

posten mit einem beeindruckendem Reichtum, wie dies sogar ein deutscher Bischof bescheinigte. 250 Jahre dauerte diese Episode.

Die Geschichte Südschwedens ist untrennbar mit der Dänemarks verbunden. In den Jahrzehnten rund um das Jahr 1000 steigt Dänemark zu einer bedeutenden Macht in Skandinavien auf. Das heutige Skåne gehörte zum dänischen Königreich. Die Grenze wurde in etwa durch den Übergang zum Waldland gebildet. Diese Aufteilung sollte für Jahrhunderte bestehen.

Mit der Kalmarer Union werden Norwegen und Schweden mit Dänemark zu einem Reich vereinigt, das vom dänischen Königshaus dominiert wird. Diese wenig stabile Konstruktion zerbricht. Nach blutigen Auseinandersetzungen erlangt Schweden im 16. Jahrhundert wieder seine Autonomie, ja mehr noch, das Land wird zur Großmacht.

Anfang des 19. Jahrhunderts verliert Schweden seine Gebiete in Finnland, gewinnt aber durch seine erfolgreiche Beteiligung am Krieg gegen Napoleon Norwegen von den Dänen hinzu. Mitte des 19. Jahrhunderts, während der Krimkrieg tobt, macht sich Schweden den bis heute bestehenden Gedanken der Neutralität zu eigen. Gleichzeitig wandern trotz einer Agrarreform viele hungernde Schweden, vor allem aus Småland, in die USA aus. Die Wirtschaft entwickelt sich weiter, Erz und Streichhölzer, aber auch Maschinen werden zu einem in aller Welt begehrten Exportgut. Im 20. Jahrhundert bauen die Schweden ihren Sozialstaat auf und schlagen den sogenannten »Dritten Weg« zwischen Sozialismus und Kapitalismus ein. In diesem Zusammenhang entsteht der Begriff »Volksheim«.

Steckbrief Südschweden

Lage: Schweden liegt zwischen Norwegen und der Ostsee, grenzt im Norden zudem an Finnland. Die nördlichen Landesteile liegen oberhalb des Polarkreises. Die Entfernung vom nördlichsten Punkt Treriksröset zum südlichsten Punkt Smygehuk beträgt 1600 km.
Als Südschweden gilt in diesem Reiseführer die Gegend südlich einer Linie Dalsland – Stockholm.

Fläche: Schweden hat eine Fläche von 449 964 Quadratkilometern, davon sind 228 000 Quadratkilometer mit Wald bedeckt.

Hauptstadt: Stockholm

Flagge:

Amtssprache: Schwedisch. Im Norden ist Samisch als Minderheitensprache anerkannt, lokal auch Finnisch.

Einwohner: rund 9,5 Mio., davon ca. 20 000 Sámi. Die größte Stadt ist Stockholm mit rund 870 000 Einwohnern (Stadtregion 2 Mio.). Es folgen Göteborg mit 535 000 (888 000) und Malmö mit 315 000 (530 000).

Währung: Schwedische Krone (SEK). Der Wechselkurs zum Euro liegt praktischerweise bei etwa 10:1.

Zeitzone: In Schweden gilt die MEZ, im Sommer werden die Uhren umgestellt.

Elektrizität: In Schweden liegt eine Spannung von 220 V auf den Leitungen. Adapter sind nicht notwendig.

Religion: Etwa 70 Prozent der Bevölkerung gehören der lutherisch-evangelischen Staatskirche an.

Staat und Verwaltung: Das politische System in Schweden ist die parlamentarisch-demokratische Monarchie. Der König, Carl XVI. Gustaf, hat repräsentative und zeremonielle Aufgaben. Die politische Macht haben der Reichstag und der Staatsminister. Schweden ist in 21 Provinzen (Län) unterteilt.

Wirtschaft: Schweden hat sich im 19. Jahrhundert vom Agrarstaat zur Industriegesellschaft gewandelt. Heute spielen sowohl die fertigende Industrie (z. B. Maschinenbau) als zunehmend auch Dienstleistungen eine wichtige Rolle. Nicht zu vergessen sind die Land- und Forstwirtschaft sowie die Papier- und Möbelindustrie.

Geografie: Der südlichste Teil Schwedens, die Provinz Schonen, setzt topografisch die Tiefebene Norddeutschlands und Dänemarks fort. Weiter nördlich liegt das Südschwedische Hochland, in dem viele Seen liegen. Daran schließt sich die Mittelschwedische Senke an, die zerklüftet ist und mit unterschiedlichen großen Ebenen, aber auch mit Tafelbergen und Fjorden punkten kann. Nördlich liegt das Skandinavische Gebirge und im Osten das sogenannte Vorland.

Geschichte im Überblick

500–800 Vendel-Zeit, benannt nach einer Region in der mittelschwedischen Provinz Uppland, wo sie – wie auch auf Gotland – ihre Blütezeit erreicht.

800–1050 Wikinger-Zeit. Unmittelbar auf die Vendel-Zeit folgen die Jahrhunderte der Wikinger. Ein wichtiges Siedlungsgebiet war die Region rund um den Mälaren.

1164 Uppsala wird Erzbistum. Der Ort am Fluss Frysiån spielte schon lange Zeit als Handels- und Thingplatz eine Rolle, bevor sich die kirchliche Macht nach der Christianisierung dort etablierte.

1252 Gründung Stockholms durch Birger Jarl. Funde von Wasserpfählen zeigen, dass am Übergang des Mälaren ins Meer bereits im 11. Jahrhundert Menschen lebten. Birger Jarl ließ auf der Insel Stadsholmen eine Festung bauen, um das Landesinnere vor Angriffen vom Meer aus zu schützen.

1397–1521 Kalmarer Union mit dänischer Vorherrschaft. Unter dänischer Führung schlossen sich Schweden und Norwegen, Teile des unter schwedischer Herrschaft stehenden Finnlands sowie Island und die Färöer und zeitweise auch Schleswig-Holstein zu einer Union zusammen, die als Ziel vor allem den Freihandel hatte.

1523 Gustav Eriksson Vasa wird König. Der 1496 geborene Schwede war der Führer des Aufstands gegen den Dänenkönig Christian II., der Vasas zur Krönung des dänischen Herrschers angereisten Vater nebst anderen beim Stockholmer Blutbad 1520 hatte ermorden lassen. Gustav Vasa gilt als der Begründer des frühmodernen Schweden.

1527 Auf dem »Reformationsreichstag« in Västerås werden erste Entscheidungen zur Einführung der Reformation getroffen. Gustav Vasa fördert die Abkehr von der katholischen Kirche.

1630 Gustav II. Adolf greift in den Dreißigjährigen Krieg ein. Schon als 17-Jähriger besteigt Gustav II. Adolf 1611 den Thron und führt u. a. die Wehrpflicht ein. 1630 stellt er sich an die Seite der deutschen Protestanten und schlägt die kaiserlich-katholischen Truppen bis zu den Alpen zurück: Schweden wird Großmacht.

1648 Westfälischer Frieden. Mit dem Westfälischen Frieden werden 1648 in Münster und Osnabrück drei Jahrzehnte Krieg in Mitteleuropa beendet und Territorien abgesteckt. Schweden erhält eine finanzielle Kriegsentschädigung sowie Besitz in Nord- und Ostdeutschland.

18. Jahrhundert Kulturelle Blüte unter Gustav III. Der 1746 geborene Monarch steht für Verbesserungen im Sozialsystem und der Infrastruktur und fördert die Kunst. Der von ihm entmachtete Adel lässt ihn 1792 umbringen.

1809 Abgabe Finnlands an Russland. Schon im Großen Nordischen Krieg Anfang des 18. Jh. besetzte Russland das von den Schweden beherrschte Finnland. Im Russisch-Schwedischen Krieg fielen die Russen erneut in Finnland ein und drängten die schwedische Armee über den Bottnischen Meerbusen zurück. Finnland wird daraufhin Großfürstentum von Russland.

1814–1905 Union mit Norwegen unter schwedischer Vorherrschaft. Als Folge der Napoleonischen Kriege bekommt Schweden von Dänemark das Königreich Norwegen. Das Ende der Union im Jahr 1905 erfolgt nach einer Volksabstimmung in Norwegen, die eine Mehrheit für die Unabhängigkeit bringt, friedlich.

1914/1939 Während des I. und II. Weltkriegs bleibt Schweden neutral und folgt damit einer Anfang des 19. Jh. begonnenen Politik der Neutralität. Dennoch unterstützte Schweden die Finnen im Winterkrieg gegen Russland. Die deutsche Wehrmacht transportierte während des II. Weltkriegs über schwedisches Terrain u. a. Kriegsgüter nach Norwegen und Finnland.

ab 1930 Aufbau des Volksheims (»folkhemmet«). 1928 verwendet der Sozialdemokrat Per Albin Hansson im Reichstag den Begriff des »Volksheims«. Grundlage dafür sollen Gleichheit, Fürsorglichkeit, Zusammenarbeit und Hilfsbereitschaft sein. Später wird dies »Wohlfahrtsstaat« genannt.

1952 Gründung des Rats für Nordische Zusammenarbeit

1970 Reichstagsreform mit Einführung eines Einkammer-Reichstages

1973 Krönung von Carl XVI. Gustaf zum schwedischen Monarchen

1980 Neuregelung der Erbfolge im Königshaus. Kronprinzessin Victoria wird zur Thronfolgerin ernannt.

1986 Ministerpräsident Olof Palme wird in Stockholm ermordet.

1990 Wirtschaftskrise. Nach dem wirtschaftlichen Aufschwung in den 1980er-Jahren beginnt 1990 nach dem Platzen einer Immobilienblase eine Finanzkrise, die die gesamte Wirtschaft in Mitleidenschaft zieht.

1995 Beitritt zur EU

2001 Präsidentschaft der EU gemeinsam mit Belgien

2003 Ablehnung des Euros per Volksentscheid. Schweden behält die 1873 eingeführte Krona.

2011 Nach 37 Jahren stellt Schweden mit dem Lyriker Tomas Tranströmer wieder einen Literatur-Nobelpreisträger.

2014 Nach den Reichstagswahlen löst Stefan Löfven (Sozialdemokrat) den konservativen Ministerpräsidenten Fredrik Reinfeldt ab.

2015 Traumhochzeit von Carl Philip von Schweden und Sofia Hellqvist

SKÅNE, BLEKINGE & HALLAND

1	Malmö	30
2	Malmö – Västra Hamnen	36
3	Lund	38
4	Helsingborg & Kullahalbinsel	42
5	Bjärehalbinsel & Ängelholm	50
6	Ystad & Südküste	54
7	Kristianstad & Vattenriket	64
8	Karlskrona & Ronneby	68
9	Varberg	74

Skåne, Blekinge & Halland

1 Malmö
Küstenstadt im Wandel

Über weite Strecken des 20. Jahrhunderts war Malmö eher eine vergessene Durchgangsstation auf dem Weg zu den wahren Schweden-Zielen. Das hat sich seit der Inbetriebnahme der Öresundbrücke aber gewaltig geändert. Schwedens drittgrößte Stadt überrascht nun mit einer Kombination aus Geschichte und Modernität und setzt auch beim Thema Umweltfreundlichkeit, Design und Fair Trade Akzente.

Als am 1. Juli 2000 das erste Auto über die Öresundbrücke fuhr, konnte sich noch niemand wirklich vorstellen, in welchem Ausmaß dieses von vielen als Jahrhundertprojekt bezeichnete Bauwerk das Leben der Menschen in der Öresundregion verändern sollte. Denn heute steht das etwa 15 Kilometer lange Bauwerk mit den beiden 204 Meter hohen Pylonen, das die dänische Hauptstadt Kopenhagen mit der schwedischen Stadt Malmö verbindet, nicht nur als weithin sichtbares Markenzeichen, sondern auch symbolisch für die Neugeburt einer ganzen Region.

Wichtiger Brückenschlag

Rund 3,6 Millionen Menschen leben beiderseits des Öresund – dem am dichtesten besiedelten Gebiet Nordeuropas. Viele von ihnen pendeln mittlerweile täglich per Zug oder Pkw über die Öresundbrücke zwischen Dänemark und Schweden, und tatsächlich ist bereits die Rede von Kapazitätsengpässen. Dieser Brückenschlag hat auch in Malmö deutliche Spuren hinterlassen: Der einstige Werftstandort ist an Europa herangerückt und nimmt nun eine bedeutendere Rolle als Handelsplatz ein. Eine Funkti-

Seite 28/29: Glaskogens Naturreservat
Mitte: Die Öresundbrücke bei Sonnenuntergang
Unten: Der älteste Teil des Malmöer Rathauses wurde schon 1546 erbaut.

Malmöhus slott beherbergt mehrere Museen.

Einfach gut!

on, welche die am Meer gelegene Stadt schon vor langer Zeit einmal innehatte – allerdings gehörte sie damals noch zu Dänemark. Schon seltsam, dass diese Rückkehr in die Vergangenheit gleichzeitig Zukunft bedeutet – denn so lässt man die teils krisenbelastete Industrie hinter sich.

Königlich: Malmöhus slott

Zeugnis einstigen Glanzes ist unter anderem das gut befestigte Renaissanceschloss Malmöhus, mit dessen Bau in der heutigen Form 1536 auf Order des dänischen Königs Christian III. (1503–1559) begonnen wurde. Zu diesem Zeitpunkt war Malmö bereits etwas mehr als ein Jahrhundert Münzort der dänischen Könige und erlebte eine Blütezeit. Aus der kleinen Verteidigungsanlage mit schlossähnlichen Zügen entstand nun ein Schloss, das außerdem als Befestigungsanlage diente – und zwischen 1567 und 1573 auch als Gefängnis für James Hepburn (um 1534–1578). Der Verurteilte war der vierte Earl of Bothwell und der dritte Ehemann von Maria Stuart (1542–1587). Als Skåne und damit auch Malmö 1658 mit dem Frieden von Roskilde an Schweden abgetreten wurde, ver-

MALMÖ PER FAHRRAD

Die Stadt eignet sich gut für eine Besichtigung mit dem Fahrrad. Radwege, kurze Distanzen zwischen den einzelnen Sehenswürdigkeiten sowie geringe Höhenunterschiede bieten gute Voraussetzungen für eine angenehme – und umweltfreundliche – Erkundungstour im Innenstadtbereich und auch in die Umgebung. Auf diese Weise lassen sich Altstadt, Schloss sowie unterschiedliche Stadtviertel wie Västra Hamnen oder Möllevången problemlos an einem Tag entdecken, ohne dass man sich die Füße wund läuft. Fahrradkarten sind bei der Touristeninformation erhältlich. Hier werden auch Informationen zum nächsten Fahrradverleih gegeben. Dazu zählen:

Fridhems cykel. Tessins väg 13, Tel. 040/26 03 35, www.fridhemscykel.se
Malmö Travelshop. Carlsgatan 4 & Vintergatan 17, Tel. 040/33 05 70, www.travelshop.se

Skåne, Blekinge & Halland

MODERNA MUSEET MALMÖ

Nicht verpassen

Für Kunstliebhaber ist ein Besuch im Modernen Museum Malmö nahezu Pflicht. Denn der Ende 2009 eröffnete Ableger des Moderna Museet Stockholm präsentiert moderne und zeitgenössische Kunst auf sehr hohem Niveau. Abgesehen vom museumseigenen Ausstellungsprogramm in Zusammenarbeit mit den Stockholmer Kollegen fokussiert das Museum in Malmö auf die bedeutendsten zeitgenössischen Künstler und moderne Klassiker im Wechsel mit einer Auswahl der enormen Kunstsammlung des 19. Jahrhunderts und neuer Kunst. Das Konzept des Museums zielt darauf ab, die Besucher beim Durchwandern der Ausstellungen durch Alt und Neu zu führen. Denn auch die Architektur des Museums ist ein wahrer Hingucker: Es befindet sich in der Turbinenhalle eines ehemaligen Elektrizitätswerks. Das 1909 erbaute Gebäude wurde durch einen neuen Anbau mit orange-roter Fassade erweitert und empfängt die Besucher so schon mit seinem eigenen Stil. Das Museum befindet sich zentral in Malmö in der Gasverksgatan 22.

lor die Stadt aber an Bedeutung und Malmöhus wurde zur Reichsfestung umfunktioniert. Im 18. Jahrhundert wurde es noch weiter zum Gefängnis degradiert, eine Funktion, die das Malmöhus bis 1909 innehatte. Ab 1928 wurde restauriert, heute ist Malmöhus das älteste erhaltene Renaissanceschloss Skandinaviens. Zu sehen sind hier der imposante Rittersaal, die Kanonentürme aus dem 17. Jahrhundert sowie verschiedene Ausstellungen zur Geschichte der Befestigungsanlage, der Stadt, der Region und Naturgeschichte.

Kulturell: Malmö Museer

Malmöhus gehört heute zur Einrichtung Malmö Museer – diese Sammelbezeichnung steht für viele verschiedene, sehr sehenswerte Museumsabteilungen. Dazu zählen auch das Malmö Kunstmuseum mit einer der größten skandinavischen Sammlungen nordischer Gegenwartskunst, ein Aquarium und ein Tropikarium, die allesamt in einem modernen Anbau des Malmöhus untergebracht sind. In unmittelbarer Umgebung befinden sich weitere Bereiche und Abteilungen des Museums: das Kommendanthuset, das Technik- und Seefahrtshaus, eine richtige Museumsstraßenbahn, historische Fischerhütten und die Schlossmühle.

Delikatessen aus dem Meer

Dass Malmö einst ein Fischerdorf war, lässt sich am ehesten entlang der Fiskehamnsgatan in direkter Nähe des Schlosses erkennen. Hier dümpeln kleine Fischerboote im Kanal, der die Altstadt umgibt und der eine Verbindung zum Meer ist. Zwar hat der Fischfang nicht mehr die Bedeutung wie früher, aber frische Delikatessen aus dem Meer, die auch in den Geschäften und Restaurants angeboten werden, sind hier immer noch erhältlich.

Historische Gebäude am Stortorget

Malmö

Ein Spaziergang durch die Altstadt

Ⓐ Hotell Scandic Kramer – einst das traditionsreichste Hotel der Stadt; in den 1870er-Jahren im Renaissancestil errichtet.

Ⓑ Jörgen Kocks hus – Stortorget. Heute stehen noch drei Gebäude eines einst großen Ziegelpalastes aus den 1520er-Jahren.

Ⓒ Ekströmska huset – Ecke Lilla Torg/Larochegatan. Fachwerkhaus aus den 1720er-Jahren.

Ⓓ Faxeska gården – Lilla Torg. Fachwerkhaus aus den 1760er-Jahren.

Ⓔ Hedmanska gården – Lilla Torg. Hof, dessen ältestes Haus aus dem 16. Jh. stammt.

Ⓕ Flensburgska huset – Södergatan. Magazin im niederländischen Renaissancestil aus den 1590er-Jahren.

Ⓖ Apoteket Lejonet – Stortorget 8/Kalendegatan. Malmös älteste Apotheke (1571) zog Ende des 19. Jh. hier ein.

Ⓗ Rådhuset – Stortorget. Das Rathaus liegt am ältesten Platz der Stadt; erbaut wurde es 1546, 1864–69 erhielt es seine heutige Fassade.

Ⓘ Residenset – Stortorget. Besteht aus ursprünglich zwei Häusern aus dem 16. Jh.; die heutige Gestalt entstand 1851.

Ⓙ Kompanihuset – Kompanigatan. Das Haus wurde 1539 als Gildehaus errichtet.

Ⓚ St. Petri kyrka – Kalendegatan/Mäster Nilsgatan. Eines der ältesten Gebäude Malmös (14. Jh.); das heutige Aussehen erhielt es Ende des 19. Jh.

Ⓛ Diedenska huset & Thottska huset – Östergatan. Das Thottska huset von 1558 ist Malmös ältestes Fachwerkhaus; das benachbarte Diedenska huset stammt aus dem Jahr 1620.

Ⓜ St. Gertrud – Östergatan 9a. Das Viertel besteht aus 19 Häusern aus unterschiedlichen Epochen vom 16. Jh. bis in die heutige Zeit.

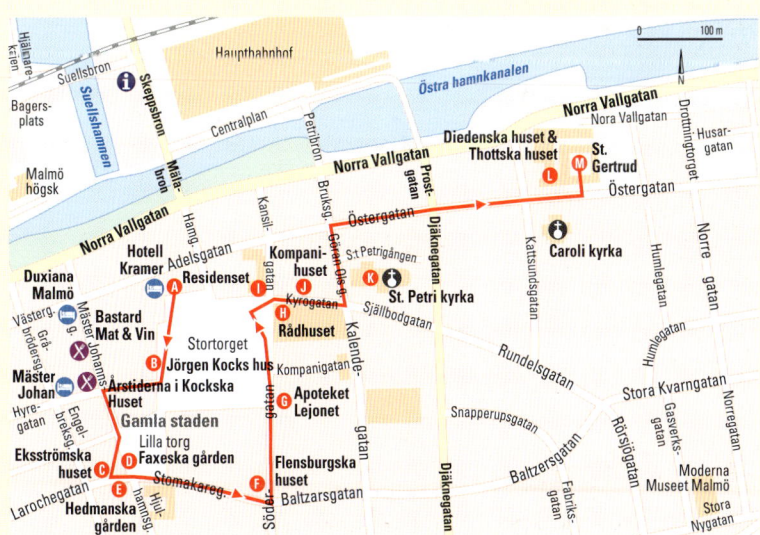

Oben: Fischerboot im Stadtteil Limhamn
Unten: Frischer Fisch ist in Malmö selbstverständlich.

Skåne, Blekinge & Halland

Historisches Malmö

Die Altstadt von Malmö, die noch von der Blütezeit der Stadt im 16. Jahrhundert zeugt, wird nur durch einen kleinen Park vom Schloss getrennt. Rund um den damals angelegten Marktplatz Stortorget reihen sich mehrere historische und stattliche Gebäude aneinander, darunter das Rathaus, das Kockska huset, das Gebäude Residenset, das Hotell Kramer und die Apotheke Lejonet. Im Südwesten grenzt der Marktplatz Lilla Torg an, der mit seinen Cafés, Kneipen und alten Steinhäusern mit dicken Holzbalken der wohl idyllischste Markt der Stadt ist. Rundherum befinden sich mehrere Gebäude teils aus dem 16. Jahrhundert, so etwa der Hof Hedmanska gården, in dem auch das Form/Design-Center untergebracht ist, in dem skandinavisches Design und Kunstgewerbe präsentiert werden. Ruhiger geht es im »alten Westen«, dem Innenstadtviertel Gamla Väster, zu. Westlich des Lilla Torg mischen sich hier kleine bunte Häuser, an deren Fassaden Rosen emporwachsen, mit repräsentativen Wohnhäusern. Als das bunteste Stadtviertel wird Möllevången bezeichnet: mit lebhaftem Markthandel, Geschäften und Restaurants mit Genüssen aus aller Welt.

GUT ZU WISSEN

SPETTKAKAN
Fast jede schwedische Region hat ihre ganz eigenen kulinarischen Spezialitäten, so auch Skåne und Malmö. Hier wird den Besuchern häufig Spettkakan – oder auch Spettekaka – als lokale Besonderheit angeboten. Dabei handelt es sich um ein sehr süßes, baiserartiges Gebäck, das überwiegend aus Eiern, Kartoffelstärke und Zucker besteht. Vor allem ist es meist so hart, dass einzelne Stücke mit einer Bogensäge herausgeschnitten werden müssten. Kann man essen, muss man aber nicht!

Malmö

Infos und Adressen

INFORMATION
Turistbyrån Börshuset. Skeppsbron 2, Malmö, Tel. 040/34 12 00, malmo.turism@malmo.se, www.malmotown.com

ÜBERNACHTEN
Hotel Mäster Johan. Das 4-Sterne-Hotel befindet sich im alten Stadtteil Väster im Herzen von Malmös Shopping- und Geschäftsviertel. Mäster Johansgatan 13, Malmö, Tel. 040/664 64 00, www.masterjohan.com
Hotel Duxiana Malmö. Kleines 4-Sterne-Designhotel in der Nähe des Stortorget. Mäster Johansgatan 1, Malmö, Tel. 040/607 70 00, www.malmo.hotelduxiana.com

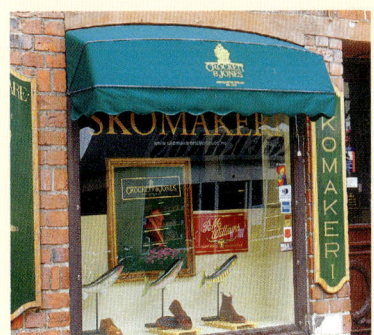

Handwerk ist in Malmö verbreitet.

ESSEN UND TRINKEN
Årstiderna i Kockska Huset. Sehr gutes Restaurant, das skånische Küche mit regionalen Lebensmitteln serviert. Geöffnet täglich außer sonntags und an Feiertagen. Frans Suellsgatan 3, Malmö, Tel. 040/23 09 10
Bastard Mat & Vin. Ein relativ neuer Stern am kulinarischen Himmel von Malmö. Europäische Hausmannskost, hergestellt aus ökologischen und regionalen Zutaten lautet hier die Devise. Geöffnet dienstags bis samstags. Mäster Johansgatan 11, Malmö, Tel. 040/12 13 18
Smak Malmö Konsthall. Eine ausgezeichnete Adresse für das Mittagessen. Das Restaurant ist auch für seine kreativen vegetarischen Gerichte bekannt. Geöffnet ganzjährig 11–17 Uhr, mittwochs bis 21 Uhr. St. Johannesgatan 7, Malmö, Tel. 040/50 50 35

SEHENSWÜRDIGKEITEN
Schloss Malmöhus & Malmö Museer. Ganzjährig täglich zu besichtigen mit saisonal variierenden Öffnungszeiten. Malmöhusvägen 6, Malmö www.malmo.se/museer
St.-Petri-Kirche. Das älteste Gebäude der Stadt wurde im 14. Jh. erbaut und beherbergt den größten Barock-Holzaltar Europas. Täglich geöffnet. Göran Olsgatan 4, Malmö

Auch in Malmö ist das Fahrrad ein Verkehrsmittel, mit dem man vieles angenehm entdecken kann.

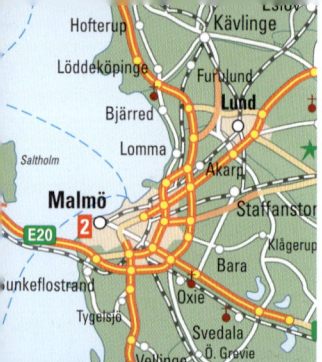

Skåne, Blekinge & Halland

2 Malmö – Västra Hamnen
Schwedens Öko-Stadtviertel

Wo noch vor 30 Jahren große Containerschiffe gebaut wurden, macht sich heute ein neuer und ökologisch nachhaltiger Stadtteil breit. Nicht nur der Wolkenkratzer Turning Torso besticht hier durch seine moderne Architektur. Auch eine schöne Strandpromenade, viele Grünanlagen, ein Aktivitätenpark sowie zahlreiche Cafés und Restaurants sind Anziehungspunkte für Malmöer und Besucher.

Das neue Wahrzeichen ist schon von Weitem sichtbar: Ganze 190 Meter windet sich der Turning Torso im Stadtteil Västra Hamnen in den Himmel. Damit ist der vom spanischen Architekten Santiago Calatravas entworfene Wolkenkratzer nicht nur Schwedens, sondern sogar Skandinaviens höchstes Gebäude. Von seiner Spitze blickt man auf das Meer, das große Hafengelände, die Stadt sowie auf die weiten Felder der Region Skåne. Allerdings steht dieses Vergnügen nur wenigen Besuchern offen, da der größte Teil des Turning Torso private Wohnungen beherbergt. Lediglich die oberen zwei Etagen können für exklusive Konferenzen und Events angemietet werden.

Erst Werft, dann Vorzeigeprojekt

Der Turning Torso steht seit seiner Fertigstellung im Herbst 2005 aber auch als Symbol für die Entwicklung des Stadtteils Västra Hamnen, der erst zu Beginn des neuen Jahrtausends aus dem Boden spross. Bis 1986 war in diesem Gebiet die Werft Kockums zu Hause, in der riesige Tankschiffe ge-

Oben: Der Turning Torso ist in Västra Hamnen fast aus jedem Winkel zu sehen.
Unten: Der alte Hafenleuchtturm setzt einen Kontrast zur modernen Architektur.

Malmö – Västra Hamnen

baut wurden. Mittlerweile gilt der Stadtteil als Vorzeigeprojekt in Sachen moderner und ökologisch nachhaltiger Stadtplanung und ist ein beliebter Treffpunkt der Malmöer. Im Süden von Västra Hamnen erstreckt sich beispielsweise entlang des Öresunds die Sundspromenade mit ihren stufenförmig angelegten Holzdecks, auf denen sich der Sonnenuntergang über dem Meer genießen lässt. Breite, zum Meer führende Betontreppen ermöglichen das Baden im Öresund. Die Sundspromenade bildet gemeinsam mit dem Daniapark und dem Scaniaplatz eine Einheit. Zahlreiche Parks und Grünanlagen, die meist ebenfalls am Wasser liegen, durchziehen den Stadtteil, sodass sich auch hier viele Bademöglichkeiten ergeben. Inspirierend: die Kunstwerke im ehemaligen Bo01-Gebiet, die mit ihren Ausdrucksformen und Materialien überraschen.

Aktiv im Stapelbäddsparken

Während die meisten Parks in Västra Hamnen der Ruhe und Erholung dienen, steht im Stapelbäddsparken Action auf dem Programm. So befindet sich hier mit einer Fläche von knapp 2000 Quadratmetern ein Skatepark der Weltklasse, der vom US-amerikanischen Skateboarder Stefan Hauser entworfen wurde. Der Skatepark ist ganzjährig rund um die Uhr frei zugänglich. Wer lieber die »Wände hochgeht«, hat im Stapelbäddsparken die Gelegenheit, sich an drei künstlich angelegten, etwa sechs Meter hohen Boulderblöcken zu versuchen, also dem freien Klettern ohne Sicherung auf Absprunghöhe. Ebenfalls im Park vertreten sind eine Roller-Derby-Bahn und andere Flächen für weitere Aktivitäten. Die Entwicklung hier und ebenso im übrigen Stadtteil ist aber noch lange nicht abgeschlossen, sodass in den nächsten Jahren noch einiges hinzukommen kann – was aber auch die eine oder andere Baustelle bedeutet.

Infos und Adressen

INFORMATION
Turistbyrån Börshuset. Skeppsbron 2, Malmö. Tel. 040/34 12 00, malmo.turism@malmo.se, www.malmotown.com

ÜBERNACHTEN
Park Inn Malmö. Das erste – und bislang einzige – Hotel im Stadtteil Västra Hamnen. Das 4-Sterne-Haus ist ein typisches, modern eingerichtetes Businesshotel und befindet sich unmittelbar neben dem World Trade Centre in Malmö. Sjömansgatan 2, Malmö, Tel. 040/628 60 00, www.parkinn.com/hotel-malmo

ESSEN UND TRINKEN
Årstiderna by the sea. Eines der neueren Restaurants in Malmö, das vor allem Fisch- und Schalentiergerichte serviert. In der zweiten Etage wird ein einfacheres Mittagsbuffet angeboten. Geöffnet montags bis freitags 11.30–14.30 Uhr, im Sommer auch abends mittwochs bis samstags 17–23 Uhr. Dockgatan 1 (Mercedeshuset), Malmö, Tel. 040/23 34 88, www.arstidernabythesea.se

Brücke zum Hafenviertel

Skåne, Blekinge & Halland

3 Lund
Freundlich mit viel Geschichte

Lund ist das geistige und kulturelle Zentrum Südschwedens. Mit dem Dom und der Universität bietet die zu den ältesten Städten Schwedens gehörende Kommune zwei bekannte Sehenswürdigkeiten. Hier kann man bestens in die lange Geschichte dieses Landstrichs eintauchen, der einst zum dänischen Herrschaftsbereich gehörte. Wer sich nach einer Besichtigungstour erholen möchte, kann sich in eines der vielen Restaurants und Cafés setzen, die zu einer Studentenstadt gehören wie der Hörsaal zur Uni.

Mehr als 1000 Jahre. So alt ist das im südlichsten Zipfel Schwedens gelegene Lund. Die Stadt wurde vermutlich um 990 gegründet und ist damit eine der ältesten großen Siedlungen des Landes. Einst war sie sogar eine imposante Metropole – als Lund im 13. und 14. Jahrhundert zu Dänemark gehörte. Diese Bedeutung hat die Stadt, die zumindest im ökonomischen Schatten der gerade einmal 20 Kilometer entfernten Hafenstadt Malmö am Öresund liegt, heute nicht mehr. Doch die 110 000-Einwohner-Kommune kann mit einer reichen Geschichte beeindrucken, die man sich als Tourist nicht entgehen lassen sollte.

Alles überragend: der Dom

Die Stadt, besonders aber das historische Lund, kann man auf dem Museumsweg kennenlernen. Und der führt natürlich zur bedeutendsten Sehenswürdigkeit der Stadt, dem Dom. Er ist ein Symbol für die Bedeutung, die die einstige Bischofsstadt für die Kirche im Land hatte. Als

Der im 12. Jahrhundert im romanischen Stil erbaute Dom von Lund ist das Wahrzeichen der Stadt und überragt die anderen Gebäude.

Lund

Lund 1104 zum Erzbischofssitz erhoben wurde, war die dort stehende romanische Kirche aus dem Jahr 1080 bereits zu klein. Schrittweise wurde ein neues Gotteshaus errichtet, das erst 1161 fertig wurde – soweit man bei Kirchen überhaupt von »fertig« sprechen kann. Denn nach einem Brand 1234 wurden Mittelschiff und Querhaus umgebaut. Nach mehr oder weniger notdürftigen Reparaturen wurde der Dom 1860 grundlegend saniert. Trotz all dieser Umbauten und Erneuerungen präsentiert sich das Gotteshaus im Zentrum von Lund mit seinen zahlreichen religiösen Darstellungen heute als herausragendes Beispiel romanischer Kirchenbaukunst.

Münzen und Nasen

Eine weitere wichtige Station auf dem Museumsweg ist das Historische Museum, eines der größten archäologischen Museen Schwedens. Hier findet man Exponate zur Vorgeschichte und aus dem Mittelalter. Nicht vergessen werden sollte ein Gang durch die Abteilung Münzen und Kuriositäten mit zum Schmunzeln anregenden Ausstellungsstücken.

Wichtig für die Stadt ist die 1668 gegründete Universität – die zweitälteste in Schweden. Sie ist heute das größte akademische Zentrum Nordeuropas. 35 000 Studenten leben und studieren in Lund, womit jeder dritte Einwohner der Stadt akademische Weihen zu erlangen erhofft. Im 250 Jahre alten Lidforska-Haus wird die Geschichte der Universität von 1668 bis heute aufbereitet. In der Burg der Akademischen Vereinigung erfahren Besucher interessante Details aus dem studentischen Leben der vergangenen Jahrzehnte und Jahrhunderte. Und in der Nasotek werden die nachgebildeten Riechorgane bekannter und weniger bekannter Studenten der Universität präsentiert.

Nicht verpassen

MIT DER DRAISINE DURCH SCHONEN

Verfahren ist hier unmöglich: Wer mit einer Draisine auf den Gleisen der stillgelegten Eisenbahnstrecke durch die Landschaft Romeleåsens unterwegs ist, kommt ganz sicher nicht aus der Bahn. Schließlich ist die Route vorgegeben. Dafür ist man in einer bezaubernden Natur unterwegs, schlängelt sich entlang des Romeleåsens von Björnstorp nach Veberöd, passiert dabei Wälder und die offene Feldflur. Besonders konditionsstark muss man nicht sein. Spezielle Vorkenntnisse sind auch nicht nötig – umkippen ist so gut wie unmöglich. Am Rastplatz kann man sich in einem Café stärken. Die Draisinen-Saison geht von April bis Oktober. Die Fahrt kostet SEK 200, ein Zug mit zehn Draisinen SEK 2000. Auf einer Draisine können zwei Erwachsene und ein Kind unterwegs sein. Buchungen und Informationen unter Tel. 0705/74 76 22 oder im Internet unter www.dressincykling.se

Das Historische Museum in Lund ist in einem Ziegelbau beheimatet.

Skåne, Blekinge & Halland

Parks und Cafés

Lund ist jedoch nicht nur eine Stadt der historischen Gebäude, sondern auch der Parks. Direkt im Zentrum neben der Domkirche liegt der Lundagård-Park, dessen Geschichte eng mit der der Stadt zusammenhängt. Er wurde ursprünglich für den dänischen König angelegt und war früher von einer Mauer umgeben. Schließlich befand sich hier auch die Residenz des Bischofs. Rund um einen mittelalterlichen Schutzwall wurde Anfang des 20. Jahrhunderts der Stadtpark (Stadsparken) mit mehreren Skulpturen verschiedener Künstler gestaltet. Und schließlich kann man auch noch wunderbar im Botanischen Garten (Botaniska trädgården) flanieren.

Erholung städtisch oder ländlich

Mehr als ein Drittel der Einwohner Lunds sind Studenten und Mitarbeiter der Universität. Entsprechend munter ist das Leben im Schatten der vielen historischen Gebäude. Nach einer Menge geistiger Nahrung – wie dies einer traditionsreichen Universitätsstadt würdig ist – kann man in Kneipen, Cafés und Restaurants bestens entspannen. Und davon gibt es sehr viele für jeden Geschmack und jeden Anspruch.

Landluft schnuppert man im hübschen Naherholungsgebiet Romeleåsen. Hier geht es nicht nur um die schöne Natur in einer alten Kulturlandschaft, sondern hier gibt es auch rund 30 Kleinbetriebe, die sich auf der Romeleslingan gemeinsam präsentieren und ihre Dienstleistungen und Waren anbieten. Dazu gehören Produkte aus Porzellan oder Holz, Glas und Stoff, außerdem Spielzeug für Kinder und Schmuckstücke für Finger, Ohren, Hals und Heim. Zur Stärkung gibt es Restaurants und Cafés und zum Austoben einen Abenteuerpark mit Hochseilgarten.

Oben: Die prächtige Fassade des Hauptgebäudes der Universität
Mitte: Die Universitätsstadt lockt mit zahlreichen Kneipen und Restaurants.
Unten: An der Domkirche lohnt sich ein Blick auf die Details.

Lund

Infos und Adressen

INFORMATION
Lunds Turistbyrå. Botulfsgatan 1A (Stortorget) Lund, Postadresse: Box 41, Lund, Tel. 046/35 50 40, turistbyran@lund.se, www.visitlund.se

ÜBERNACHTEN/ESSEN UND TRINKEN
Grand Hotel i Lund. Gehobenes Hotel in mondänem Stil mit Kristalllüstern, in dem man nicht nur übernachten, sondern auch essen kann. Bantorget 1, Lund, Tel. 046/280 61 00, info@grandilund.se, www.grandilund.se

SEHENSWÜRDIGKEITEN
Domkirche. Der Sakralbau ist die größte Sehenswürdigkeit der Stadt und gehört sogar zu den populärsten Besuchszielen im ganzen Land. Die aus dem Mittelalter stammende Uhr spielt zu folgenden Zeiten: Montag bis Freitag um 12 und 15, am Wochenende um 13 und 15 Uhr. Samstags um 10 Uhr werden Orgelkonzerte veranstaltet.

Museumsweg. Das historische Zentrum von Lund lernt man auf diesem Pfad am besten kennen. Er führt zu sämtlichen Sehenswürdigkeiten der Stadt. Eine entsprechende Broschüre mit wertvollen Hinweisen ist im Turistbyrå erhältlich. Neben den oben erwähnten Highlights sind weitere Museen einen Besuch wert, wie zum Beispiel das **Skissernas Museum** (Skizzen-Museum, Finngatan 2) mit Skizzen und Zeichnungen, die ein Stück Kunstgeschichte repräsentieren. Kunstwerke aus verschiedenen Epochen gibt es außerdem in der **Lund Konsthall** (Kunsthalle, Mårtenstorget 3) und in zahlreichen privaten Galerien zu sehen.

VERANSTALTUNGEN
Sommarlund. So heißt eine Veranstaltungsreihe, während der im Sommer ein weites Spektrum an Tanz und Musik, Filmen und Literatur sowie Familien- und Kinderprogrammen angeboten wird.

Sommerblütenpracht im Lundagård auf dem alten Universitätsgelände

Skåne, Blekinge & Halland

4 Helsingborg & Kullahalbinsel
Historische Perle am Öresund

Oben: Das Rathaus von Helsingborg ist das Ergebnis eines Architekturwettbewerbs von 1889.
Unten: Eine breite Treppe führt zum Kärnan hinauf.

Völlig zu Unrecht dient Helsingborg vielen deutschen Urlaubern einfach nur als Fähr-Durchgangsstation auf dem Weg von Dänemark nach Schweden oder umgekehrt. Dabei hat die ehemals dänische Ansiedlung viel Geschichte und Architektur zu bieten. Und auch die nördlich der Stadt gelegene Kullahalbinsel überrascht mit idyllischen Dörfern, Sandstränden, Felsküste und außergewöhnlicher Kunst.

Kaum hat die Fähre den Hafen der dänischen Stadt Helsingør verlassen, ist auf der anderen Seite der Meerenge Öresund auch schon das Wahrzeichen der schwedischen Stadt Helsingborg zu sehen: der etwa 35 Meter hohe Turm Kärnan, das einzige Überbleibsel der mittelalterlichen Burganlage Helsingborg slott. Der zu Beginn des 14. Jahrhunderts erbaute Wohn- und Verteidigungsturm steht heute noch symbolisch für die bewegte Geschichte der fast tausendjährigen Stadt Helsingborg, die im Laufe der Jahrhunderte aufgrund ihrer strategisch günstigen Lage an der schmalsten Stelle des Öresund von Dänen und Schweden umkämpft war – ebenso wie die gesamte Region Skåne. Erst mit dem Frieden von Roskilde 1658 gingen die bis dahin überwiegend zum dänischen Reich zählende Region Skåne und auch Helsingborg an Schweden über. Gekämpft wurde um Helsingborg zuletzt im Jahr 1710.

Mittelalter mit Meerblick

Das ist auch einer der Gründe, warum hier kaum etwas von der mittelalterlichen Bebauung übrig

Helsingborg

geblieben ist, denn der schwedische König Karl XI. (1655–1697) ließ Anfang der 1680er-Jahre die gesamte Burg- und Verteidigungsanlage abreißen, damit die Dänen keine Möglichkeit mehr hatten, sich hier festzusetzen. Lediglich der Turm Kärnan durfte als Seezeichen stehen bleiben. Wer die neun Etagen des Turms über die schmale Wendeltreppe erklommen hat, wird nicht nur mit einem tollen Ausblick über Helsingborg und den Öresund belohnt, sondern erhält auch ein gutes Gefühl für die strategische Lage der Stadt.

Nach dem endgültigen Anschluss an Schweden führte Helsingborg zunächst eher ein Schattendasein, bis sich die Stadt ab der Mitte des 19. Jahrhunderts zu einem wichtigen Industrie- und Hafenstandort des Landes entwickelte und nach und nach zu Reichtum kam. Davon zeugt auch heute noch das Stadtbild. Neben vereinzelten Profanbauten und Fachwerkhäusern aus dem 17. und 18. Jahrhundert sind hier Prunkbauten im neugotischen Stil sowie Jugendstilvillen vom Ende des 19. und Anfang des 20. Jahrhunderts zu sehen.

Skåne im Miniaturformat

Etwa 50 historische Gebäude aus Helsingborg und der Provinz Skåne sind außerdem im Freilichtmuseum Fredriksdal Museer och Trädgårdar zu sehen, die ein gutes Bild davon vermitteln, wie sich das Leben im Laufe der Jahrhunderte verändert hat. Auf einer Fläche von 36 Hektar treffen die Besucher auch auf die Tiere der ehemaligen Bauerngesellschaft wie Ziegen, Schafe, Kühe und Gänse, und in den verschiedenen Park-, Garten- und Grünanlagen präsentiert sich die Natur der Region im Miniaturformat. Selbst richtiger Wald fehlt hier nicht. Fredriksdal befindet sich mitten in Helsingborg und hat ganzjährig geöffnet.

Nicht verpassen

NIMIS

Für die einen ist es Kunst, für die anderen ein Abenteuerspielplatz und für wieder andere ein Schandfleck am Strand. An Nimis scheiden sich die Geister. An einer schwer zugänglichen Stelle am Strand begann der Künstler Lars Vilks schon 1980 damit, ein gigantisches Kunstwerk aus Treibholz zu bauen, das seither immer mehr angewachsen ist und von Vilks zum Freistaat Ladonien erklärt wurde – illegal versteht sich. Mittlerweile hat sich Nimis zu einer der beliebtesten Besucherattraktionen der Kullahalbinsel entwickelt: Kinder können nach Herzenslust in den Holzbauten klettern, während die Erwachsenen die Kunst von einem warmen Felsen am Strand betrachten. Der Weg nach Ladonia ist aber schlecht ausgeschildert: Von Arild oder Mölle aus muss man den Hinweisschildern nach Himmelstorpsgården folgen. Von hier aus ist der Weg nach Nimis mit gelber Farbe auf den Bäumen gekennzeichnet. Die Wanderung dorthin dauert etwa 30 Minuten, festes Schuhwerk ist ein Muss!

Der Continentalpalatset in der Järnvägsgatan

Oben: Klein und gemütlich – das Sommerschloss Sofiero
Mitte: Königliches Kinderzimmer im Schloss
Unten: Die Rhododendrenblüte ist das Highlight im Schlosspark Sofiero.

Skåne, Blekinge & Halland

Blütenpracht im Schlosspark

Eines der beliebtesten Helsingborger Ausflugsziele ist das Schloss Sofiero mit seinem einzigartigen Schlosspark, der sich im Jahr 2010 mit dem Titel »Europas schönster Park« schmücken durfte. Besonderes Highlight ist hier im Mai und Juni die Rhododendrenblüte, wenn mehr als 10 000 Rhododendren 500 verschiedener Arten miteinander um die Wette blühen. Einige dieser Sträucher sind mittlerweile über 100 Jahre alt. Aber auch Rosen, Lilien, Dahlien, Margeriten, Primeln und andere Pflanzen bestechen nicht zuletzt durch ihre fantastische Anordnung. Zu verdanken ist dies dem damaligen Kronprinzenpaar Gustav Adolf (1882–1973) und der Prinzessin Margareta (1882–1920), die Schloss Sofiero 1905 von König Oskar II. (1829–1907) als Hochzeitsgeschenk erhielten. Beide waren begeisterte Blumenfreunde und verbrachten ihre Sommer gern mit Gartenarbeit. Margareta entwickelte den Gestaltungsplan für den sehr abwechslungsreich in die vorhandene Topografie eingepassten Park, der sich in unterschiedliche Bereiche unterteilt – vom Rosengarten über kleine Wald- und Wiesenstücke bis hin zum Küchengarten. Währenddessen pflanzte Gustav Adolf eigenhändig die ersten Rhododendren, die den Grundstock für eine in Europa ein-

GUT ZU WISSEN

SOFIERO HEISST: SCHLANGE STEHEN
Schloss Sofiero zählt zu den beliebtesten Ausflugszielen der Region Helsingborg – insbesondere im Mai und Juni, wenn die Rhododendren blühen. Lange Schlangen am Eingang sind daher keine Seltenheit. Bisweilen ist der Park sogar so überfüllt, dass der Eingang geschlossen wird. Wer den Park dennoch besuchen möchte, sollte möglichst früh unterwegs sein und am besten Wochenenden und Feiertage meiden.

Helsingborg & Kullahalbinsel

Zu Fuß durch die Altstadt

Ⓐ Helsingborgs rådhus – Rathaus, eingeweiht 1897; geprägt von der deutschen, italienischen, niederländischen und englischen Neugotik.

Ⓑ Stadtmodell Helsingborg um 1400 – In Bronze gefertigtes Stadtmodell Helsingborgs um 1400.

Ⓒ Posthus – Posthaus aus dem Jahr 1903.

Ⓓ Bankhus – Jugendstilgebäude vom Anfang des 20. Jahrhunderts; ursprünglich als Bankhaus konzipiert, seit 1938 als Hotel genutzt.

Ⓔ Terrasstrapporna – Treppenanlage aus dem Jahr 1903 im Stil der Ritterromantik.

Ⓕ Kärnan – Zukünftig sollen hier drei weitere Bronzemodelle stehen, welche die Burganlage um 1150, 1330 und 1660 zeigen.

Ⓖ Kärngränden 4 – Einfamilienhaus von 1852.

Ⓗ Nedre Långvinkelsgatan 30 – Wohnhaus aus dem Jahr 1858.

Ⓘ Nedre Långvinkelsgatan 75 – Wohnhaus aus dem Jahr 1852.

Ⓙ Norra Storgatan 21 – Jacob Hansens Hus: Das älteste Wohngebäude der Stadt von 1641.

Ⓚ Norra Storgatan 12 – Henckelska gården: Der Henckelsche Hof wurde ursprünglich 1681 erbaut.

Ⓛ Billeplatsen – Mehrere alte Fachwerkhäuser aus der Zeit um 1797. Das Gebäude an der Södra Storgatan ist von 1827, das Eckhaus von 1885.

Ⓜ Södra Storgatan 7 – In dem 1813 errichteten Gebäude war von 1823 bis 1974 die Apotheke Kärnan untergebracht, deren Inneneinrichtung nun im Freilichtmuseum Fredriksdal zu sehen ist.

Ⓝ Sankta Maria Kyrka – Der Bau wurde um 1310 begonnen und etwa 100 Jahre später abgeschlossen. Einzige Kirche Helsingborgs, die nach der Reformation 1536 erhalten blieb.

Skåne, Blekinge & Halland

HOTEL MARIA

Geheimtipp

Individuell, gemütlich und voller historischem Ambiente. Im Hotel Maria kommt jedes Zimmer in einem eigenen Stil daher – mal klassisch gustavianisch, mal im pompösen Barock und dann wieder im Idyll der 1930er-Jahre. Oder soll es vielleicht doch lieber Art déco oder Rokoko sein? Die liebevoll eingerichteten Räume befinden sich in zwei aneinandergrenzenden Häusern, die beide mehr als 200 Jahre alt sind – direkt gegenüber der Sankta-Maria-Kirche in der Altstadt von Helsingborg. In den verwinkelten Räumen und Gängen der ursprünglichen Handels- und Handwerkerhöfe lässt sich viel Geschichte der vergangenen Jahrhunderte entdecken. Im Erdgeschoss gibt es außerdem eine stilvolle und gemütliche Tapas-Bar, die ebenfalls im historischen Stil eingerichtet ist und deren Speisen und Getränke im Sommer im Innenhof der historischen Häuser serviert werden.

Hotel Maria. Mariagatan 8A, Helsingborg, Tel. 042/24 99 40, info@hotelmaria.se, www.hotelmaria.se

zigartige Pflanzensammlung legten. Im oberen Teil des Geländes befinden sich auch heute noch verschiedene Themengärten, während sich die Rhododendren im unteren Teil durch ein kleines Tal bis zum Öresund erstrecken.

Abstecher auf die Kullahalbinsel

Wer in Helsingborg Station macht, sollte sich einen Abstecher auf die nur wenige Kilometer nördlich gelegene Kullahalbinsel nicht entgehen lassen. Viele kommen hierher, um in Höganäs und Umgebung Keramik einzukaufen, da die Region über eine lange Töpfertradition verfügt. Auch das Höganäs Design Outlet lockt mit bekannten Marken wie Kosta Boda oder Iittala. Weit lohnender ist aber ein Ausflug zum Naturreservat Kullaberg an der Spitze der Halbinsel.

Hier bietet sich ein schöner Aussichtspunkt über die Felsküste und den Öresund, und auch zahlreiche Wanderpfade laden dazu ein, die Natur zu erkunden – hinweg über Klippen, durch lauschige Buchenwälder und vorbei an Sumpf- und Heidegebieten. Eine schöne Wanderung führt beispielsweise vom Badeort Mölle zum Leuchtturm am Kullaberg. Die etwa fünf Kilometer lange Strecke, die als roter Wanderweg ausgeschildert und markiert ist, ist landschaftlich abwechslungsreich und bietet fantastische Ausblicke bis nach Dänemark. Zwischendurch sind auch Abstecher hinunter zum Meer möglich. Für den Rückweg bietet sich der blaue Wanderweg an, der an der Nordseite der Halbinsel entlangführt. In der Nähe des Leuchtturms gibt es einige natürliche und künstliche Felsgrotten – der Abstieg dorthin ist aber teilweise sehr steil. Das Informationszentrum Naturum Kullaberg am Leuchtturm bietet Informationen, Wanderkarten und auch Führungen an.

Im Fischerhafen von Mölle

Schloss Krapperup mit Familienwappen

KRAPPERUPS SLOTT

Schloss Krapperup ist einer der ältesten Adelssitze in Skåne. Der heutige Bau wurde zwar erst im 16. Jahrhundert errichtet, aber seine Wurzeln reichen bis ins 14. Jahrhundert zurück. Kein Wunder also, dass sich hartnäckig das Gerücht hält, dass es auf Krapperup spukt. Der Legende nach soll es zwei »weiße Frauen« geben, die hier ihr Unwesen treiben. Eine von ihnen soll im Südflügel eingemauert worden sein und seither ruhelos und stöhnend in den Fluren umherirren. Da die burgähnliche Anlage heute noch privat bewohnt ist, dürfen Besucher das Gemäuer meist aber nur von außen betrachten und können der Geistergeschichte nicht auf den Grund gehen. Ein Spaziergang durch den öffentlich zugänglichen Schlosspark lohnt sich aber auf jeden Fall. Schloss Krapperup befindet sich auf der Kullahalbinsel zwischen Mölle und Nyhamnsläge.

Einfach gut!

Kullaberg ist außerdem ein bekanntes Klettergebiet, und das Meer rundherum ist bei Tauchern sehr beliebt – es gibt sogar gut beschilderte »Taucherpfade«, welche die Wassersportler am Meeresboden entlangleiten. Dank ihrer Lage hat sich die Kullahalbinsel bereits Ende des 19. Jahrhunderts zu einem beliebten Reiseziel für die Sommerfrische entwickelt – unter anderem betteten hier royale Gäste wie der schwedische König Oskar II. und Kaiser Wilhelm II. (1859–1941) ihr Haupt.

Beschauliches Arild

Bei heutigen Schweden ist der kleine Ort Mölle äußerst angesagt. Entsprechend voll ist es hier während der Sommermonate. Bedeutend ruhiger und idyllischer geht es in Arild zu: Das ehemalige Fischerdorf besitzt noch den Charme des Sommeridylls aus der Zeit der Jahrhundertwende. Zentraler Treffpunkt zum Bummeln und Verweilen ist der kleine Hafen. Gefischt wird hier jedoch hauptsächlich nur noch nach Krebsen und anderen Schalentieren.

Helsingborg & Kullahalbinsel

Infos und Adressen

INFORMATION
Tourismusbüro Helsingborg/Helsingborgs Turistbyrå. Dunkers kulturhus, Kungsgatan 11, Helsingborg, Tel. 042/10 43 50, visit@helsingborg.se, www.familjenhelsingborg.se

ÜBERNACHTEN
Elite Hotel Mollberg. Das 4-Sterne-Hotel gilt als das älteste Hotel Schwedens und verbindet modernes Design mit historischem Ambiente. Stortorget 18, Helsingborg, Tel. 042/37 37 00, www.elite.se

Hotell Viking. Gemütliches 4-Sterne-Haus, zentral und mit persönlicher Atmosphäre. Ein Parkplatz sollte schon bei Zimmerbuchung reserviert werden. Fågelsångsgatan 1, Helsingborg, Tel. 042/14 44 20, www.hotellviking.se

Hotell Köpmansgården. Klein, aber fein. Nur zehn Zimmer gibt es in diesem 4-Sterne-Hotel, das in einem Kaufmannshof aus dem 17. Jahrhundert untergebracht ist – und das nur wenige Minuten vom Meer entfernt. Köpmangatan 7, Höganäs, Tel. 042/33 10 05, www.kopmansgarden.se

Rusthållargården. 25 individuell gestaltete Zimmer sowie Ferienhäuser und Ferienvillen – inklusive Meerblick, Poolhaus und einem sehr guten Restaurant. Utsikten 1, Arild, Tel. 042/34 65 30, www.rusthallargarden.com

ESSEN UND TRINKEN
Sofiero slottsrestaurang. Sehr gutes Restaurant in historischem Schlossambiente. Im Fokus steht die schwedische bzw. skånische Küche mit regionalen Produkten. Geöffnet von März bis Dezember, Tischreservierung empfehlenswert. Sofierovägen 57, Helsingborg, Tel. 042/14 04 40

Gastro. Sehr gutes Essen im historischen Ambiente eines ehemaligen Bankhauses. Geöffnet täglich außer sonntags, werktags auch Frühstück und Mittagessen. Järnvägsgatan 3, Helsingborg, Tel. 042/24 34 70

Inom mat & bar. Favorit der Helsingborger fürs Mittag- und auch Abendessen. Täglich geöffnet. Sundstorget 7, Helsingborg, Tel. 042/21 25 21

Flickorna Lundgren. Klassisches Ausflugscafé für Besucher der Kullahalbinsel – mit historischem Flair und leckeren Kuchen. Geöffnet von Ende April bis Mitte September. Skäretvägen 19, Nyhamnsläge, Tel. 042/34 60 44

Rut på Skäret. Ebenfalls auf der Kullahalbinsel und sehr beliebt und traditionell. Im urigen Wirtshaus mit seinem ländlichen Charme wird überwiegend Hausmannskost aus Skåne serviert. Gläntan 6, Skäret, Tel. 042/34 61 88

SEHENSWÜRDIGKEITEN
Kärnan. Von März bis Oktober geöffnet, Montag Ruhetag (außer Juni bis August), Öffnungszeiten variieren saisonal. Slottshagen, Helsingborg

Fredriksdal museer och trädgårdar. Ganzjährig täglich geöffnet, Öffnungszeiten variieren. Gisela Trapps väg 1, Helsingborg, www.fredriksdal.se

Sofiero Slott & Slottsträdgård. Der Schlosspark ist ganzjährig zu saisonal variierenden Zeiten geöffnet. Das Schloss, das Café, der Shop und die Ausstellungen sind von Ende September bis Anfang April geschlossen. Sofierovägen 57, Helsingborg, www.sofiero.se

Informationszentrum Naturum Kullaberg. Geöffnet von Anfang Februar bis Ende November mit saisonal variierenden Öffnungszeiten. Italienska vägen 323, Mölle, www.kullabergsnatur.se

AUSGEHEN
Restaurang Telegrafen. Für alle, die es lieber etwas einfacher haben wollen. Das gemütliche Telegrafen bietet sowohl ein Restaurant als auch eine Art Irish Pub mit Livemusik am Wochenende. Geöffnet täglich ab 11.30 Uhr. Norra Storgatan 14, Helsingborg, Tel. 042/18 14 50

The Tivoli. Zählt zu den großen Rockclubs in Südschweden mit 6 Bars, 5 Tanzflächen, Restaurant und 3 Bühnen für Live-Auftritte. Kungsgatan 1, Hamntorget, Helsingborg, Tel. 042/18 71 71

Skåne, Blekinge & Halland

5 Bjärehalbinsel & Ängelholm
Keramik, Sandstrände & Felsen

Herrliche Badestrände, Fischerdörfer, raue Felsformationen sowie eine reiche Flora und Fauna – die Bjärehalbinsel hat auf kleiner Fläche eine landschaftliche Vielfalt zu bieten, wie sie im Süden Schwedens kaum vermutet wird. Zudem locken hier schöne Wanderungen ebenso wie Ausflüge zu kleinen Kunstgalerien und Keramikwerkstätten. Besonders gut lässt sich die Halbinsel mit dem Fahrrad erkunden.

Wer sich der Bjärehalbinsel von Süden nähert, kommt zunächst an Ängelholm vorbei, der zweitgrößten Stadt der Region Skåne. Das Stadtzentrum dieser knapp 40 000 Einwohner großen Gemeinde zeigt eine Mischung aus modernem und gemütlichem Treiben. Auch einige historische Häuser sind erhalten geblieben. So steht beispielsweise am zentralen Marktplatz Stortorget das ehemalige Rathaus aus dem Jahr 1775, in dem früher die Touristeninformation untergebracht war. Neben zahlreichen Bars, Cafés und Restaurants reihen sich in der Fußgängerzone sowohl die üblichen großen Handelsketten als auch kleine Boutiquen und Handwerksläden auf. Denn noch heute hat sich Ängelholm einen Teil seiner Handwerkstradition bewahrt, zu der nicht zuletzt das Töpferhandwerk und die Lederbearbeitung zählen.

Von Ängelholm bis Torekov

Direkt nordwestlich von Ängelholm geht es auf die Bjärehalbinsel, die an ihrer Südküste überwie-

Seite 47: Mölle war ursprünglich ein Fischerdorf.
Oben: Der Hafen von Torekov
Unten: Kleine Holzhäuser prägen den Fischerdorfcharakter von Torekov.

Bjärehalbinsel & Ängelholm

Mit dem Rad rund um die Bjärehalbinsel

Von Ängelholm aus kann man die Bjärehalbinsel sehr gut mit dem Fahrrad erkunden. Gerade einmal 85 km umfasst die Rundtour, die zunächst immer an der Küste entlanggeht und dann ab Båstad durch das Landesinnere über den Bergrücken Hallandsåsen wieder zurück nach Ängelholm führt. Wer auf Leistung setzt, kann die Runde natürlich an einem Tag schaffen, die über weite Strecken durch flaches bis leicht hügeliges Gelände führt und einfach zu bewältigen ist.

Das Tourismusbüro in Ängelholm hält Radfahrtipps und auch Kartenmaterial bereit und bietet auch speziell ausgearbeitete Radreisepakete an – auf Wunsch inklusive Mietfahrrad, Übernachtung und Verpflegung.

Die auf der Karte eingezeichnete Rundtour startet in Ängelholm und führt auf Fahrradwegen, kleinen Seitenstraßen und Feldwegen über Vejbystrand und Rammsjö nach Torekov. Von dort geht es weiter nach Hovs Hallar, vorbei an Norrvikens trädgårdar und Båstad und dann durch Laubwälder und Felder über den Bergrücken Hallandsåsen, an dessen Fuß sich in der Nähe von Hjärnarp das Landhotel Margretetorps Gästgifvaregård befindet. Von hier aus geht es entlang der Landstraße zurück nach Ängelholm.

Skåne, Blekinge & Halland

Einfach gut!

VIELLEICHT SCHWEDENS GRÖSSTES SMÖRGÅSBORD

Das Landhotel Margretetorps Gästgifvaregård, das sich zwischen Ängelholm und Båstad befindet, zählt zu den ältesten Herbergen Schwedens. Seine Wurzeln werden bis hinein in das 14. Jahrhundert vermutet. Neben urigen Gästezimmern in den Fachwerkgebäuden, eigenem Golfplatz und wunderschöner Umgebung hat das Landhotel ein weiteres Highlight zu bieten: Hier gibt es eines der umfangreichsten – und nach Meinung vieler Besucher – auch eines der besten Smörgåsbuffets des Landes, das sogenannte Smörgåsbord. Es scheint nahezu unmöglich, jede der angebotenen Leckereien bei einer einzigen Mahlzeit zu kosten. Das Smörgåsbord wird täglich jeweils von 11.30 bis 14 Uhr angeboten.

Margretetorps Gästgifvaregård, Hjärnarp, Tel. 0431/45 44 50, www.margretetorp.se

gend durch eine flache Landschaft, lange Sandstrände und landwirtschaftliche Flächen geprägt ist. Wer die großen Hauptstraßen verlässt, kann hier entlang der Bucht Skälderviken kleine Bootsanlegestellen, Häfen und Badestrände entdecken, bevor es auf abgelegenen Wegen durch Wiesen und Rapsfelder und wieder hinunter zum Meer geht. Dabei bieten sich auf der nur etwa 35 Kilometer langen Strecke immer wieder kleine Dörfer und idyllische Plätze zum Verweilen an. Je mehr man sich dem Westzipfel der Halbinsel und damit dem ehemaligen Fischerdorf Torekov nähert, desto rauer und karger wird die Küste.

Felsen & romantische Gärten

An der Nordspitze wartet dann eine der Hauptattraktionen der Region: das Naturschutzgebiet Hovs Hallar. Hier trifft der Bergrücken Hallandsåsen auf das Meer und bildet eine dramatische Landschaft aus zerfurchten Klippen, Raukosteinen, Geröllfeldern und höhlenähnlichen Formationen. Die meisten Klippen haben eigene Namen, hinter denen sich Geschichten verbergen. So wurde die berühmte Anfangssequenz des Ingmar-Bergman-Filmes *Das siebte Siegel* hier gedreht, in der Max von Sydow eine Partie Schach gegen den Tod spielt.

Prächtiger Blütenschmuck

Während in Hovs Hallar der zerklüftete, rötliche Amphibol-Gneis das Bild dominiert, wird nur wenige Kilometer westlich ein Kontrastprogramm mit sattem Grün und bunter Blumenpracht geboten. Denn in den verschiedenen Themengärten des Parks Norrvikens trädgårdar leuchten vom Frühjahr bis in den Spätsommer die unterschiedlichsten Pflanzen- und Blumenarten vor dem strahlenden Blau der Laholmsbucht um die Wette.

Diese Treppengiebelkirche zeigt Natur und Architektur im Einklang.

Bjärehalbinsel & Ängelholm

Infos und Adressen

INFORMATION
Ängelholms Turistbyrå. Järnvägsgatan 5A, Ängelholm, Tel. 0431/821 30, turist@engelholm.com, www.engelholm.com

ÜBERNACHTEN
Klitterhus Havsbadshotel. Das traditionsreiche Strandhotel liegt direkt am Meer und bietet 14 Zimmer, die fast alle über einen schönen Meerblick verfügen. Klitterhus, Havsbaden, Ängelholm, Tel. 0431/135 30, www.klitterhus.com
Torekov Hotell. Das Spa- und Golfhotel befindet sich nicht weit vom Meer. Die meisten Zimmer sind in Holzhäusern untergebracht und verfügen über eine eigene Terrasse. Själaviksvägen 2, Torekov, Tel. 0431/47 16 00, www.torekovhotell.se

ESSEN UND TRINKEN
Hotell & Restaurang Hovs Hallar. Gutes Ausflugsrestaurant mit toller Aussicht über die Felsküste. Ganzjährig geöffnet. Mittagsbuffet wochentags von 11.30–14 Uhr, am Wochenende à la carte von 12–16 Uhr. Hovshallavägen 160, Båstad, Tel. 0431/44 83 70, www.hovshallar.com
Bohemian hapserie. Kleines Café mit ungewöhnlichem Ansatz: Neben leckeren Kuchen steht fast die gesamte Einrichtung, die überwiegend im Vintage-Stil gehalten ist, zum Verkauf. Geöffnet samstags und sonntags von 12–15 Uhr. Storgatan 6, Ängelholm, Tel. 0431/129 99

SEHENSWÜRDIGKEITEN
Norrvikens trädgårdar. Geöffnet Anfang Mai bis Ende August, Öffnungszeiten variieren saisonal. Das zugehörige Restaurant hat ebenfalls nur von Mai bis August geöffnet. Norrvikens trädgårdar, Båstad, www.norrvikenstradgardar.com

Hovs Hallar – eine der Hauptattraktionen auf der Bjärehalbinsel

Skåne, Blekinge & Halland

6 Ystad & Südküste
Kulturlandschaft Skåne

In Schweden hält sich der Spruch, dass Gott Schonen geschaffen habe, um den Schweden zu zeigen, wie Mitteleuropa aussehe. Etwas Wahres ist an dieser Aussage dran. Denn diese Landschaft erinnert mit ihren Laubwäldern, weiten Feldern, einzelnen Höfen und kleinen Dörfern an Dänemark oder Norddeutschland. Hinzu kommen idyllische Ortschaften und eine spannende Geschichte.

Schonen, Schwedens südlichste Provinz, gehörte bis ins 17. Jahrhundert zum dänischen Hoheitsgebiet. Einen ersten Angriff der schwedischen Truppen auf Jütland und Schonen hatten die Dänen noch abwehren können. Während des Zweiten Nordischen Krieges wurde der Druck der Schweden zu groß, und nach dem Frieden von Roskilde im Jahr 1658 räumte Dänemark seine Besitzungen in Schonen. Doch der dänische Einfluss ist überall noch zu spüren. So unterscheidet sich der in Schonen gesprochene Dialekt erheblich vom Schwedisch in anderen Teilen des Landes.

Ystad – auf Wallanders Spuren

Ystad ist so ein Beispiel für die lange dänische Historie der Gegend. Hier verfiel man in den vergangenen Jahrzehnten nicht dem Abrisswahn, weshalb 300 Fachwerkhäuser erhalten geblieben sind. Ein Bauwerk mitten im Zentrum des freundlichen und umtriebigen Städtchens sticht heraus: das Gråbrödraklostret. Dieser Vorposten der Christianisierung war das Domizil von Mönchen des Graubrüder-Ordens und ist das älteste erhaltene Kloster Schwedens. Seine Ursprünge gehen auf

Das Gråbrödrakloster in Ystad wurde bereits 1267 von den Franziskanermönchen gegründet und ist heute immer noch in hervorragendem Zustand.

Ystad: Haus des Freiwilligen Bergungscorps

das 13. Jahrhundert zurück. Jedoch wurde es im Laufe der Jahrhunderte erweitert, diente später sogar als Hospital, Schnapsbrennerei und Müllkippe – und hätte beinahe das 20. Jahrhundert nicht überstanden. Nach Protesten verzichtete man glücklicherweise 1901 darauf, das historische Bauwerk abzureißen. Ystad mitsamt seiner Umgebung hat auch eine kriminelle Geschichte. Dort ist das Verbrechen zu Hause – zumindest in den Büchern von Henning Mankell. Dessen Kommissar Kurt Wallander ermittelt in und um Ystad und hat es damit zur Berühmtheit gebracht. Die Realität ist glücklicherweise friedlicher und Ystad kein Ort, in dem man um sein Leben fürchten muss.

Steinernes Schiff

Erheblich älter als die Häuser von Ystad ist ein steinernes Monument ein Stück weiter östlich an den Klippen oberhalb der Ostsee. Staunend blickt man auf die 58 bis zu zwei Meter hohen und fünf Tonnen schweren Steine, die bei Kåseberg ein riesiges Schiff darstellen. Was genau die Altvorderen mit diesem 600 nach Christus errichteten Denkmal bezweckten, ist bis heute unklar, auffallend ist zumindest, dass das symbolisierte Schiff dem

Nicht verpassen

WIKINGERDORF FOTEVIKEN

In Foteviken in der Nähe von Malmö können Besucher Wikinger auf Zeit werden. Im einzigen nachgebauten Wikingerdorf Skandinaviens schlüpfen sie in die Trachten des Seefahrervolkes, essen seine Speisen und erleben Kämpfe und Spiele. Insofern kann man nicht von einem Museum sprechen, sondern eher von einem lebendigen Museumsdorf, in dem die Uhr um rund 1000 Jahre zurückgedreht ist. Mittlerweile stehen hier 23 Gebäude, die nach Vorbildern aus der Wikingerzeit und dem Mittelalter rekonstruiert worden sind. Hinzu kommen Nachbauten von Wikingerschiffen, mit denen die Nordmänner über den Meeren kreuzten. Sogar ein eigenes Gesetz gilt in dem Dorf. Lebendiger lässt sich Geschichte kaum erleben!

Fotevikens Museum.
Museivägen 27, Höllviken,
Tel. 040/33 08 00, www.foteviken.se

Regenbogen über einem alten Bauernhaus

MARKT IN KIVIK

In Kivik weiß man zu feiern. Schließlich geht hier jeden Sommer der größte Markt Schwedens über die Bühne. Über 100 000 Besucher strömen im Juli zum Kiviks »Marknad« in den kleinen Ort. Kein Wunder: Hat doch dieser Markt eine Tradition, die bis in die Hansezeit zurückreichen soll. Für die Menschen der Umgebung bedeutete er früher eine willkommene Abwechslung vom harten Alltag. Zuckerstangen wurden an den diversen Ständen angeboten, auch Puppen und hölzerne Pferde, Besen und Socken, Wagenschmiere und vieles mehr. Und natürlich Obst – und das sowohl frisch und fest als auch zu Marmelade oder Hochprozentigem verarbeitet. Daran hat sich bis heute nicht viel geändert: Der Markt von Kivik ist ein Ereignis für Besucher aus nah und fern.

Kiviks Marknad. Christer Persson
Brunbjörnsvägen 30, Västerås,
dan@roa.nu,
www.kiviksmarknad.com

Einfach gut!

Sonnenaufgang zur Zeit der Winter- und Sommersonnenwende zusteuert. Der Leuchtturm bei Sandhammaren ist erheblich jüngeren Datums. Für Seeleute war das immer wieder aufblitzende Signal ein wichtiger Orientierungspunkt, der seit 1862 die Kapitäne vor den Gefahren an dieser Landzunge warnt. Knapp 1500 Seeleute wurden von der hier angesiedelten Station zwischen 1855 und 1945 gerettet! Am Fuße des Leuchtturms breitet sich eine grandiose Dünenlandschaft aus. Ein Spaziergang im feinen Sand ist eine wunderbare Möglichkeit, um die Landschaft mit allen Sinnen zu erfassen.

Auf dem Weg von Ystad nach Simrishamn kommt man an einem Klotz vorbei, der sich erst bei näherem Hinsehen als historisches Bauwerk entpuppt. Die Festung Glimmingehus ist eine der wichtigsten Sehenswürdigkeiten des Landes. Der schmucklose, aus groben Steinblöcken gefertigte Profanbau ist der älteste Schonens und die am besten erhaltene mittelalterliche Burg Schwedens. Immerhin rund 500 Jahre ist das Gebäude nun alt. Das nahe gelegene kleine Küstenstädtchen Simrishamn ist ein weiteres schönes Beispiel für den dänischen Einfluss, der sich hier am Baustil festma-

chen lässt. Dicht an dicht stehen kleine, bunte Häuschen an einer mit Kopfsteinpflaster befestigten Straße – ganz wie im südlicheren Dänemark.

Grab als Steinbruch

Kivik ist ein kleiner Ort an der Küste und das wichtigste Apfelanbaugebiet Schwedens. In langen Reihen stehen hier die Bäume auf den Wiesen. Und was nicht frisch gegessen oder zu Apfelsaft und kuchen verarbeitet wird, wird zu Cidre vergoren. Im örtlichen Apfelmuseum sind rund 70 verschiedene Apfelbaumsorten ausgestellt. Dass das Land ideal für Ackerbau und Viehzucht ist, wussten schon die früheren Bewohner. An der Ostseeküste wurden 3000 Jahre alte Gräber gefunden, wobei das von Kivik durch Größe und Aussehen heraussticht. Wie ein überdimensionaler, umgedrehter Suppenteller aus Tausenden von Gesteinstrümmern liegt es auf der Wiese. Begraben wurde hier vermutlich ein König oder ein Stammesfürst. Genaueres weiß man nicht, da das Grab lange Jahre als Steinbruch gedient hatte. Als Mitte des 18. Jahrhunderts zwei Bauern eine Grabkammer entdeckten, buddelten sie diese in der Hoffnung auf einen unentdeckten Schatz aus. Dabei wurde sie teilweise zerstört.

Oben: Dünen und Sandstrand bei Sandhammaren
Mitte: Das Hafenstädtchen Simrishamn war einst Sitz der größten Fischereiflotte Schwedens.
Unten: Das milde Klima Skånes lässt Apfelbäume gedeihen.

Schlösser und Klöster

Der Reichtum der Gegend spiegelt sich in den vielen alten Schlössern wider. Gärsnäs, Kronovall, Christinehov: Sie sind Beispiele für prächtige Bauwerke, die von den Adeligen im südlichsten Teil Schwedens errichtet wurden. Noch heute sind viele Schlösser in Privatbesitz und für die Öffentlichkeit nicht zugänglich. Und natürlich war auch die Kirche bereits früh in diesem Landstrich vertreten. Das Bosjökloster im Zentrum von Schonen wurde bereits 1080 von den Benediktinern gegründet. Nicht einmal 100 Jahre später folgten die Zisterzienser und bauten bei Ljungbyhed eine eigene Anlage: das Herrevadskloster. Immer sollte man sich vor Augen halten, dass diese Zeit das Ende einer kurzen Epoche war, die von den Wikingern geprägt wurde und für den Übergang von der Naturreligion zum christlichen Glauben steht.

Oben: Die Åles Stenar bei Kåseberga symbolisieren ein Schiff.
Unten: Die rote Fassade von Schloss Vittskövle hebt sich vom Himmel über Skåne deutlich ab.
Seite 60: Ingvar Kamprad revolutionierte das Möbelgeschäft und machte Ikea zum Exportschlager.

Ystad & Südküste

Infos und Adressen

INFORMATION
Ystad Turistbyrå. Für Ystad waren die Wallander-Bücher von Henning Mankell ein Glücksfall, machten sie doch das kleine Städtchen in Schwedens Süden weltweit bekannt. Wer Realität und Fiktion vermischen will, kann sich einer Führung durch Ystad auf Wallanders Spuren anschließen. Auch eine Broschüre ist erhältlich. St Knuts torg, Ystad, Tel. 0411/57 76 81, turistinfo@ystad.se, www.ystad.se

Simrishamns Turistbyrå. Marint centrum, Varvsgatan 2, Simrishamn, Tel. 0414/57 76 81, turistbyra@simrishamn.se, www.simrishamn.se

Allgemeine Infos zu Skåne. Wissenswertes auch auf Deutsch gibt es unter www.visitskane.com.

ÜBERNACHTEN
Kronovalls Vinslott. Außergewöhnlich und lange in Erinnerung: ein herrlich gelegenes Schloss mit stilvollen Zimmern, in dem man übernachtet wie ein König. Kronovalls Vinslott, Tomelilla, Tel. 0417/197 10, info@kronovall.se, www.kronovall.se

Hammenhögs Gästgivaregård. Hübsches Hotel mit langer Tradition und persönlichem Ambiente. Das Preis-Leistungs-Verhältnis stimmt. Ystadsvägen 34, Hammenhög, Tel. 0414/736 80, info@gastis.se, www.gastis.se

ESSEN UND TRINKEN
Norra Promenaden Trädgårdsrestaurang. Restaurant mit tollem Ambiente in exzellenter Lage. Auch das Essen schmeckt bei vernünftigen Preisen. Guter und günstiger Mittagstisch. Kyrkogardsgatan 4, Ystad, Tel. 0411/101 41, www.norrapromenaden.com, ab.kockservice@telia.com

Maritim Krog & Hotell. Das Gasthaus befindet sich am Hafen von Simrishamn – hier werden vor allem schmackhafte Fischgerichte angeboten. Hamngatan 31, Simrishamn, Tel. 0414/41 13 60, www.maritim.nu, info@maritim.nu

Daniel Berlin. Das Restaurant des Spitzenkochs liegt auf dem Land. Hier serviert er preisgekrönte, schwedische Küche auf höchstem Niveau. Diligensvägen 21, Skåne Tranås, Tel. 0417/203 00, www.danielberlin.se, info@danielberlin.se

AKTIVITÄTEN
Rad fahren. Skåne ist ein ideales Terrain für Radler, die Strecken ohne große Höhenunterschiede bevorzugen. Ist man auf den Nebenstrecken unterwegs, wird man nur wenigen Autos begegnen. Je nach Wetterlage kann es aber windig werden.

Wandern. Der Skåneleden besteht aus fünf voneinander unabhängigen, jedoch kombinierbaren Varianten, die in 80 Tagesetappen eingeteilt sind und zusammen mehr als 1000 km lang sind. Der Pfad ist mit orangefarbenen Markierungen ausgeschildert. Übernachtung im Zelt oder Windschutz ist bei Mehrtagestouren möglich.

Golf. In Skåne gibt es eine große Anzahl von Plätzen mit gepflegtem Grün. Der Zugang ist wesentlich einfacher als in Deutschland, da in Schweden Golf auch vom Otto Normalbürger gespielt wird.

Reiten. Fjälls Hästar in Valleberga oder Stall Vinkille bei Kåseberga bieten Übernachtungsmöglichkeiten für Reiter mit Bed & Box an. Man kann auch an geführten Reitwanderungen teilnehmen, die dort sowie von den Reitschulen Ystad und Stora Herrestads organisiert werden. Infos dazu hat die Touristeninformation.

Schienen-Nostalgie. Der Bahnhof Brösarp ist im Sommer Ausgangspunkt der Züge der Österlen-Dampfbahn. Gezogen von bis zu 100 Jahre alten, tiefschwarzen Lokomotiven zuckelt man über die Felder und erreicht nach 35 Minuten die Endstation St. Olof. Die Strecke war einst Teil einer Eisenbahnlinie entlang der Südküste, auf der 1901 die ersten Züge schnauften. Seit der Stilllegung 1971 verkehrt hier die Museumsbahn. www.skanskajarnvagar.se

SÜDSCHWEDISCHE
Köpfe

Berühmte Schweden? Klar, da fallen einem doch schnell ABBA oder Björn Borg ein. Doch es sind etliche mehr, deren Namen man mit einiger Sicherheit schon einmal gehört hat, die sogar der Welt auf die eine oder andere Art ihren Stempel aufgedrückt haben. Und viele davon kommen aus dem Süden des Landes.

Kein anderer Schwede hat Häuser und Wohnungen so verändert und geprägt wie Ingvar Kamprad mit seinen Ikea-Möbelhäusern, die es inzwischen weltweit gibt – von Stockholm bis Shanghai, von Atlanta bis Adelaide. Der 1926 in der Nähe von Älmhult in Småland geborene Unternehmer gehört durch den Erfolg seiner Möbelhäuser zu den reichsten Menschen der Welt.

Eine weitere berühmte Südschwedin ist Astrid Lindgren, die mit ihren Geschichten um Pippi Langstrumpf und Michel – der eigentlich Emil heißt – Kinder weltweit begeistert. Astrid Lindgren wurde 1907 in Vimmerby geboren und starb 2002 in Stockholm. Ohne Zweifel gehört die mutige Dame zu den beliebtesten und bekanntesten Personen in Schweden, wahrscheinlich sogar in der ganzen Welt. Dabei war Lindgrens erstes Buch *Pippi Langstrumpf* vom großen Verlag Bonnier abgelehnt worden. Die freche Rotzgöre löste große Bedenken aus; der Verleger, so heißt es, habe an seine eigenen kleinen Kinder gedacht, die sich – um Himmels willen – an Pippi kein Vorbild nehmen sollten. Auch fünf deutsche Verlage hatten das Angebot, die Übersetzungsrechte zu erhalten, abgelehnt. Sie werden sich wenig später schön geärgert haben.

Schwedens bekanntester und beliebtester Maler Carl Larsson erblickte 1853 in Stockholm das Licht der Welt. Er hat sich mit seinen idyllischen Bildern des einfachen Lebens in Schweden einen Namen gemacht, aber auch Bücher illustriert und gewaltige Wandmalereien geschaffen.

Auf Alfred Nobel geht der Nobelpreis zurück.

Südschwedische Köpfe

Aus Småland, genauer aus Råshult, stammt der 1707 geborene Naturforscher Carl von Linné. Er studierte Medizin, beschäftigte sich aber vor allem mit Pflanzen und Tieren und schuf eine Systematik der Flora und Fauna, die bis heute Bestand hat. Er starb 1778 in Uppsala.

Explosiv war die Erfindung des 1833 in Stockholm geborenen Chemikers Alfred Nobel. Auf ihn geht nicht nur der gleichnamige Preis zurück, sondern auch die Erfindung des Dynamits. Insgesamt wurden 355 Patente unter seinem Namen anerkannt. Obwohl seine Erfindung von den Armeen der Welt eingesetzt wurde, hasste Nobel den Krieg. Aus diesem Grund stiftete er auch den Friedensnobelpreis, der allerdings nicht in Stockholm, sondern in Oslo verliehen wird.

Aus Südschweden – wozu wir in diesem Buch auch Stockholm zählen – stammt eine Reihe bekannter Schauspieler. Dazu gehört auch die am 18. September in Stockholm geborene Greta Lovisa Gustafsson, besser bekannt als Greta Garbo. Die »Göttliche«, wie sie auch genannt wurde, war eine der wichtigsten Hollywood-Schauspielerinnen. Ihre Karriere begann in den 1920er-Jahren, wo sie zuerst in Schweden und dann in den USA in Filmen mitwirkte. Neben zahlreichen Nominierungen erhielt sie 1955 den Ehren-Oscar für ihr Lebenswerk. Als Schauspielerin hatte sie sich bereits 1941 zurückgezogen. Garbo starb am 15. April 1990 in New York.

Gleich drei Oscars bekam Ingrid Bergmann. Die am 29. August 1915 in Stockholm geborene und am 29. August 1982 in London gestorbene Schwedin war eine der bedeutendsten und populärsten Schauspielerinnen der Filmgeschichte. Sie lernte ihr Handwerk am Königlichen Dramatischen Theater. Ihr Erfolg im Film *Intermezzo* führte sie Ende der 1930er-Jahre nach Hollywood. Legendär ihr Auftritt 1942 im Film *Casablanca*.

Zarah Leander ist eine weitere Südschwedin, die es zu Weltruhm gebracht hat. Sie kam am 15. März 1907 in Karlstad zur Welt und starb am 23. Juni 1981 in Stockholm. Die Karriere der Schauspielerin und Sängerin begann 1929 mit Aufnahmen für eine Schallplattenfirma, zudem spielte sie in Revuen mit. 1936 trat sie in einem Wiener Theater auf, gleichzeitig begann ihre Leinwandkarriere im österreichischen Film *Premiere* und bei der UFA in Deutschland.

Porträt des Systematikers Carl von Linné

Der »Namenstag«, ein Gemälde von Carl Larsson

Kaum ein anderer schwedischer Schriftsteller steht so sehr für das Krimi-Genre wie Henning Mankell. Der Autor – der auch als Theaterregisseur arbeitete – kam am 3. Februar 1948 in Stockholm zur Welt und starb am 5. Oktober 2015 in Göteborg. Seine bekannteste Romanfigur ist Kommissar Wallander, der im südschwedischen Ystad ermittelt. Nicht vergessen darf man das Engagement des Autors für die Menschen in Südafrika und seine gesellschaftspolitische Grundhaltung, die sich in seinen Werken widerspiegelt.

Auch ein Sportler darf in diesem Kapitel nicht fehlen: Björn Borg. Der Stockholmer gewann schon 1972 im Alter von 15 Jahren sein erstes Davis-Cup-Spiel für Schweden, zwei Jahre später wurde er der jüngste Gewinner der French Open. 1976 folgte sein erster Triumph in Wimbledon, das er mehrfach gewann. Anfang der 1980er-Jahre erzielte er seine letzten großen Erfolge. 1993 gab er – nach mehreren Comeback-Versuchen – seinen endgültigen Rücktritt bekannt.

Und auch an einen Politiker sollte man bei den »südschwedischen Köpfen« denken, der sein Land prägte wie kaum ein anderer und dessen gewaltsamer Tod bis heute diskutiert wird. Der am 30. Januar 1927 in Stockholm geborene Olof Palme gehörte den schwedischen Sozialdemokraten an und war von 1969 bis 1976 sowie von 1982 bis 1986 Ministerpräsident. Besonders sein außenpolitisches Engagement machte den Schweden weit über die Landesgrenzen hinaus bekannt. Palme wurde am 28. Februar 1986 mitten in Stockholm ermordet.

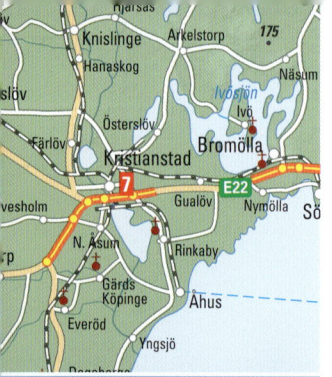

Skåne, Blekinge & Halland

7 Kristianstad & Vattenriket
Bollwerk gegen die Schweden

Kristianstad ist ein Ort, der am Reißbrett entworfen wurde. Die rechtwinklig angeordneten Straßen gehen auf einen Wunsch des dänischen Königs Christian IV. zurück, der die Stadt gründete. Die Natur rückt in Form von Flüssen, Kanälen und Seen bis an die Stadtgrenzen heran. Das Mosaik aus Land, Feuchtgebieten und Wasser ist aufgrund seiner Bedeutung für die Tier- und Pflanzenwelt zum Biosphärenreservat erklärt worden.

Rund 15 Kilometer liegt Kristianstad vom Meer entfernt. Gleichwohl spielt das Wasser eine große Rolle. Schließlich wird die Stadt im Norden und Süden von Seen begrenzt, die durch einen Wasserlauf miteinander verbunden sind. Dafür hat man einen Namen gefunden: Kristianstad Vattenriket, das Wasserreich von Kristianstad. Teile davon sind künstlichen Ursprungs, wird doch das Wasser des Flusses Helgeån seit Jahrhunderten vom Menschen genutzt.

Auf dem Weg zur Handelsstadt

Die Stadt wurde, wie unschwer zu erraten ist, von einem Kristian, in diesem Fall im Jahr 1614 vom dänischen König Christian IV. gegründet. Zuvor hatten schwedische Truppen unter Gustav II. Adolf die alte Stadt Vä, die im heutigen Stadtgebiet von Kristianstad lag, niedergebrannt. Kristianstad bekam im 17. Jahrhundert eine große strategische Bedeutung als Grenzbefestigung: Schließlich galt es, dänisches Terrain gegen die Schweden zu verteidigen. Als mit dem Frieden

Oben: Das spätklassizistische Kronohuset in Kristianstad
Unten: Die markante Kirche des Städtchens

Felder zwischen Kristianstad und Bromölla

von Roskilde 1658 Schonen, Blekinge und Halland an Schweden abgetreten werden mussten, verlor Kristianstad diese strategische Bedeutung und gewann als Handelsstadt an Einfluss.

Das ursprüngliche, rechtwinklige Straßennetz, das mit seinem rechteckigen Umriss und den zwei Hauptstraßen typisch ist für die Renaissance, konnte auch im Laufe der weiteren Entwicklung von Kristianstad erhalten werden. So starten Besucher ihre Stadtwanderung am besten am Marktplatz, dem Stora Torg. Hier gruppiert sich eine Reihe hübscher Häuser aus dem 18. und 19. Jahrhundert, darunter auch das Rathaus. Erhalten geblieben sind auch noch zwei Stadttore.

Heilige Dreifaltigkeitskirche

Bedeutendste Sehenswürdigkeit der Stadt ist die Heilige Dreifaltigkeitskirche. Sie wurde in den Jahren 1617 bis 1628 im Stil der dänischen Renaissance erbaut. Große Teile des heutigen Interieurs sind noch aus dem 17. Jahrhundert. Das Gotteshaus, das ein großartiges Raumerlebnis bietet, gilt als eines der bedeutendsten Beispiele für den protestantischen Sakralbau. Auffallend sind die lichten Fensteröffnungen, die dekorativen Details und

Geheimtipp

DEM HOPFEN AUF DER SPUR

55 Kilometer lang ist die mit braunen Schildern markierte Strecke rund um den größten See Skånes, den Ivösjön. Humleslingan heißt diese Strecke, was man mit Hopfenschlinge übersetzen kann. In der Tat ist hier das einzige Gebiet in Schweden, in dem Hopfen angebaut wird – und das in einer prächtigen Natur- und Kulturlandschaft. Sehenswürdigkeiten wie Schloss Bäckaskog oder der hübsche Ort Blistorp locken genauso wie Badestrände und Paddelgewässer oder Wanderwege wie der Näsumaleden oder der Edenryds Kustled. Außerdem können sich Ausflügler an Kunstausstellungen und zahlreichen Hofläden (Gårdsbutiker) erfreuen, in denen man lokale Produkte einkaufen kann. Dazu gehört, wie in einem Hopfenanbaugebiet nicht anders zu erwarten, auch Bier. Sogar Braukurse werden angeboten. Dass man in den Wirtshäusern gut essen kann, versteht sich dabei fast von selbst. Infos zur Humleslingan beim Touristenbüro oder im Internet unter www.humleslingan.com.

Skåne, Blekinge & Halland

die schlanken Granitsäulen. Kristianstad lockt aber auch mit einigen interessanten Museen. So dürfte das Filmmuseum (Östra Storgatan 53) Cineasten mit dem ältesten erhaltenen Filmatelier begeistern, in dem Filme aus dem Museumsbestand gezeigt werden. Im ehemaligen Zeughaus, das zur Zeit der Stadtgründung errichtet wurde, ist das sehenswerte Landesmuseum untergebracht (www.regionmuseet.m.se).

Im Reich des Wassers

Für Naturfreunde ist das Vattenriket (Wasserreich), das aufgrund seiner Bedeutung von der UNESCO zum Biosphärenreservat erklärt wurde, unbedingt einen Stopp wert. Mindestens 38 verschiedene Fischarten schwimmen in den Gewässern rund um die Stadt. Ganz besonders reich ist das Leben in den Lüften. Mehr als 260 verschiedene Vogelarten wurden von Ornithologen in den Feuchtgebieten beobachtet und aufgelistet. Dazu kommen weitere 130 Arten, die in den daran anschließenden Gebieten gezählt wurden. Über 20 davon stehen auf der Roten Liste der in Schweden gefährdeten Vögel. Besonders lohnenswert ist es, ein Fernglas oder Fernrohr am Hammarsjön zu nutzen.

Wechselnde Wasserstände schaffen hier eine einzigartige Umgebung, in der sich die fliegenden Bewohner wohlfühlen und auch genügend Nahrung finden. Moore, Sümpfe und die Lagunen an der Küste sind weitere Lebensräume, wo man eine ganze Reihe von Vögeln beobachten kann. Ebenso spannend für Naturliebhaber sind die seltenen Pflanzen, die in diesem Mosaik aus verschiedenen Landschaftstypen wachsen. Eine Besonderheit ist eine spezielle Greiskrautart, die seinerzeit Carl von Linné zum ersten Mal in Schweden bei Kristianstad entdeckte.

Oben: Nicht weit vom Stadtzentrum entfernt liegt das Biosphären-Reservat »Kristianstads Wasserreich«.
Unten: Das Wasserreich ist ein Mosaik aus Land und Gewässern.

Kristianstad & Vattenriket

Infos und Adressen

INFORMATION
Kristianstads Turistbyrå. Stora Torg, Kristianstad, Tel. 044/13 53 35, touristinfo@kristianstad.se, www.kristianstad.se

Naturum. Das Besucherzentrum des Vattenrikets liegt nur zehn Gehminuten vom Stadtzentrum entfernt auf der westlichen Seite des Flusses. Hier gibt es auch ein Café-Restaurant. Härlövsängaleden 2, Kristianstad, Tel. 044/13 23 30, naturum@kristianstad.se, www.kristianstad.se

ÜBERNACHTEN
Bykrogen. Ein individuelles Ambiente bietet dieses Hotel in Kristianstad seinen Gästen. Arkelstorpsvägen 79, Kristianstad, Tel. 044/22 60 00, info@bykrogen.nu, www.bykrogen.nu

ESSEN UND TRINKEN
Kippers Källare. Das Keller-Restaurant liegt im Zentrum von Kristianstad. Ausgesprochen rustikal ist das Ambiente, das sich im Stil des 17. Jahrhunderts präsentiert. Dazu passend sind die Speisen, bei denen der Koch meist auf Schnickschnack verzichtet. Östra Storgatan 9, Kristianstad, Tel. 044/10 62 00, www.kippers.se, info@kippers.se

Im Naturum des Wasserreichs kann man sich über Flora und Fauna informieren.

VERANSTALTUNGEN
Das bekannte Kristianstad-Jazzfestival lockt in jedem Sommer – meist im Juli – zahlreiche Musikfans in die Stadt. Während des mehrtägigen Spektakels stehen dann Jazzer aus Skandinavien auf der Bühne, aber auch Künstler aus dem Ausland. Mehr Infos unter www.jazzfestivalen.se

AKTIVITÄTEN
Outdoor-Ausflüge. Das Vattenriket können Naturliebhaber am besten auf kurzen Spaziergängen und längeren Wanderungen erforschen. Rund um den Hammarsjön führt außerdem eine 32 km lange Radtour. Auch Bootsausflüge sind möglich.

Im Regionalmuseum von Kristianstad wird die Lokalgeschichte erläutert.

Skåne, Blekinge & Halland

8 Karlskrona & Ronneby
Welterbe & Bäderidyll

Die kleine Region Blekinge ist wohl am ehesten durch die Stadt Karlskrona bekannt, deren historischer Marinehafen seit 1998 auf der Welterbeliste der UNESCO verzeichnet ist. Wer sich ein wenig Zeit nimmt, wird hier aber darüber hinaus richtige Perlen entdecken können – wie beispielsweise die idyllische Bäderstadt Ronneby oder das malerische Inselleben in Schwedens südlichstem Schärengarten.

Mit ihrer Fläche von gerade einmal 3055 Quadratkilometern gerät die Region Blekinge im Vergleich zu ihren großen Nachbarn Skåne und Småland oft ins Hintertreffen. Superlative sind hier nicht zu finden – sowohl die Stadt- und Waldflächen als auch die zahlreichen Seen sind meist kleiner als in den anderen Regionen. Das Leben konzentriert sich an der Küste, die schon seit dem Mittelalter für den lokalen Handel wichtig war, und auch die damals noch zahlreichen Fischerdörfer spielten eine wichtige Rolle. Aus dieser Zeit ist allerdings nicht mehr viel zu sehen, da die ehemalige Grenzregion zwischen Dänemark und Schweden bis ins 17. Jahrhundert hinein oft Schauplatz von heftigen Auseinandersetzungen war und sowohl Städte als auch Bauernhöfe wiederholt geplündert und niedergebrannt wurden.

Oben: Architektonische Prachtbauten in der Smedjegatan in Karlskrona
Unten: Neoklassizismus am Stortorget

Wichtiger Marinestützpunkt

Stattdessen gibt es Sehenswertes der jüngeren schwedischen Geschichte: Im Zuge der »Schwedisierung«, aber auch aus handels- und militärstrategischen Gründen, wurde im 17. Jahrhundert die Stadt Karlskrona gegründet. Zwar geht es hier

Teil des Welterbes: Bastion Kungshall in Karlskrona

heute recht beschaulich zu, aber zu Beginn des 18. Jahrhunderts war Karlskrona immerhin die zweitgrößte Stadt des Reiches – angelegt auf rund 30 kleinen und größeren Schären auf Geheiß von Karl XI. (1655 bis 1697). Noch heute bildet der große Marktplatz auf der Hauptinsel das Zentrum der Stadt. An seinem Rand stehen mit der Dreifaltigkeits-Kirche sowie der Fredriks-Kirche zwei bedeutende Gotteshäuser. Hinzu kommen prächtig ausgestattete Militärgebäude und die größte Holzkirche Schwedens auf der zum Stadtkern gehörenden Insel Trossö. Dass Karlskrona auf dem Reißbrett entstanden ist, lässt sich auch heute noch anhand des Stadtbilds erkennen – gerade und breite Straßen prägen den historischen Kern von Schwedens einziger Barockstadt.

Welterbe Karlskrona

Der eigentliche Grund für den Bau der Stadt war die Einrichtung eines ganzjährig eisfreien Kriegshafens, der auch heute noch genutzt wird. Er ist seeseitig von einer Reihe Inseln geschützt, die lediglich an wenigen Stellen Durchschlupf für Schiffe gewähren. Auf diesen Inseln schüttete man Erdwälle auf, baute an den Zufahrtswegen Festungen wie das Kungsholms Fort und das

Geheimtipp

PADDELN IN OLOFSTRÖM

Olofström ist die einzige größere Gemeinde in Blekinge, die nicht an der Küste liegt. Stattdessen ist die Stadt umgeben von zahlreichen Seen und großen Waldgebieten – ein perfekter Ausgangsort für Outdoor-Aktivitäten wie Wandern, Fahrrad fahren und Angeln. Vor allem bietet Olofström aber auch tolle Voraussetzungen für Paddeltouren mit dem Kanu oder dem Kajak. Der größte Haussee der Stadt ist der Halen, der wiederum durch natürliche Wasserläufe mit den Seen Raslängen, Filkesjön und Immeln verbunden ist und auf diese Weise ein großes Angebot für die unterschiedlichsten Paddeltouren bietet. Ein praktisches Plus sind hier auch eigens für Paddler eingerichtete Lager- und Übernachtungsplätze mit Feuerstellen, Plumpsklo und offenem Unterstand, die für eine sehr geringe Gebühr genutzt werden können. An den Seen gibt es Kanuzentralen, die Boote vermieten und teilweise auch den Bootstransport zu bestimmten Stellen anbieten. Weitere Infos unter www.visitolofstrom.se

Die »Stadtschäre« Stakholmen

Einfach gut!

KREATIVUM KARLSHAMN

Ein lohnendes Ziel für Familien ist an Regentagen das Kreativum in Karlshamn. Hier können Kinder ab dem Schulalter an mehr als 100 Stationen naturwissenschaftliche Phänomene spielerisch entdecken und ausprobieren. Durch den verstärkten Einsatz von kreativer und interaktiver Medientechnik wird es auch älteren Kindern und Jugendlichen nicht langweilig. Im Sommer gibt es im Außenbereich außerdem den Kreapark am Fluss Mieån, wo sich sowohl das Phänomen der Wasserkraft als auch das der Sonnenenergie anhand verschiedener Experimente und Demonstrationen erkunden lässt. Das Kreativum, das über ein hauseigenes Café verfügt, ist ganzjährig freitags bis sonntags von 11–16 Uhr geöffnet. Während der Sommermonate und der Schulferien meist täglich von 10–17 Uhr.

Kreativum. Strömmavägen 28, Karlshamn, Tel. 0454/30 33 60, www.kreativum.se

Kastell Drottningskär. Der Marinestützpunkt Karlskrona wurde 1998 in die Liste der Welterbestätten der UNESCO aufgenommen, da die Stadt als einzigartiges Beispiel einer konsequent geplanten, maritim befestigten Stadtanlage und eines Seearsenals aus dem 17. und 18. Jahrhundert gilt.

Dazu zählt auch die Insel Stumholmen, die bis in die 1990er-Jahre ein Sperrgebiet war. Viele historische Gebäude sind hier erhalten geblieben, die nun der Öffentlichkeit zugänglich sind. Auf der Insel befindet sich auch das Marinmuseum Karlskrona, in dem Exponate der schwedischen Marine zu sehen sind – angefangen bei Militärschiffen über weltweit einzigartige Schiffsmodelle bis hin zu beeindruckenden Galionsfiguren aus dem 18. Jahrhundert und einer faszinierenden U-Boot-Ausstellung. Im Sommer kann man den Marinestützpunkt bei geführten Schiffstouren entdecken. Für Regentage empfiehlt sich das Blekinge Museum, in dem viele Informationen über die Geschichte der Grenzregion, die Küste und den Schärengarten sowie selbstverständlich das Weltkulturerbe geboten werden.

Karlskrona & Ronneby

Überfall auf Ronneby

Während Karlskrona erst im 17. Jahrhundert entstanden ist, darf sich das gut 30 Kilometer westlich gelegene Ronneby als älteste Stadt der Region Blekinge bezeichnen – schon im 13. Jahrhundert erhielt sie ihre Stadtrechte, damals noch unter dänischer Herrschaft. Im Jahr 1564 wurde Ronneby jedoch von den Schweden überfallen, welche neben der Kirche die gesamte Stadt abbrannten und mehr als 2000 Menschen töteten. Spuren dieses »Blutbads von Ronneby« sind noch heute in der Kirche zu sehen, in der eine Eichentür aus der damaligen Zeit aufbewahrt wird. Die Kerben der Axthiebe sind in ihr gut zu sehen.

Belebende Heilquelle

Bis ins 18. Jahrhundert erlebte Ronneby viele Höhen und Tiefen inklusive der Aberkennung der Stadtrechte zugunsten von Karlskrona. Die Wende setzte 1705 ein, als eine eisenhaltige Quelle entdeckt wurde, die einen wesentlichen Teil zur Wiederbelebung der Stadt beitrug. Denn nun entstand hier ein Kurort für die betuchten Kranken des Landes, die in Ronneby lustwandelten, im eisenhaltigen Wasser badeten und an der Quelle Schlange standen, um sich am Wasser, dem man Heilkräfte zuschrieb, zu laben. Elegante Hotels, Kuranlagen, idyllische Parks, Musikpavillons und Waldabschnitte machten Ronneby zu einem Kurort der High Society, der in den letzten Jahrzehnten auch von »normalen« Urlaubern entdeckt wurde. Noch heute lockt der Brunnspark als Oase zahlreiche Besucher zu Spaziergängen, Picknicks und anderen Aktivitäten an. Die alten Villen, die wie zufällig verstreut im Park liegen, wurden zu Cafés, Geschäften oder auch Bürogebäuden umgewandelt. Und in den Brunnshallen, wo einst die Kurgäste Schutz vor der Sonne suchten, finden vor allem im Sommer zahlreiche Veranstaltungen

Oben: Haus des Gouverneurs von Blekinge an der Bastion Aurora in Karlskrona
Mitte: Bastion Aurora
Unten: Im Hafen von Ronneby

Skåne, Blekinge & Halland

Oben: Heiligkreuzkirche in Ronneby aus dem 12. Jahrhundert
Mitte: Naturidylle im Ronneby Brunnspark
Unten: Das Badehaus No. 1 war Gästen der 1. Klasse vorbehalten.

und Konzerte statt. Wer sich für diese Bäderarchitektur interessiert, sollte auch einen Spaziergang entlang der kleinen Straße Nedre Brunnsvägen am Fluss Ronnebyån machen, wo noch zahlreiche historische Holzhäuser aus dieser Zeit erhalten geblieben sind.

Südlichster Schärengarten

Weniger bekannt und deutlich kleiner als die weitläufige Insellandschaft vor Stockholm oder an der schwedischen Westküste ist der Schärengarten von Blekinge. Schwedens südlichster Schärengarten, der aus knapp 1000 Inseln besteht, besticht durch seine vergleichsweise üppige Vegetation. Ein Vorteil ist auch die Erreichbarkeit, da einige der größeren Eilande über Brückenverbindungen zum Festland verfügen. Andere werden sowohl von Karlskrona und Ronneby als auch von Karlshamn mit Schärengartenbooten angefahren. Ein beliebtes Ausflugsziel ist die Insel Tjärö zwischen Ronneby und Karlshamm. Im Sommer bringt ein kleines Boot die Gäste vom Yachthafen Järnavik aus auf die Schäre, die sich nicht nur zum Baden und Wandern eignet, sondern auch über ein Restaurant und eine Jugendherberge verfügt.

GUT ZU WISSEN

HARRY MARTINSONS OLOFSTRÖM
Olofström wird gern als Stadt des Schriftstellers und Nobelpreisträgers Harry Martinson bezeichnet. Entsprechend wirbt die Gemeinde auch mit Touren »auf den Spuren des Schriftstellers«. Es gibt aber nicht wirklich viel zu sehen. Zum einen hat Martinson nur einen sehr kleinen Teil seines Lebens in der Region verbracht und zum anderen wurden viele Gebäude, die mit ihm in Zusammenhang gebracht werden könnten, längst abgerissen.

Karlskrona & Ronneby

Infos und Adressen

INFORMATION
Visit Blekinge. Kungsbron 5, Karlskrona, info@visitblekinge.se, www.visitblekinge.se

ÜBERNACHTEN
Villa Vesta Hotell. Persönliches Bed-and-Breakfast-Hotel in zwei Villen vom Ende des 19. Jahrhunderts. Nedre Brunnsvägen 25, Ronneby, Tel. 0457/661 36, www.villavesta.se

Eriksberg. Exklusives Luxushotel inmitten eines großen Wildparks – Blick auf Rothirsch, Damhirsche, Wisente, Wildschweine und Mufflons inklusive. Eriksberg Vilt & Natur AB, Trensum, Tel. 0454/56 43 00, www.eriksberg.nu

ESSEN UND TRINKEN
Utkiken. Gemütliches Buffetrestaurant auf dem Bryggareberget mit schönem Blick auf Karlskrona. Mittagbuffets werden täglich serviert, Abendbuffets nur in den Sommermonaten. Bryggareberget, Kärleksstigen, Karlskrona, Tel. 0455/13 77 01 60, www.utkikenkarlskrona.se

Marinemuseum in Karlskrona

Två Rum och Kök. Fischrestaurant mit maritimem Flair. Geöffnet montags und dienstags 18–22 Uhr, mittwochs bis samstags 18–23 Uhr. Smedjegatan 3, Karlskrona, Tel. 0455/104 22, www.2rok.se

SEHENSWÜRDIGKEITEN
Marinemuseum. Geöffnet ganzjährig mit saisonal variierenden Öffnungszeiten. Stumholmen, Karlskrona, Tel. 0455/35 93 00, www.marinmuseum.se

Blekinge Museum. Ganzjährig geöffnet mit variierenden Öffnungszeiten. Borgmästaregatan 21, Tel. 0455/30 49 60, www.blekingemuseum.se

Blick über den Dragsöviken auf Dragsö

Skåne, Blekinge & Halland

9 Varberg
Burgen aus Stein & Sand

Varberg ist vor allem für zwei Dinge bekannt: für die imposante Festung, die auf einem Felsen über der Stadt thront, und für die Tradition als Kur- und Badeort, die an den Badehäusern festzumachen ist. Zumindest im Sommer kann man sich überall an den vielen Sandstränden in der Sonne aalen und in die Ostsee springen.

Die mächtigen Mauern der Festung sind das Erste, was man bei der Fahrt in den Hafen von Varberg erblickt. Schon im 13. Jahrhundert stand auf der Klippe am Kattegat oberhalb des Hafenstädtchens Varberg eine kleine Burg. Heute läuft man dagegen durch eine gewaltige Wehranlage, die im Laufe der Jahrhunderte zu einer der stärksten Festungen Nordeuropas immer weiter ausgebaut wurde. Rund 1000 Bauern wurden Anfang des 17. Jahrhunderts rekrutiert, um die dicken Mauern und Erdwälle zu errichten. Ironie der Geschichte: Nachdem die Burg verstärkt worden war, wurde Frieden zwischen den beiden verfeindeten Nationen Schweden und Dänemark geschlossen. Kein einziger Schuss wurde mehr von der berühmtesten Sehenswürdigkeit der Stadt abgegeben.

Badespaß mit viel Stoff

Oben: Die Festung von Varberg war eine der stärksten Wehranlagen des Landes.
Unten: Die Badehäuser am Strand sind ein Teil der immer mit dem Meer verbundenen Ortsgeschichte.

Wesentlich friedlicheren Zwecken als die Festung diente das Kaltbadehaus von Varberg. Mittlerweile spaziert man über die schönen Holzbohlen des dritten Kaltbadehauses. Mitte des 19. Jahrhunderts bekamen die Menschen Lust auf das Bad im Meer. Doch so einfach wie heute war das früher nicht. Schließlich ging man nicht nur mit Badehose oder Badeanzug ins Wasser, sondern trug mehr

Varberg

Stoff auf der Haut. Also gründeten die Varberger eine Badeortsgesellschaft und bauten 1864 auf in das Meer gerammten Holzpfählen ein erstes Kaltbadehaus. Doch diese erste Holzkonstruktion wehte bereits 20 Jahre später ein Sturm ins Meer. Das zweite Badehaus, an derselben Stelle gebaut, wurde 1902 Opfer des sogenannten Weihnachtssturms, der wegen einer bis dahin nie vorher dagewesenen Stärke den Menschen im Gedächtnis blieb. Doch bereits ein Jahr später baute man ein neues Kaltbadehaus. Dieses wurde zwar zwischenzeitlich modernisiert, vermittelt mit seiner prächtigen gestalteten Fassade mit orientalischen Elementen aber immer noch das Gefühl, wie unsere Ururgroßväter und -mütter baden gingen. Die fantastische Aussicht über das Kattegatt ist dabei inklusive.

Von Grimeton in die Welt

Varberg hat mit der Radiostation Grimeton eine weitere, eher unbekannte Sehenswürdigkeit zu bieten, die vor einigen Jahren von der UNESCO sogar zum Weltkulturerbe erklärt wurde. Die Station wurde schon im Jahr 1924 in Betrieb genommen. Kernstück war eine Langwellen-Sendeantenne mit zwölf 2,2 Kilometer langen Kupferdrähten, die an sechs 127 Meter hohen Türmen aufgehängt sind. Bei der offiziellen Eröffnung am 2. Juli 1925 war sogar der schwedische König Gustav V. anwesend. Über die Anlage wurden Nachrichten mit Radio Central im US-amerikanischen Long Island ausgetauscht. Nach dem Zweiten Weltkrieg wurde das Kurzwellennetz ausgebaut, und der Sender Grimeton verlor seine Bedeutung, wurde jedoch vom Militär für die Kommunikation mit den U-Booten genutzt. Die Station funktioniert heute noch: Dreimal im Jahr werden von Varberg aus Nachrichten in die weite Welt geschickt.

Infos und Adressen

INFORMATION
Turistinformation Varberg. Brunnsparken, Varberg, turist@varberg.se, Tel. 0340/868 00, www.visitvarberg.se

ÜBERNACHTEN
Clarion Collection Hotell Fregatten. Hübsch designtes Hotel mit Spa-Abteilung in unmittelbarer Nähe von Hafen und Festung. Hamnplan, Varberg, Tel. 0340/67 70 00, cc.fregatten@choice.se, www.nordicchoicehotels.se

ESSEN UND TRINKEN
Majas vid Havet. Nur im Sommer geöffnetes, nettes Restaurant direkt in den Dünen am Meer. Apelvikens strand, Varberg, Tel. 0340/141 51, ulfcronheim@telia.com, www.majas.nu

AKTIVITÄTEN
Strandleben. An der 2,5 km langen Strandpromenade, die an der weithin sichtbaren Festung beginnt, liegen beliebte Badeplätze, zum Beispiel der Kinderbadestrand Barnens Badstrand.
Südlich davon befindet sich ein langer Sandstrand, der zu den besten Wind- und Kitesurfingrevieren Europas gehört. Im Norden von Varberg sind die Strände mit Klippen durchsetzt. Auf der Halbinsel Getterön, 4 km nördlich des Zentrums, sind fünf herrliche Badebuchten. Die alte Kurtradition des 19. Jahrhunderts wird im Warm- und Kaltbadehaus unterhalb der Festung lebendig.

SMÅLAND

10	Nationalpark Store Mosse	78
11	Växjö	82
12	Das Glasreich	84
13	Kalmar	92
14	Elchparks	98
15	Eksjö	102
16	Jönköping	106
17	Åsens by	110
18	Vimmerby	112

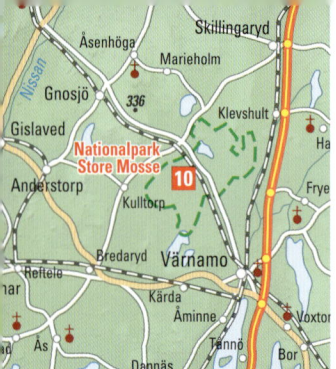

Småland

10 Nationalpark Store Mosse
Zu Fuß durch eine Urlandschaft

»Eine Urlandschaft vor der Zeit der Menschen« – so poetisch beschreibt der Naturschriftsteller Carl Fries das Store Mosse, das »Große Moor« in Småland in der Nähe von Värnamo. Und in der Tat hat das Store Mosse eine besondere Bedeutung: Es ist das größte Moorgebiet südlich von Lappland. Bei einer Wanderung durch diese einmalige Landschaft sieht man Torfmoose und verkrüppelte Kiefern, Wollgräser und fleischfressenden Sonnentau. Hinzu kommt eine große Zahl von Vögeln.

Seite 76/77: Ruderboot auf einem der einsamen Seen in Südschweden
Oben: Birkenwäldchen am Kävsjön-Rundweg im Store Mosse

Die großen Moore sind die ursprünglichsten, am wenigsten vom Menschen beeinflussten Gebiete, die es in Südschweden gibt. Ihre Entstehung hängt unmittelbar mit der jüngsten Eiszeit zusammen. Als die Eismassen vor rund 11 500 Jahren tauten, formten die Schmelzwässer, die in breiten Flüssen in Richtung Meer strömten oder sich in Seen stauten, die Landschaft. So ist auch das Store Mosse entstanden, eine imposante Urlandschaft. Um das »Große Moor« wirklich erleben zu können, muss man aktiv werden und in die Wander- oder Gummistiefel schlüpfen. Durch das 7740 Hektar große Gebiet, das 1982 zum Nationalpark erklärt wurde, zieht sich ein 40 Kilometer langes Netz aus Wanderwegen. Noch dazu kann man von drei Aussichtstürmen aus die vielen Vögel gut beobachten, die hier brüten oder Rast machen. Bei der Wanderung stößt man auf Flugsanddünen, tritt auf Schwingrasen – und hält sich aber von Hoch-

Nationalpark Store Mosse

Wanderungen durchs »Große Moor«

Das »Große Moor« ist ein Gebiet mit rund 40 km Wanderwegen, die auch für wenig erfahrene Wanderer bestens geeignet sind. Je nach Wetterbericht sollte zumindest eine regen- und winddichte Jacke in den Rucksack; eine Wasserflasche und etwas Proviant ist auch bei kürzeren Touren empfehlenswert. Der Wanderweg Svartgölsleden ist behindertengerecht angelegt und beginnt am Parkplatz Östra Rockne an der Straße 151. Auf den ersten rund 1,5 km verläuft der Weg am Ufer des Sees Kävsjö. Anschließend knickt er in südöstliche Richtung ab und führt als Brettersteg über das mächtige Moor Richtung Svartgölen. Auch der 1200 m lange Wibecksleden ist behindertengerecht (auch für Sehbehinderte!) ausgebaut. Er beginnt am Naturum und führt zu einem Rastplatz am Rande des Gungflyet. Nachdem man einen Mischwald durchquert hat, läuft man durch einen Birkensumpfwald bis zum Rastplatz. Weitere Wanderwege im Park sind die 6 km lange Lilla Lövö-Runde und der 14 km lange Kävsjö-Rundwanderweg. Wandert man von Kittlakull nach Lövö, so muss man hin und zurück eine Strecke von 12 km bewältigen. Der Transtigen ist ein 300 m langer Naturlehrpfad für Kinder, der zwischen dem Naturum und dem Parkplatz verläuft.

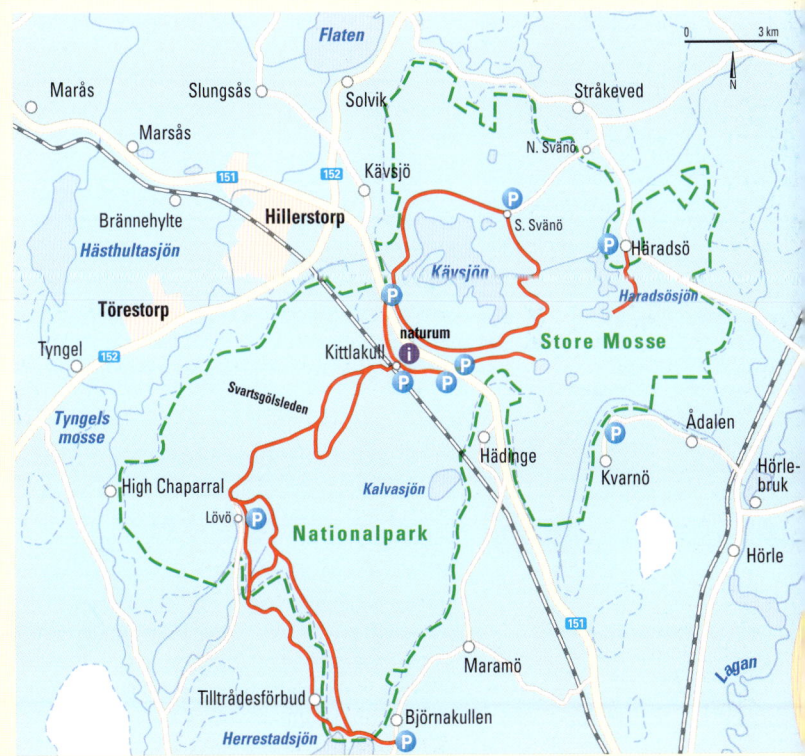

Småland

Oben: Glockenblume am Wegesrand
Mitte: Torfmoose prägen die Moorlandschaft im Store Mosse.
Unten: Die Weiße Seerose findet man in den Teichen des Nationalparks.

mooren und Niedermooren besser fern. Allerdings kann man diese auf den sicheren Bohlenwegen überqueren, die bei Nässe jedoch ein wenig rutschig sein können. Es ist eine sehr reduzierte Landschaft, deren wahre Schönheit im Detail liegt. Nur wenige Pflanzen können sich da halten, wo das Wasser den Boden tränkt. Besonders die Torfmoose sind es, die das Store Mosse prägen. Diese einfachen Pflanzen sind wahre Überlebenskünstler. Sie brauchen nur wenige Nährstoffe und lieben eine saure Umgebung. Und sie wachsen ins Unendliche, wie die weichen, braunen Kissen aus abgestorbenem Pflanzenmaterial zeigen.

Doch das Torfmoos ist nicht die einzige faszinierende Pflanze in dem Moor. Da ist auch noch der Sonnentau, der mit Vorliebe Insekten vertilgt, um an den lebensnotwendigen Stickstoff zu kommen. Auch andere Pflanzen wie Wollgräser haben sich an die kargen Lebensverhältnisse angepasst. Vereinzelt drücken Birken ihre Wurzeln in den feuchten Untergrund. Da, wo es trockener ist, fristen Kiefern ein knorriges Dasein. Erst am Rand des Moores, wo der Boden wieder mehr Nährstoffe bietet, stehen die Bäume dicht an dicht.

Webcam im Adler-Restaurant

Mitten im Nationalpark gibt es im Winter ein »Adler-Restaurant«, wie es die Schweden nennen. Hier bekommen die imposanten Raubvögel regelmäßig Futter, damit sie diese harte Jahreszeit überleben können. 30 bis 50 Adler kommen alljährlich aus dem Norden nach Småland und verbringen die Wintermonate bei angenehmeren Temperaturen. Um den Adlern beim Fressen zuzusehen, muss man jedoch nicht bis hinauf nach Schweden fahren. Per Webcam wird die winterliche Raubtier-Fütterung in das gut geheizte heimische Wohnzimmer übertragen.

Nationalpark Store Mosse

Infos und Adressen

INFORMATION
Naturum Store Mosse. Das Store Mosse liegt an der Straße 151 zwischen Värnamo und Hillerstorp. Erste Anlaufstelle sollte das dortige Nationalparkzentrum sein. Diese sehenswerten Zentren werden in Schweden Naturum genannt. Hillerstorp, Tel. 010/223 61 30, naturum.storemosse@lansstyrelsen.se, www.storemosse.se
Webcam im Adler-Restaurant.
www.webbkameror.se/djurkameror/storemosse

ÜBERNACHTEN
Vandrarhem Svänö. Auf Luxus muss man im Svänö-Vandrarhem verzichten. Hier gibt es weder Strom noch fließend Wasser. Aber dafür eine fantastische Umgebung, da das Haus auf einem Moränenhügel im Store Mosse liegt. Buchungen über Värnamo Turism, Tel. 0370/188 99, info@visit-varnamo.com, www.visitvarnamo.se
Toftaholm Herrgård. Stilvoll übernachtet man im Toftaholm Herrgård ein Stück südlich von Värnamo. In der seit 600 Jahren bestehenden Herberge hat schon Gustav Vasa haltgemacht. Toftaholm Herrgård, Lagan, Tel. 0370/440 55, info@toftaholm.se, www.toftaholm.se

ESSEN UND TRINKEN
Apladalens restaurang & café. Mitten im hübschen Freilichtmuseum Apladalen in Värnamo gibt es zwischen den historischen Gebäuden ein nettes Café. Apladalsgatan, Värnamo, Tel. 0370/169 40, apladalenskaffestuga@hotmail.se www.apladalenskaffestuga.com
Bredaryds Wärdshus. 250 verschiedene Biersorten werden hier angeboten. Zusätzlich wird Bier auch selbst gebraut. Hinzu kommen 200 verschiedene Whiskysorten in den Regalen. Die Zutaten für die Speisen kommen überwiegend aus der Region und stammen aus biologischem Anbau. Lundavägen 16, Bredaryd, Tel. 0370/803 20, www.bredarydswardshus.se

Ein neu entstandener See ließ Bäume absterben.

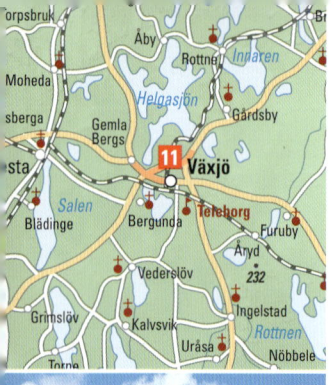

Småland

11 Växjö
Glas, Geschichte & Seen

Växjö bedeutet so viel wie »der Weg am See«, was für die kleine Universitätsstadt kaum treffender sein könnte. Denn sie ist zu allen Seiten umgeben von zahlreichen Seen, die lediglich von scheinbar unberührten Wäldern unterbrochen werden. Entsprechend beliebt ist die Region bei Touristen, die hier nicht nur auf viel Natur, sondern auch auf Glastradition und interessante Geschichte treffen.

Sehr abgeschieden liegt Växjö inmitten der småländischen Seen- und Waldlandschaft, und dennoch führen alle Wege in die Stadt. Schon zu Zeiten der Wikinger war die Ansiedlung an den Seen ein bedeutendes Handelszentrum, was eine vergleichsweise frühe Christianisierung mit sich brachte. Bereits 1170 wurde die Stadt zum Bischofssitz ernannt, was in den folgenden Jahrhunderten zahlreiche Pilger nach Växjö führte. Davon zeugt auch die Schlossruine Kronoberg, die sich etwa fünf Kilometer nördlich der Stadt auf einer Insel des Sees Helgasjö befindet und im 15. Jahrhundert als Bischofssitz erbaut wurde. Etwas jünger ist der Dom von Växjö, der im 14. Jahrhundert errichtet wurde und mit seinen beiden spitzen Türmen und prachtvollen Glasfenstern die Innenstadt dominiert. Blickfang in seinem Innern ist ein sechs Meter hoher Glasaltar, der die Bedeutung des Glasbläserhandwerks für die Region verdeutlicht – wird doch Växjö als das Tor zum Glasreich bezeichnet. Denn schon seit Jahrhunderten gilt die Region zwischen Växjö und Kalmar als das Zentrum der schwedischen Glasbläser, wovon auch das Schwedische Glasmuseum zeugt, das sich ein Gebäude mit dem Smålands

Weithin sichtbar überragen die Türme der Domkirche von Växjö das Stadtbild.

Växjö

Museum teilt. Zu sehen ist hier unter anderem das älteste schwedische Glas aus den 1580er-Jahren. Seit Anfang 2011 führt auch die »Straße der Glaskunst« mitten durch die Innenstadt von Växjö – mit Skulpturen und Kunstobjekten aus Glas, die abends illuminiert sind.

Arm und Reich nah beieinander

Växjö hat aber auch eine weniger glänzende Vergangenheit, denn die Provinz Småland galt noch im 19. Jahrhundert als das Armenhaus Schwedens. Schlechte Ernten und Hungersnöte sorgten dafür, dass ab Mitte des 19. Jahrhunderts viele Smålander ihr Heil in der Flucht suchten und insgesamt gut 1,2 Millionen Menschen aus Schweden nach Amerika auswanderten. Über diesen Exodus – und auch über die Auswanderung nach Deutschland – gibt es im Auswandererzentrum in Växjö viel zu erfahren. Umso größer scheint der Kontrast zwischen Arm und Reich zu sein, wenn man sich das Schloss Teleborg anschaut, das sich im Süden der Stadt neben dem Universitätsgelände befindet. Wie ein verwunschenes Dornröschenschloss thront es über dem Ufer des Sees Trummen. Graf Fredrik Bonde ließ das prächtige Gebäude Ende des 19. Jahrhunderts als Hochzeitsgeschenk für seine Braut Anna Koskull erbauen. Heute finden darin Tagungen und Kongresse statt.

Europas grünste Stadt

In den letzten 20 Jahren hat sich in Växjö viel verändert – vor allem hat es sich die Gemeinde zum Ziel gesetzt, dem Image von »Europas grünster Stadt« gerecht zu werden. Diesen Titel gab ihr die BBC 2007. Dazu beigetragen hat auch die Einrichtung eines Linné-Gartens am See Trummen. Der berühmte Botaniker Linné hat den größten Teil seiner Schuljahre in Växjö verbracht.

Infos und Adressen

INFORMATION
Växjö turistbyrå. Residenset Stortorget, Växjö, Tel. 0470/73 32 80, turism@vaxjo-co.se, www.vaxjo.se/turism

ÜBERNACHTEN
Teleborgs Slott. Exklusive Unterkunft im Schloss Teleborg. Slottsallén, Växjö, Tel. 0470/34 89 80, www.teleborgsslott.com
Toftastrand Hotell & Konditori. Gemütliches Hotel in idyllischer Lage Lenhovdavägen 72, Växjö, Tel. 0470/652 90, www.villavik.se

ESSEN UND TRINKEN
PM & Vänner. Ausgezeichnetes Gourmetrestaurant. Geöffnet mittwochs bis samstags ab 18 Uhr. Västergatan 10, Växjö, Tel. 0470/75 97 00, www.pmrestauranger.se

SEHENSWÜRDIGKEITEN
Schwedisches Glasmuseum. Ganzjährig täglich außer montags geöffnet, meist bis 17 Uhr. Södra Järnvägsgatan 2, Växjö, Tel. 0470/70 42 00, www.kulturparkensmaland.se

Das Schloss Teleborg gleicht einem Märchenschloss.

Småland

12 Das Glasreich
Zwischen Tradition & Moderne

In den Wäldern zwischen Växjö und Kalmar im Südosten Smålands liegt eines der bekanntesten und beliebtesten Touristenziele Schwedens: das Glasreich. Schon 1628 wurde in der Region das erste Glas hergestellt. Daraus ist eine Tradition entstanden, die wie kaum eine andere für elegantes schwedisches Design steht. Dem Handwerk der Glasbläser kommt man in den Glashütten zum Schwitzen nahe.

Den Pulli kann man getrost im Auto lassen, wenn man eine der Glashütten im Glasreich östlich von Växjö betritt. Eine Gluthitze herrscht in den Öfen der Glasbläser! Und diese entweicht jedes Mal in die Werkstatt, wenn die Arbeiter die Luke öffnen, sich einen kleinen Klumpen rot glühendes Glas an ihr Blasrohr kleben und binnen weniger Sekunden mit viel Gefühl ein Trinkgefäß, eine Vase oder eine Schale formen. Ein guter Fachmann weiß genau, wann und wie kräftig er der heißen Masse Luft zuführen und wie schnell er sie drehen muss. Das sei ein Gefühl, als ob man Honig an einem langen Stab zu halten versuche, hat ein Glasbläser einmal gesagt. Die Bewegungen der Meister und ihrer Helfer wirken wie einstudiert, sie folgen einer eigenen Choreografie, die keiner Worte bedarf. Dafür ist es an den Öfen einfach zu laut – weshalb die Arbeitenden Ohrenschützer oder Kopfhörer tragen.

Glasteller vor der Orrefors Glasbruk

Hütten mit großem Namen

Kosta und Boda. Namen, die wie kaum andere für perfekt gefertigtes Glas stehen. Seit 1742 sind die

Die blaue Glasbar des Kosta Boda Art Hotels

Öfen in der Hütte von Kosta nie ausgegangen – eine Jahreszahl, die draußen am Backsteingiebel prangt. Damit ist die Hütte die älteste in Schweden, die noch in Betrieb ist. In Kosta setzt man stark auf den Tourismus. Der Glasshop ist riesig, auch ein modern gestyltes Glashotel gibt es. Mit dem traditionellen Glasreich hat das allerdings mehr viel zu tun. Um dieses zu finden, muss man sich auf die Suche nach den kleineren Glashütten machen.

Versteckt und kaum beschildert liegt etwa die Glashütte von Transjö ein ganzes Stück neben der Hauptstraße. Der Kontrast könnte kaum größer sein: in Kosta die große Glashütte mit schicken Shops, hier in Transjö eine kleine Glashütte neben einem Bach auf einer lauschigen Wiese. Nach einem Blitzeinschlag war das Gebäude abgebrannt und wieder aufgebaut worden. Im Gegensatz zu anderen Hütten bleibt der Ofen in Transjö an Hochsommertagen kalt. Es ist dann einfach zu warm. Im eine Autostunde entfernten Målerås arbeitet Mats Jonasson mit einer ganz anderen

Nicht verpassen

GERÜHRT ODER GESCHÜTTELT?

Als Autofahrer sollte man in Schweden wirklich die Finger vom Alkohol lassen. Trotzdem stellt man sich im ersten James-Bond-Museum der Welt die alles entscheidende Frage: gerührt oder geschüttelt? Im Städtchen Nybro hat ein Schwede seine Sammlung von über 10 000 Devotionalien des Agenten mit der Lizenz zum Töten der Öffentlichkeit zugänglich gemacht. Im kleinen Shop gibt es dazu alles Passende – von Poster bis T-Shirt.

James Bond Museum. Emmabodavägen 20, Tel. 0481/12960, www.007museum.com

Småland

Die Glashütten im Glasreich

🅐 Rosdala. Die einzige verbliebene Glashütte in Schweden, in der noch Beleuchtungskörper hergestellt werden. Die Fabrik mit dem 1930er-Jahre-Ambiente steht unter Denkmalschutz. Hier findet man Glasmaler bei der Arbeit und eine große Lampenauswahl. Rosdala Glasbruk, Rosdalavägen, Norrhult, Tel. 0474/401 93, www.rosdala.se

🅑 Bergdala Glasbruk. Die Glashütte hat sich mit der Studioglas Strömbergshyttan unter dem Namen Bergdala Studioglas zusammengetan. Hergestellt werden sowohl Kunst- als auch Gebrauchsglas in der Bergdala. In der Strömbergshyttan kann man Glasprodukte kaufen. Hier gibt es den traditionellen Hyttsill. Die Glashütte Bergdala wurde im Herbst 2014 geschlossen. Eine Wiedereröffnung war zu diesem Zeitpunkt unklar. Essen und trinken sowie übernachten kann man im Bergdala Wärdshus auf dem Hüttengelände. Bergdala, Hovmantorp, Tel. 0478/316 50, www.bergdalastudioglas.se

🅒 Kosta. Seit 1742 in Betrieb. Besucher können den Glasbläsern zuschauen und in der Glasboutique und -galerie stöbern oder sich unter fachkundiger Anleitung selbst einmal als Glasbläser versuchen. Kosta Glasbruk, Kosta, Tel. 0478/345 00, www.kostaboda.se

🅓 SEA. Seit 1956 werden in der Glashütte SEA zeitlose Klassiker geschaffen, die Form und Funktion miteinander vereinen. Dabei werden auch gern kräftige Farben genutzt. Im Angebot sind Vasen, Schalen und Kerzenleuchter. Im Glasshop gibt es die Produkte zu Fabrikpreisen. SEA Glasbruk, Kosta, Tel. 0478/503 10, www.seaglasbruk.se

🅔 Transjö hytta. Malerisch am Fluss liegt die kleinste Glashütte des Glasreiches. In heimeliger Umgebung entstehen hier Glaskunstwerke von hohem künstlerischem Wert. Transjö, Kosta, Tel. 0478/507 00, www.transjohytta.com

🅕 Mats Jonasson Målerås. Schwedens größte private Glashütte. Hier wird heute vor allem Kunst- und Schmuckglas mit Malereien und Gravuren hergestellt. Den Glasmachern kann man bei der Arbeit zuschauen. Im Shop wird Glaskunst zu Herstellerpreisen angeboten. Hyttsill wird angeboten. Industrigatan 20, Målerås, 0481/314 01, www.matsjonasson.com

🅖 Orrefors. Kennzeichen der Glashütte Orrefors ist eine klassische Formensprache mit einfachen und klaren Linien. Die bekannten Werke der Vergangenheit werden seit Kurzem auch in einer Ausstellung gewürdigt. Die Glashütte steht Besuchern offen, im Fabrikverkauf gibt es Glasprodukte zu Vorzugspreisen. Das gesamte Hüttengelände ist industriegeschichtlich interessant, da hier bereits im 18. Jahrhundert Eisen verhüttet wurde. Orrefors, Tel. 0481/341 89, www.orrefors.se

🅗 Skrufs glasbruk. Glasprodukte in zeitlosem Design – von Hand in hoher Qualität bis ins kleinste Detail gefertigt. Dabei werden handwerkliche Tradition mit modernem Denken kombiniert. Die Glashütte mit der Glasboutique ist das ganze Jahr über für Besucher geöffnet. Sehenswert ist das Museum mit 200 Tafelausstattungen. Für Kinder gibt es einen Spielplatz. Skruv, Tel. 0478/201 33, www.skrufsglasbruk.se

🅘 Åfors. Das ist eine der faszinierendsten Glashütten im Glasreich. Hier haben so bekannte Glaskünstler wie Bertil Vallien oder Ludvig Löfgren ihre Ateliers. Die gut erhaltene, jedoch im Laufe der Jahre bereits umgebaute Produktionsstätte stammt aus dem Jahr 1876. Besucher können während des ganzen Jahres den Glasbläsern über die Schulter schauen, auch ein Café gibt es hier, in dem man eine Pause einlegen kann. Åfors Glasbruk, Eriksmåla, Tel. 0481/342 74, www.kostaboda.se, info@kostaboda.se

🅙 Boda. Die Glashütte gehört mit Kosta zu den bekanntesten des Landes. Allerdings wird hier nur noch in geringem Maße tatsächlich Glas hergestellt. Stattdessen liegt der Schwerpunkt heute

Das Glasreich

auf dem interaktiven Glasmuseum sowie dem Shop des Design House Stockholm, der sich in der alten Produktionshalle befindet.
The Glass Factory, Storgatan 5, Boda glasbruk, Tel. 0471/24 90 00, info@theglassfactory.se, www.theglassfactory.se

🅚 **Micke Johans Konstglas.** Micke Johans Konstglas ist eine noch junge Glashütte im Glasreich. Der Newcomer unter den Glaskünstlern hat sein Handwerk in den Glashütten der Umgebung gelernt und sich in seiner eigenen Hütte auf die Herstellung von Vasen und Kunstglas spezialisiert. Örsjö 134, Örsjö, Tel. 0709/22 87 86, micke@mickejohankonstglas.se, www.mickejohankonstglas.se

🅛 **Nybro glasbruk.** In der Glashütte Nybro Glasbruk konzentriert man sich vor allem auf handbemaltes Glas, zum Beispiel Schalen, Vasen und Lampen. Im Angebot ist außerdem Gebrauchsglas für den Alltag und für Festlichkeiten. Kunst- und Gebrauchsglas kann günstig im Fabrikverkauf erworben werden. Nybro Glasbruk, Herkulesgatan 2, Nybro, Tel. 0481/42 88 1, www.nybro-glasbruk.se

🅜 **Pukeberg.** Eine der ältesten noch existierenden und am besten bewahrten Glashütten Schwedens. Seit 1871 wird hier Kunst- und Gebrauchsglas hergestellt. Zuschauen erlaubt, die fertigen Produkte gibt's im Fabrikverkauf. Auch Hyttsill wird angeboten. Pukebergs Glasbruk. Box 800, Nybro, Tel. 0481/107 29, www.bruksshopenipukeberg.se

Småland

Technik: Er interessiert sich nicht für geblasenes, sondern für gegossenes Glas. Bekannt geworden ist er mit seiner Gravurtechnik. Die in die Glasblöcke eingeritzten Tiere und Pflanzen wirken dreidimensional, zum Greifen plastisch. Hinzu kommen spannende Experimente mit Glas und Metall, Kunstwerke, die avantgardistisch wirken, zum Nachdenken anregen und die nichts mit »schönem« Glas zu tun haben.

Aktiv im Glasreich

Doch nicht nur interessante Museen und unzählige Glasschätze hat das Glasreich zu bieten – auch Outdoor-Fans kommen hier auf ihre Kosten. Denn die weiten Wälder sowie unzählige Seen und Flüsse lassen genügend Freiraum für Aktivitäten in der freien Natur. Warum also nicht die Gegend im Sattel eines Fahrrads entdecken? Von den Touristenbüros wurden ein- bis zweitägige Radtouren entwickelt, die auf einsamen Wegen durch eine herrliche Landschaft führen und auch den Besuch der einen oder anderen Glashütte ermöglichen. Dann sind da noch, wie schon erwähnt, jede Menge Seen und Flüsse. Die Hoffnung trügt nicht, dass darunter auch beste Paddelgewässer sein werden. Dazu gehört der Fluss Lyckebyån. Für die Strecke zwischen Lindås und Fur benötigt man je nach Tempo und Pausen einen halben bis ganzen Tag und lernt dabei das Glasreich von einer ungewohnten Seite, nämlich vom Wasser aus kennen. Die Wälder im Glasriket – wie die Schweden die Gegend nennen – sind schon seit vielen Jahrhunderten besiedelt. Zahlreiche kleine und kleinste Betriebe werkelten hier. Wie die Menschen in den Siedlungen früher ihren Lebensunterhalt verdienten, wird im Gebiet Alsteråndalen westlich von Alstermo deutlich. Hier gibt es imponierende Steinmauern – die Überreste von alten Mühlen, Eisenhütten und Sägewerken.

Oben: In der Pukeberg Glasbruk werden heute Studenten ausgebildet.
Mitte: Glasdesigner Gunne Brandstedt von der Pukeberg Glasbruk
Unten: Der kleine grüne Elefant ist Gunnes Werk.

Das Glasreich

Infos und Adressen

UNTERWEGS IM GLASREICH
Wer im Glasreich unterwegs ist, kann sich für SEK 100 den Glasriket-Pass zulegen. Damit bekommt man Rabatte in den teilnehmenden Geschäften: Kosta Boda butiken Kosta, Kosta Outlet HEM Kosta, Kosta Boda butiken Höganäs, Kosta Boda butiken Gustavsberg, Freeport Kungsbacka, Målerås Glasbruk, Nybro Glasbruk, Pukebergs Glasbruk, Mickejohans Kostglas Örsjö, Skrufs Glasbruk, Bergdalahyttan, Transjö hytta, Carlos R. Pebaqué Gullaskruv, The Glass Factory, Boda Glasbruk, Ittala Outlet Kosta. Vor Ort kann man in einigen Hütten selbst einmal Glas blasen. Infos zum Glasreich: Glasriket, Tel. 0481/452 15, info@glasriket.se, www.glasriket.se

ÜBERNACHTEN
Kosta Boda Art Hotel. Beeindruckendes, jedoch hochpreisiges und modernes Designhotel mit 102 Zimmern, in dem sich alles ums Glas und die Glaskunst dreht. Spa-Bereich. In Fußweite zur Glashütte. www.kostabodaarthotel.se

ESSEN UND TRINKEN
Hyttsill. In den Glashütten von Kosta, Pukeberg und Målerås wird das traditionelle Hyttsill angeboten. Die Glasbläser nutzten früher die Hitze der Öfen, um ihr gern deftiges Abendessen zu brutzeln – eine Tradition, die man heute als Tourist erleben kann.

SEHENSWÜRDIGKEITEN
Lessebo Handpappersbruk. Das Glasreich hat eine weitere Handwerkstradition zu bieten, die auf die reichen Holzbestände des Landes zurückgreift. In Lessebo wird schon seit mehr als 300 Jahren Papier hergestellt. Und wie das funktioniert, kann man in einer alten Papierfabrik in Lessebo sehen. www.lessebopapper.se

Grönåsens Älgpark. Wer noch keine Elche aus der Nähe gesehen hat, kann das in diesem Elchpark in Kosta nachholen. www.moosepark.net

Eine Attraktion für Kunstgenießer ist die blaue Glasbar des Kosta Boda Art Hotels.

SCHWEDISCHE
Glaskunst

Im Eingangsbereich des Kosta Boda Art Hotels kann man dieses Kunstwerk aus Glas bewundern.

Das Glasreich zwischen Växjö und der Ostseeküste ist eine der beliebtesten Ferienregionen in Südschweden. Hier ist die Wiege der schwedischen Glasindustrie, die es mit ihren zahlreichen Hütten und der individuellen Formgebung zu Weltruhm gebracht hat.

Die erste Glashütte in Småland entstand um das Jahr 1628. Entwicklungshilfe leisteten dabei vor allem Glasbläser aus Deutschland, die ihr Wissen und ihre Kenntnisse um die Herstellung der zerbrechlichen Ware mit nach Schweden nahmen. Missernten und Hunger prägten damals den gesamten Süden von Schweden und ganz besonders Småland. Über eine Million Menschen verließen ihre Heimat in Richtung Neuer Welt! Deshalb waren die Bewohner des Südostens von Småland glücklich, neben der Landwirtschaft auf den kargen Böden noch eine weitere Einnahmequelle zu bekommen. Die Rohstoffe für die Glasherstellung hatten sie. Quarzsand, Soda und Kalk sowie Holz für die Kohleherstellung gab es in Hülle und Fülle. Mehr als 100 Glasbläsereien entstanden im Laufe der Zeit.

Småland war und ist das wichtigste Zentrum der schwedischen Glasindustrie. Höhepunkt der hiesigen Glasherstellung war Ende des 19. Jahrhunderts, als es in ganz Schweden 77 Glashütten gab – mehr als die Hälfte davon in Småland. Doch deren Zahl ist längst wieder zurückgegangen. Billiges, industriell produziertes Glas, vor allem aus Fernost, hat vielen Glashütten den Garaus gemacht. Übrig geblieben sind einige kleinere und größere Betriebe, die neben hochwertigem Gebrauchsglas individuell gefertigte Produkte mit künstlerischem Anspruch herstellen.

Mehrere Glasbläser haben es zu internationaler Bekanntheit gebracht. Dazu zählt ohne Zweifel der Künstler Simon Gate, der 1919 in der Glashütte von Orrefors begann und einer der Pioniere der Formgebung von Glas wurde. Auch Bertil Vallien ist in diesem Zusammenhang zu nennen, sein Name wird vor allem mit Kosta Boda verbunden, wo er seine Ideen in Werke umsetzte. Eine Legende ist Mats Jonasson. Einzigartig sind nicht nur seine Arbeiten, sondern ist auch die Geschichte »seiner« Glashütte Målerås. Von der Konkurrenz in Kosta geführt und von der Schließung bedroht, taten sich die Arbeiter zusammen und kauften die Glashütte Anfang der 1980er-Jahre wieder zurück. Es war die Zeit, in der Jonasson für sein Engagement den Beinamen »Robin Hood von Målerås« bekam. Die Geschichte des Glasreichs war eben schon immer auch die Geschichte außergewöhnlicher Köpfe. So individuell wie die Menschen, die hier arbeiten, präsentieren sich die Hütten mit ganz unterschiedlichen Schwerpunkten.

Glaskunst im Kosta Boda Art Hotel

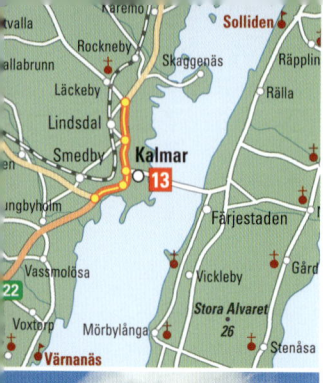

Småland

13 Kalmar
Ort mit viel Geschichte

Kalmar liegt auf der Sonnenseite Schwedens. Das zumindest sagen die Meteorologen, die diesem Abschnitt an der schwedischen Ostküste viel blauen Himmel und vergleichsweise hohe sommerliche Temperaturen bescheinigen. Aber auch sonst hat Kalmar einiges zu bieten. Eine hübsche Innenstadt. Sandstrände. Und dann ist da noch das berühmte Schloss, an dem sich ein ganzer Abschnitt nordischer Geschichte festmachen lässt.

Kalmar – der Name der Stadt am Sund zwischen Öland und dem schwedischen Festland hat Geschichte gemacht. 1397 schlossen sich unter der Führung der dänischen Königin Margarete I. die drei skandinavischen Länder Schweden (mit dem damals dazugehörigen Finnland), Norwegen und Dänemark zu einem Staatenbund zusammen. Unterzeichnet wurde der Vertrag in Kalmar. In ihm ging es jedoch weniger um eine gemeinsame politische Linie. Vielmehr sollte der Freihandel gestärkt werden. Eine Rolle spielte damals schon die bedeutendste Sehenswürdigkeit der Stadt – schließlich wurde der Vertrag im Schutz der Mauern des prächtigen Schlosses von Kalmar unterzeichnet.

Im Zeichen des Schlosses

»Kalmars unmodernste Sehenswürdigkeit. Unverändert seit 1592!« Mit dieser Schlagzeile machte man im Internet auf das Schloss aufmerksam. Die Anfänge der Festung gehen auf das 12. Jahrhundert zurück. In dieser Zeit wurden überall entlang der schwedischen Küste Wehranlagen

Oben: Wehrhaft präsentiert sich das Schloss von Kalmar.
Unten: Der Speisesaal im Schloss Kalmar

Kalmar

gebaut, die das Land vor den über die Ostsee kreuzenden Seeräubern schützen sollten. Aus einem Teil dieser Befestigungsanlage, einem einfachen Rundturm, sollte im Laufe der kommenden Jahrzehnte und Jahrhunderte jenes imposante Bauwerk entstehen, das den Blick auf das Meer von Kalmar aus beherrscht.

Und was ist im Schatten der dicken Mauern schon alles geschehen. Gustav Wasa suchte hier Schutz, nachdem er aus dänischer Gefangenschaft geflüchtet war. Zu seinen Ehren wurde ein Brunnen im Schloss nach ihm benannt, ein Monument, das an den ersten schwedischen König und Befreier von den Dänen erinnert, gibt es hier auch. Wasa und seine Söhne bauten die Anlage aus, Stein- und Erdwälle kamen als zusätzliche Befestigung dazu, da Kanonen immer stärkere Kugeln immer weiter schießen konnten. Um die künstlerische Ausstattung des Schlosses machten sich jedoch Wasas Söhne verdient, die eigens für diese Aufgabe Architekten und Künstler aus dem Ausland engagierten. Doch dann geschah im 17. Jahrhundert das, was 22 Belagerungen in den vorausgegangenen 395 Jahren nicht geschafft hatten: Das ehrwürdige Schloss verfiel. Wurde Gefängnis, Getreidespeicher und sogar Schnapsbrennerei – wenngleich königliche. Die alte Einrichtung wurde weitgehend zerstört. Ein Schicksal, das auch dem Bauwerk selbst drohte, doch glücklicherweise abgewendet werden konnte. In den 1850er-Jahren begann man mit Renovierungsarbeiten. Und wie schon Besitzer kleiner Einfamilienhäuser wissen: Man wird nie fertig. So präsentiert sich das Schloss heute in hervorragendem Zustand. Bei einem Schlossrundgang läuft man durch prächtig gestaltete Räume mit Malereien an den Wänden, mit aufwendigen Intarsien und Goldverzierungen. Besonders sehenswert sind der Rutsalen (Rauten-

Einfach gut!

STRANDLÄUFER

Zugegeben: Durch die wunderschöne schwedische Natur zu radeln oder zu wandern macht Spaß, und Kultur ist meist spannend. Doch so ein erfrischendes Bad an einem warmen Sommertag (und davon gibt es an der schwedischen Ostküste in einem normalen Sommer viele), das hat was. Noch dazu, wenn man zwischen so vielen Plätzen wählen kann wie rund um Kalmar. Sehr entspannend: Schwimmen oder einfach nur im Sand liegen und lesen – vielleicht einen Krimi von einem der bekannten schwedischen Autoren wie Mankell oder Edwardson. Oder Federball und Fußball spielen. Die gut gefüllte Kühlbox leeren. Wo man den Tag am Strand am besten verbringt, darüber gibt die Touristeninformation der Stadt Auskunft. Oder man schaut ins Internet unter www.kalmar.com.

Im »Goldenen Saal« von Schloss Kalmar wird Reichtum greifbar.

Småland

saal), der Gyllene Salen (Goldene Saal) oder Kung Eriks gemak (König Erichs Gemach) mit einer vergoldeten Decke aus dem Jahr 1562.

Meisterwerk der Baukunst

Bedeutend ist außerdem der Dom, dessen vier Ecktürme sich über den Stortorget, den Marktplatz, erheben. Entworfen wurde das Gotteshaus vom berühmten schwedischen Baumeister Nicodemus Tessin d. Ä., der sich an Vorbilder aus Italien anlehnte. Doch die endgültige Fertigstellung des Barockbauwerks im Jahr 1703 erlebte Tessin nicht mehr – er starb 1681 in Stockholm und hinterließ mit dem Dom den Kalmarern ein Meisterwerk. Die Fassaden zieren Pilaster und Nischen und erwecken so den Eindruck, vor einem reich gegliederten Bauwerk zu stehen. Dieses Bild setzt sich im Inneren fort, wird das Kirchenschiff doch durch Säulenreihen und Apsiden unterteilt.

GUT ZU WISSEN

TEURES ABENDBROT

Essen gehen in Skandinavien? Ein zweifelhaftes Vergnügen! Zumindest in der Vergangenheit. Das Angebot war doch eher dürftig – wenn man überhaupt ein offenes Restaurant fand, zumindest auf dem Lande. Doch diese Zeiten sind glücklicherweise längst vorbei. Im ganzen Land findet man Restaurants, die auch dem verwöhnten Gaumen schmeicheln. Und über Wein weiß inzwischen so mancher Gastronom im Norden besser Bescheid als sein Kollege in Italien oder Frankreich. Allerdings: Je nach Restaurant kann das Abendessen die Urlaubskasse ganz schön belasten. Eine gute Alternative dazu ist das »Dagens Rätt«, das Tagesessen, das mittags in zahlreichen Gaststätten angeboten wird. Im Allgemeinen gibt es ein Getränk, Salat und Hauptspeise sowie Dessert und Kaffee für umgerechnet nicht einmal zehn Euro.

Oben: Der Stortorget in Kalmar
Mitte: Das prachtvolle Kircheninnere von Schloss Kalmar
Unten: Spaziergang in den »Krusenstierna gårdens«

Kalmar

Beim Gang durch den Dom betritt man immer wieder Grabplatten, da bis in das 19. Jahrhundert hinein hier annähernd 1000 Menschen ihre letzte Ruhestätte fanden.

Prächtige »neue« Altstadt

Ursprünglich lag der Ortskern von Kalmar auf dem Festland westlich des Schlosses. Doch nach den Angriffen der Dänen und zahlreichen Bränden wurde die Stadt auf der Insel Kvarnholmen (Mühleninsel) neu aufgebaut. Dabei nahm man sich barocke Stadtpläne als Vorbild, was bis heute deutlich sichtbar ist. Und so befindet man sich hier eigentlich in der neuen Stadt, wenngleich die Häuser dennoch schon einige Hundert Jahre auf den Dächern haben. Und genau das macht die »neue Altstadt« von Kalmar zu etwas Besonderem. Aus dem 17. Jahrhundert sind allerdings nur wenige Gebäude erhalten, wie etwa das Rosenlundska-Haus aus dem Jahr 1654, das älteste Gebäude auf Kvarnholmen. Prächtig auch Castens gården, das im Jahr 1667 gebaut wurde und in dem sich seit dieser Zeit Geschäfte befinden. Um sich unsterblich zu machen, ritzte das Erbauerpaar Casten seinen Namen in einen Stein oberhalb des Eingangs. Dieses Viertel punktet vor allem mit ganzen Straßenzügen von Häusern aus dem 18. und 19. Jahrhundert, mit pastellfarbenen Fassaden, mit hübschem Fensterschmuck und liebevoll gestalteten Verzierungen an den Eingängen. Ein prächtiges Gesamtbild, für das man sich ein wenig Zeit nehmen sollte!

Geheimnisvolles Schiffswrack

Im Länsmuseum in Kalmar wird man erneut von der Geschichte eingeholt. Hier erinnert eine beeindruckende Ausstellung an das Kriegsschiff

Nicht verpassen

KUNSTMUSEUM KALMAR

2008 ist in Kalmar ein neues Museum eröffnet worden. Mittlerweile hat es sich in der Kunstwelt einen guten Namen gemacht. Gezeigt werden hier vor allem die Werke zeitgenössischer Künstler und Bilder aus der Sammlung der Kunstvereinigung Kalmar. Hinzu kommen Arbeiten regionaler und nationaler Künstler wie auch von Vertretern aus dem Ausland. Bei der Auswahl dominiert die Kunst aus Nordosteuropa und dem Baltikum. Interessant ist jedoch nicht nur die Ausstellung an sich, sondern auch die beeindruckende Architektur des Gebäudes. Es wurde entworfen von Bolle Tham und Martin Videgård Hansson. Ein verglaster Eingangsbereich verbindet Museum, Restaurant und Park miteinander. In den Ausstellungsräumen genießt man nicht nur den Blick auf die Kunstwerke, sondern auch auf das Meer und das Schloss.

Kunstmuseum Kalmar, Stadsparken, Kalmar, Tel. 0480/42 62 82 Eintritt: SEK 50 (bis 20 J. frei), info@kalmarkonstmuseum.se, www.kalmarkonstmuseum.se

Hübsche Holzhäuschen beim Bummel durch die »Gamla Stan«

Småland

»Kronan«, das 1676 bei einem Seegefecht zwischen der schwedischen und der dänisch-holländischen Marine südöstlich der Insel Öland kenterte. Rund 800 Matrosen fanden dabei ein nasses Grab. Anhand dieses Schiffes mit gewaltigen Ausmaßen, das 1980 auf dem Meeresgrund gefunden und von dem 30 000 Teile geborgen werden konnten, wird im Museum diese spannende Zeit aufgerollt, in der Schweden eine Großmacht war und seinen Einfluss weit über die heutigen Landesgrenzen hinaus geltend machte. Doch das ist nur eine der Ausstellungen im Länsmuseum, in dem man einen ganzen (Regen-)Tag verbringen kann. Hier wird zudem das Leben und die Arbeit der aus Kalmar stammenden Künstlerin Jenny Nyström präsentiert. Auch an den Holzbildhauer Helge Carlsson wird in einer ständigen Schau erinnert. Hinzu kommen wechselnde Ausstellungen zu den verschiedensten Themen aus Kunst, Geschichte und Alltag.

Abwechslungsreiche Naturpfade

Wer nach so viel Kultur den Kopf ein wenig auslüften will, sollte den Stadtpark besuchen. Die Anlage ist in den Jahren 1877–1880 nach dem Vorbild englischer Parks – das war im 19. Jahrhundert fast auf der ganzen Welt groß in Mode – gestaltet worden und überrascht mit exotischen Pflanzen wie etwa Bambus, Magnolien, Kaukasischer Flügelnuss oder Tulpenbaum. England war als führende Handelsnation mit seiner Vorliebe für Exotik dafür Vorbild. Ein Spaziergang entlang der Küste südlich des Stadtzentrums eröffnet außerdem immer wieder neue Ausblicke auf das markante Schloss, wenngleich diese Perspektive durch den dahinterliegenden Industriehafen beeinträchtigt wird. Doch schon nach wenigen Hundert Metern gewinnt die Natur auf den einsamen Pfaden, die das Gebiet durchziehen, die Oberhand.

Oben: Die Domkirche von Kalmar erhebt sich über dem Stortorget.
Mitte: In Kalmar gibt es sogar ein »Brauereiviertel«.
Unten: Vorgartenidylle in der Altstadt von Kalmar

Kalmar

Infos und Adressen

INFORMATIONEN
Kalmar Turistbyrå. Ölandskajen 9, Gästhamnen, Kalmar, Tel. 0480/41 77 00,
info@kalmar.com, www.kalmar.com

ÜBERNACHTEN
Frimurare Hotellet. Ein schönes Hotel in einem prächtigen Gebäude aus dem 19. Jahrhundert ist das »Freimaurer«-Hotel im Zentrum von Kalmar. Larmtorget 2, Kalmar, Tel. 0480/152 30
info@frimurarehotellet.se,
www.frimurarehotellet.se

ESSEN UND TRINKEN
Hanssons Krog. Stylish eingerichtetes Restaurant mit gutem gastronomischem Angebot, und besonders die traditionellen schwedischen Gerichte schmecken prima. Norra Långgatan 1, Kalmar, Tel. 0480/104 21, www.hanssonskrog.se,
anders@mmhansson.se

EINKAUFEN
Kvarnholmen. In der Innenstadt von Kalmar kann man hervorragend einkaufen. Neben den üblichen Kettenläden gibt es auch einige kleine Boutiquen und Geschäfte mit einem Angebot, das man nicht in jeder x-beliebigen Stadt findet.

Das Gemach König Erik XIV. mit einer Geheimtür

Unter prächtigem Deckenschmuck lebten die Monarchen in Kalmar.

VERANSTALTUNGEN
Stadtfest. Das Ereignis findet seit 2005 alljährlich im August statt. In den Straßen und auf den Plätzen gibt es an drei Tagen Konzerte und Wettbewerbe, Tanz und Theater. Das Angebot reicht von Pop und Schlager über Blues und Rockabilly bis hin zu Tanzmusik und Tango.
Kanalschwimmen. Dieser Wettbewerb aus den 1940er-Jahren wurde 2011 wiederbelebt. Mitte August gehen dafür Schwimmer auf eine 1800 bzw. 900 m lange Strecke und machen den Meister unter sich aus.

Småland

14 Elchparks
Besuch beim König der Wälder

In vielen schwedischen Regionen schießen seit einigen Jahren sogenannte Elchparks wie Pilze aus dem Boden. Viele von ihnen befinden sich in Småland, da der Elch in dieser südlichen Region noch relativ weitverbreitet ist. Die einzelnen Parks unterscheiden sich jedoch oft deutlich in Sachen Konzept und Erlebnisfaktor, was meist erst dann klar wird, wenn das Eintrittsgeld schon bezahlt ist.

Füttern erlaubt – mit dem Bummelzug auf Rädern geht es auf Elch-Safari im Elchpark Markaryd.

Mit über zwei Metern Schulterhöhe und einem Lebendgewicht von bis zu 800 Kilogramm ist der Elch das größte Hirschtier der Erde. Vielleicht übt er auch deswegen eine solche Faszination auf die Menschen aus – insbesondere auf Urlauber aus Deutschland und den Niederlanden. Es gibt wohl kaum eine andere Touristenattraktion in Schweden, bei der deutsche und niederländische Pkws so geballt zu finden sind wie vor den Toren eines Elchparks. Da wundert es nicht, dass immer mehr findige Schweden auf das Geschäft mit dem König des Waldes aufspringen.

Am beeindruckendsten ist es natürlich, wenn man sich in der Morgen- oder Abenddämmerung in den Wald begibt und dem majestätischen Tier mit der lustigen Gangart in freier Natur begegnet. Dazu gehört jedoch nicht nur viel Geduld, sondern auch einiges an Glück, da der Elch von Natur aus sehr scheu ist und Menschen möglichst meidet. Insbesondere für Eltern mit kleinen Kindern sind die Elchparks daher eine willkommene Möglichkeit für tiernahe Erlebnisse. Dabei muss aber jeder für sich selbst entscheiden, welches der unterschiedlichen »Elchpark-Konzepte« er als positiv empfindet.

Elchparks

Grönåsens Älgpark

Grönåsens Elchpark in Kosta zählt zu den ältesten seiner Art in Schweden. Was vor knapp 20 Jahren mit dem Verkauf von Elchpostkarten und -souvenirs begann, hat sich mittlerweile zu einem erfolgreichen Betrieb gemausert, in dem sich alles um die Paarhufer dreht. Rund 80 000 Besucher zählt der Park jährlich zwischen Ostern und Allerheiligen. Die Hauptrolle spielen natürlich die etwa 25 Elche, die hier auf vier Gehege mit einer Gesamtfläche von 27 Hektar verteilt leben. Garantiert zu sehen sind lediglich Karl-Gustav und seine »Frau« Silvia, die in dem kleinsten Gehege direkt am Eingang des Parks untergebracht und an Menschen gewöhnt sind.

Von hier aus schlängelt sich ein etwa 1300 Meter langer, gut für Kinderwagen und Rollstuhlfahrer geeigneter Spazierweg durch den Wald rund um ein ausgedehntes Gehege. Mehrere Aussichtstürme ermöglichen zudem einen weiten Blick über das Gelände. Gerade für Kinder ist es spannend, im Wald nach den Elchen Ausschau zu halten. Denn hier leben die Tiere weitgehend nach ihren eigenen Regeln – wer seine Ruhe haben will, kann sich in den Wald zurückziehen. Auch das Füttern findet am Abend unter Ausschluss der Öffentlichkeit statt, um Stress für die Tiere zu vermeiden. Dafür gibt es im angegliederten Shop aber unzählige Elch-Produkte zu kaufen – angefangen bei Taschen, T-Shirts und Socken über Holz- und Glasprodukte bis hin zu Rucksäcken und Hausschuhen aus Elchleder. Nicht zu vergessen, die gefrorenen Elch-Grillwürste und Elch-Frikadellen, die in der Grillhütte im Außenbereich direkt zu Hamburgern und Hot Dogs umfunktioniert werden können. Ebenfalls zum Park gehört eine kleine Ausstellung über die natürlichen Feinde des Elchs.

Geheimtipp

ELINGE ÄLGPARK

Im Vergleich zu Smålandet und Grönåsen ist der Elchpark Elinge in der Nähe von Ljungby deutlich kleiner. Hier verteilen sich zehn Elche auf drei kleine Gehege, die rund um einen alten Hof in idyllischer Landschaft liegen. Das Konzept lautet hier: Es darf den ganzen Tag über gefüttert und gestreichelt werden. Berühmtester Einwohner ist in Elinge der Elchbulle Bruno, der schon für die bekannte Inga-Lindström-TV-Reihe vor der Kamera stand. Das eigentliche Elcherlebnis ist in anderen Parks in den Augen vieler wahrscheinlich höher, aber dafür hat hier schon allein die Fahrt durch die ländliche Gegend und die Dörfer bis zum Park einiges für das Auge zu bieten. Durch die etwas abgeschiedenere Lage ist es hier auch nicht so überlaufen wie andernorts. Ein weiterer Vorteil: Der Park hat ganzjährig täglich von 9 bis 19 Uhr geöffnet. Und auch die kleine Souvenirboutique eignet sich gut zum Stöbern und Elch-Shoppen.

Östra Elinge, Hamneda.
Tel. 070/370 08 22,
www.elingealgpark.com

Oben: Auch Bisons leben im Elchpark Markaryd.
Mitte: Der Ranger im Elchpark Markaryd kennt alle seine Tiere beim Vornamen.
Unten: Auch andere Tiere fühlen sich im ländlichen Ambiente bei Hamneda vor Elinge wohl.

Småland

Elchpark Smålandet

Ein ganz anderes Konzept verfolgt der Elchpark Smålandet in der Nähe von Markaryd. Hier können die Besucher entweder mit dem eigenen Pkw oder einem offenen Safarizug auf Elchbeobachtung gehen. Die Strecke schlängelt sich etwa drei Kilometer lang durch ein 15 Hektar großes Waldstück, auf dem an die 14 Elche und auch rund zehn Bisons leben.

Wer mit dem eigenen Wagen auf »Safari« geht, kann sich auf ein gewisses Naturerlebnis freuen, wenn er die Tiere in aller Ruhe aus wenigen Metern Entfernung beobachtet – vorausgesetzt, dass nicht gleichzeitig der Safarizug im Gehege unterwegs ist. Denn die Tiere haben sich mittlerweile daran gewöhnt, dass sie von den Insassen des Zuges mit Birkenzweigen gefüttert werden, sodass die Elche hier ganz nah herankommen und auch den Körperkontakt nicht scheuen. Besonders für Kinder ist das Füttern und Streicheln der Elche ein absolutes Highlight. Um nie ganz zu vermeidende Wartezeiten zu überbrücken, gibt es auch im Smålandet einen kleinen Souvenirshop, ein gemütliches Café und einen Picknickplatz.

GUT ZU WISSEN

ELCHPARK LAGANLAND
Diese Einrichtung ist eine der meist frequentierten, da sie von ihrer Lage an der Autobahn E4 profitiert – direkt an der Ausfahrt 81, etwa zehn Kilometer nördlich von Ljungby. Das ist aber leider schon der positivste Aspekt des Parks. Das Elcherlebnis ist hier stark eingeschränkt, da das Füttern der Tiere nur morgens um 10 Uhr erfolgt und die Elche danach träge in ihren kleinen Gehegen liegen. Das Ganze gleicht vielmehr einem Zoobesuch und ruft bei so manchem eher Enttäuschung als Begeisterung hervor.

Elchparks

Infos und Adressen

ÜBERNACHTEN
Villa linnéa Markaryd. Luxusjugendherberge mit eigenem Bad pro Zimmer. Frühstück gibt es direkt gegenüber in der Bäckerei. Kungsgatan 5, Markaryd, Tel. 0433/710 01, www.villalinneamarkaryd.se

AKTIVITÄTEN
Grönåsens Älgpark. Der Park ist im Mai von 11–17 Uhr, von Juni bis August von 10–18 Uhr geöffnet. Grönåsen, Kosta, Tel. 0478/507 70, www.moosepark.net.
Elchpark Smålandet. Geöffnet von Mai bis Ende Oktober täglich zwischen 10 und 18 Uhr, von November bis April am Wochenende von 11–17 Uhr. Der Safarizug fährt in der Vor- und Nachsaison einmal täglich um 14 Uhr, in der Hauptsaison im Sommer um 11 und 14 Uhr und bei großer Nachfrage auch außer der Reihe.
Anfahrt: Von der E 4 die Ausfahrt 75 Richtung Markaryd/Osby nehmen und dann den Hinweisschildern Älgsafari folgen.
Smålandet Markaryds älgsafari. Misterhult 2018, Markaryd, Tel. 0433/129 23, www.smalandet.se

Die Vierbeiner im Elinge-Elchpark sind es gewohnt, für die Kamera zu posieren.

Auf den »Bürgermeistersteinen« kam man auch bei Regen trockenen Fußes über den Lilla Torget von Eksjö.

Småland

15 Eksjö
Holzhäuser & Kopfsteinpflaster

Mit seinen prächtigen Holzhäusern unterscheidet sich Eksjö deutlich vom ansonsten bisweilen zweifelhaften Charme schwedischer Kleinstädte. Dank seiner bis zu 400 Jahre alten Häuser gehört Eksjö zu den am besten erhaltenen Orten des ganzen Landes. Sein pittoreskes Aussehen verdankt der småländische Ort jedoch auch viel Glück, denn das Feuer wütete auch hier.

Eksjö ist ein echtes Kleinod mit einem überaus charmanten Flair, das aus der guten alten Zeit zu stammen scheint (wenn es diese je gab). Ein hübsches kleines Städtchen, wie es sie im Norden nicht im Übermaß gibt. Schließlich sind viele Gemeinden in Skandinavien aus Holz gebaut worden. Und Holz brennt. Eine Erfahrung, die man auch in Eksjö machte – und das mehrfach in den vergangenen Jahrhunderten, wie in den Annalen zu lesen ist.

Neuaufbau

Es herrschte Krieg damals. Sieben Jahre lang. Und diesen, von 1563 bis 1570 dauernden sogenannten Nordischen Krieg sollte die Stadt nicht schadlos überstehen. Sie brannte nahezu komplett ab. Das Feuer war, so heißt es, von den Bewohnern selbst gelegt worden, damit die Stadt nicht in die Hand der Feinde gelangte. Das neue Eksjö wurde einen halben Kilometer von der bisherigen Stadt aufgebaut. Die Planer orientierten sich an dem leicht hügeligen Terrain, was einen großen Vorteil hatte. Zogen früher die Händler auf dem Weg von Südschweden nach Stockholm am Stadtrand vor-

Eksjö

bei, mussten sie nun direkt durch die Gassen Eksjös. So bekamen die Herbergen und Schenken mehr Gäste, auch Handwerker und Händler verdienten daran. Eksjö war eine wohlhabende Gemeinde. Große Teile der einmaligen Innenstadt sehen noch heute so aus wie damals vor rund 400 Jahren. Das hat Eksjö allerdings auch dem Glück zu verdanken. Denn in einer kalten Novembernacht im Jahr 1856 kehrte ein Geselle von der Arbeit in seine Hütte in Eksjö zurück und trocknete seine nassen Kleider an einem offenen Kamin. Übrig blieben am nächsten Tag Schutt und Asche. Denn die Flammen hatten nicht nur die Jacke erfasst, sondern auch das Haus und das gesamte Viertel. Glücklicherweise brannte jedoch nur der südlich des Marktplatzes gelegene Stadtteil ab, da die Einwohner der Stadt beim Wiederaufbau nach dem Nordischen Krieg vorsorglich Brandschneisen geschaffen hatten.

So flaniert man heute durch kleine Sträßlein wie die Garvaregatan oder die Norra Storgatan mit ihren zauberhaften Häusern, die im 16. und 17. Jahrhundert gebaut worden waren. Man blickt in wundervoll gestaltete Innenhöfe mit buntem Blumenschmuck und Kletterpflanzen, die an den Fassaden der Häuser hinaufwachsen, auf Laubengänge und Obergeschosse, die in die Gassen hineinragen. Eine ganz besondere Atmosphäre schafft der kleine Bach, der träge durch das Viertel fließt. Schön sind zudem die Verzierungen in vielen alten Häusern selbst, die man als Tourist jedoch im Normalfall nicht zu sehen bekommt. Schließlich ist die Altstadt von Eksjö kein Museum, hier leben Menschen ihren ganz normalen Alltag.

Doch auch das nach dem Brand von 1856 wieder aufgebaute Stadtviertel hat seinen Reiz. Steinhäuser – so glaubt der Besucher – ersetzten die

Geheimtipp

WANDERUNG ZUR SKURUGATA

Die Skurugata ist eine der außergewöhnlichen Sehenswürdigkeiten in der Natur Smålands. Es handelt sich dabei um einen 800 Meter langen und sehr schmalen Canyon, an dessen Seiten die Wände bis zu 35 Meter senkrecht aufsteigen. Wie die Skurugata entstanden ist, weiß man nicht genau. Vermutlich hat jedoch das abschmelzende Eis der Eiszeit diese interessante geologische Formation gebildet. Unmittelbar neben dem Canyon liegt mit dem 337 Meter hohen Berg Skuruhatt einer der höchsten Punkte Smålands, von dessen Gipfel aus man eine fantastische Aussicht genießt. Canyon und Berg bestehen aus Porphyr. Das Klima ist etwas ganz Besonderes, hält sich doch der Schnee im tiefen Canyon bisweilen bis Ende Juni. Entsprechend wachsen hier Pflanzen, die man sonst nur in den Gebirgsgegenden findet. Für die rund einstündige Wanderung vom Parkplatz aus empfiehlt sich festes Schuhwerk sowie im Sommer ein Extra-Pulli. Es kann hier frisch sein.

Schild im Handwerkerviertel von Eksjö

Småland

Oben: Der Krusagården war im 18. Jahrhundert ein bedeutender Handelshof.
Mitte: Schaufensterdekoration in der Einkaufsstraße Norra Storgatan
Unten: Kleine Geschäfte laden in Eksjö zum gemütlichen Bummeln ein.

nach dem Brand im 19. Jahrhundert zerstörten Gebäude. Aber das ist eine Täuschung. Denn einige Häuser südlich des Marktplatzes sind durchweg auch aus Holz, wegen der Bemalung aber mit Steinhäusern zu verwechslen. Sehenswert ist außerdem die Ende des 19. Jahrhunderts gebaute Kirche am Marktplatz, für deren Interieur die prächtige Holzausstattung des Vorgängerbaus aus dem 17. Jahrhundert genutzt wurde. Vom Zentrum der Stadt sind es nur ein paar Gehminuten bis an das Ufer des Hunsnäsen. In dem schön gelegenen See kann man bestens baden, was an einem warmen Sommertag sicherlich ein gelungener Abschluss eines Besuchs in Eksjö ist. Ob alle diese Vorzüge für die Militärs auch eine Rolle gespielt haben? Denn in Eksjö sind schon seit vielen Jahrhunderten Soldaten stationiert, die einstmals die schwedisch-dänische Grenze bewachten. Bis ins Jahr 2000 waren hier die Smålandsbrigade und das Smålandsregiment beheimatet. Heute befinden sich hier nur noch ein Ingenieurregiment und Logistiker für die schwedische Streitmacht. An die lange militärische Vergangenheit erinnert das Denkmal eines unbekannten berittenen Soldaten aus dem Dreißigjährigen Krieg, das 1929 enthüllt wurde.

GUT ZU WISSEN

MODERNE ZEITEN

Die typische schwedische Kleinstadt ist selten eine Augenweide. Das Zentrum mancher größerer Orte besteht aus Supermarkt, Bank, Autowerkstatt, Tankstelle sowie einer Gatukök (Straßenküche), an der es Würstchen, Hamburger mit Pommes und Pizza gibt. Kein Grund, um das Auto zu parken und bummeln zu gehen. Ursache dafür sind Stadtbrände in der Vergangenheit oder der Wahn der 1960er- bis 1980er-Jahre, modern sein zu wollen. Glücklicherweise gibt es auch Ausnahmen – und dazu gehört ohne Zweifel Eksjö.

Eksjö

Infos und Adressen

INFORMATION
Eksjö Turistbyrå. Norra Storgatan 29, Eksjö, Tel. 0381/361 70, turism@eksjo.se, www.visiteksjo.se

ÜBERNACHTEN/ESSEN UND TRINKEN
Eksjö Stadshotell. Der mondäne Bau mit Restaurant und Bar liegt mitten in der Kleinstadtidylle von Eksjö. Stora Torget, Eksjö, Tel. 0381/130 20, info@eksjostadshotell.se, www.eksjostadshotell.se

SEHENSWÜRDIGKEITEN
Stadtwanderung. Zwischen Ende Juni und Mitte August werden täglich geführte Stadtwanderungen angeboten. Treffpunkt ist vor dem Touristenbüro. Preis: SEK 50 pro Person. Zudem werden im Touristenbüro Audioguides auch in deutscher Sprache angeboten, mit denen man selbst auf Entdeckertour durch die Stadt gehen kann.

Eksjö Museum. Im Eksjö Museum finden regelmäßig Kunstausstellungen statt. Darüber hinaus kann man sich hier über die 600-jährige Geschichte der Stadt informieren. Ein anderer Teil des Museums ist der Militärgeschichte der Stadt gewidmet. Geöffnet im Juli und August täglich von 11–18 Uhr, samstags, sonntags und an Feiertagen von 11–15 Uhr. Während des restlichen Jahres ist das Museum montags geschlossen und an Werktagen von 13–17 Uhr geöffnet. Der Eintritt für Erwachsene ab 18 Jahren kostet im Sommer SEK 50. Österlånggatan 31

AKTIVITÄTEN
Rad fahren. Das leicht hügelige Terrain rund um Eksjö ist in Verbindung mit der fantastischen Natur bestens zum Radeln geeignet. Dazu kann man sich im Turistbyrå Vorschläge für (ausgeschilderte) Touren machen lassen. Mietfahrräder bekommt man im örtlichen Tourismusbüro, Adresse siehe oben.

Lauschiges Plätzchen am Fluss in der Altstadt

Småland

16 Jönköping
Die Streichholzstadt

Die Stadt Jönköping liegt zwischen dem Vätternsee und Mittelschweden sowie den Wäldern Smålands. Entsprechend lebendig und vielseitig präsentiert sich der Ort den Touristen, die hier schöne Natur und spannende Kultur entdecken können. Unbedingt sehenswert sind das Streichholzmuseum und die Ausstellung über den Maler John Bauer. Und entspannen kann man beim Bad im See.

Direkt am Südufer des Vätternsees liegt das lebendige Jönköping. Schon lange ist der rund 100 000 Einwohner zählende Ort auf den Landkarten verzeichnet. Schließlich bekam er schon 1248 die Stadtrechte verliehen. Das hängt mit den Handelswegen zusammen, die sowohl vom Norden und Süden als auch von Westen und Osten heranführten und Jönköping eine zentrale Bedeutung verliehen. Die Stadt hat sich ihr Flair bewahrt, doch von den alten Zeiten ist nicht mehr sehr viel Bausubstanz übrig geblieben – viele Gebäude wurden im Laufe der Jahrhunderte ein Raub der Flammen.

Glücklicherweise haben einige Bauwerke die verheerenden Stadtbrände überstanden. Dazu gehört zum Beispiel die Kristine-Kirche in der Östra Storgatan 45. Das Gotteshaus wurde 1790 gebaut und beherbergt eine immerhin 100 Jahre alte, 40-stimmige Orgel. Hübsch ist auch das alte Rathaus (Gamla Rådhus), das ebenso wie die Brahe-Schule Ende des 17. Jahrhunderts gebaut wurde. Die Sophia-Kirche entstand 1888 im zeittypischen neogotischen Stil auf dem alten Marktplatz. Markant ist ihr 72 Meter hoher Turm, der weithin sichtbar ist.

Oben: Die in einem Modell dargestellte Kinderarbeit war in den Streichholzfabriken selbstverständlich.
Unten: Anhand der im Museum ausgestellten Maschinen wird die damalige Produktionsweise aufgezeigt.

Jönköping

Zündende Idee

Weltweit bekannt geworden ist Jönköping als Zentrum der einst bedeutenden schwedischen Streichholzindustrie, was in einem überaus sehenswerten Museum anschaulich erläutert wird. Hier gründeten 1844 die Brüder Johan und Carl Lundström die erste Streichholzfabrik. Damit wurde der Grundstein für einen Exportschlager gelegt: Schwedenhölzer. Die zündende Idee hatte der technisch begabte Johan. Er entwickelte die von einem schwedischen Chemiker wenige Jahre zuvor entdeckte Rezeptur so weiter, dass aus Zündhölzern Sicherheitszündhölzer wurden.

Bis dahin hatte man die Espenhölzer in flüssigen weißen Phosphor getaucht. Der war nicht nur gefährlich, weil dieser sich selbst entzünden konnte. Er war auch gesundheitsgefährdend. Phosphornekrose hieß die Krankheit, die die Männer, Frauen und Kinder bekamen, wenn sie täglich zehn bis zwölf Stunden in dessen Dämpfen standen. Kieferknochen lösten sich auf, die Gesichter waren verunstaltet, zu essen wurde schwierig. Mit den Sicherheitszündhölzern kam der Reichtum nach Schweden – zumindest für die Fabrikbesitzer. Über 45 000 Tonnen Streichhölzer wurden um 1920 in Schweden produziert und dank des Zündholzmonopols in die ganze Welt exportiert. Neben der Qualität der Zündhölzer bekam die Verpackung eine immense Bedeutung – als Werbeträger. Was alles auf die Streichholzschachteln gedruckt wurde, ist ebenfalls im Streichholzmuseum zu bewundern.

Im Reich von John Bauer

Ein berühmter Sohn der Stadt ist der Maler John Bauer, dem im Landesmuseum (Länsmuseum) eine eigene Ausstellung gewidmet ist. Seine Darstel-

Einfach gut!

BEERENJÄGER

Typisch schwedisch! Wenn etwas dieses Prädikat verdient, dann ist es der sommerliche oder herbstliche Gang in die Wälder. Unter Fichten und Kiefern reifen unzählige blaue und rote Beeren heran, die alle eines gemeinsam haben: Sie schmecken unglaublich lecker und haben nichts mit den Früchten gemein, die aus hiesigen Zuchtanlagen kommen. Blaubeeren und Preiselbeeren sind ein Stück Schweden. Und jeder kann sie sammeln – dem Jedermannsrecht sei Dank! Småland ist dafür eine gute Region. Für ein paar gemütliche Stunden im Wald braucht man nicht mehr als eine Schüssel und etwas Muße. Was nicht sofort im Mund verschwindet, landet am besten im Joghurt oder wird am Abend in der Hütte zu Marmelade verarbeitet. Wer sich mit Pilzen auskennt, wird hier ebenfalls fündig. Eine Pilzsuppe mit Pfifferlingen oder gar Steinpilzen ist ein Genuss und nicht sehr aufwendig in der Zubereitung. Und zum Nachtisch gibt es dann Blaubeeren.

Exotische Etiketten für den Export in ferne Länder

lungen von Waldtieren sowie Trollen und anderen Waldgeistern prangen auf Postkarten und in Büchern. Berühmt wurde der Künstler mit der Märchenreihe *Bland Tomtar och Troll (Unter Zwergen und Trollen)*, die von ihm illustriert wurde. Zottelwesen mit verfilztem Haupthaar tauchen in seinen Aquarellen ebenso auf wie strahlende Prinzessinnen. Gerade einmal 36 Jahre wurde der Künstler alt. 1882 in Jönköping geboren, lebte er viele Jahre am Bunn-See und ließ sich von der Natur inspirieren. Sein nasses Grab fand er beim Untergang eines Passagierschiffes im Vätternsee auf der Fahrt nach Stockholm. Bauer wollte mit Frau und Kind die neue Wohnung auf Djursholm beziehen. Das Boot nahmen sie, weil Ester-Lisa Ellquvist, Bauers Frau, Angst vor Zugreisen hatte.

Blumen und Badespaß

Im Sommer ist ein Besuch im Rosenlund-Rosarium ganz in der Nähe des Vätternsees empfehlenswert. Hier blühen dann bis zu 375 verschiedene Rosenarten und tauchen den Park in eine eigene Farben- und Duftwelt. Und wer Blumen mag, sollte auch einen Stopp auf dem Herrenhof Gunillaberg machen, wo der dänische Blumenkünstler Tage Andersen sein eigenes Paradies geschaffen hat. Das günstige Klima macht den Ort außerdem zum passenden Ort für Sommerfrischler. An warmen Tagen bietet sich ein Besuch am Strand an, der sich direkt vor dem Zentrum der Stadt erstreckt.

Oben: In diesen alten Fabrikgebäuden wurden die Streichhölzer hergestellt.
Mitte: Natur ist immer in der Nähe.
Unten: Im Streichholzmuseum wird die Bedeutung der Zündhölzer für die Region deutlich.

Jönköping

Infos und Adressen

INFORMATION
Destination Jönköping. Resecentrum, Järnvägsgatan 12, Jönköping, Tel. 036/10 50 50
turist@destinationjonkoping.se,
www.destinationjonkoping.se

ÜBERNACHTEN
Clarion Hotel Victoria. F E Elmgrensgata 5, Jönköping, Tel. 036/71 28 00,
www.clarionhotel.com

ESSEN UND TRINKEN
Den Småländska Kolonin. Das Restaurant gehört zu den besten der Region. Zum hervorragenden Essen passt auch das besondere Ambiente. Die Kollobar im Stockwerk darüber ist ein beliebter Treffpunkt, wo es auch Livekonzerte gibt.
Kyrkogatan 4, Jönköping, Tel. 036/71 22 22,
www.densmalandskakolonin.se,
info@densmalandskakolonin.se

N.E.O. Mediterrranes Flair am Vätternsee bietet das Restaurant N.E.O. Auf der Speisekarte stehen vor allem Gerichte aus dem Mittelmeerraum und können eine willkommene Abwechslung zu Köttbullar und Elchbraten sein. Strandgatan 6, Jönköping, Tel. 036/291 61 00, www.restaurangneo.se,
bokabord@restaurangneo.se

SEHENSWÜRDIGKEITEN
Streichholzmuseum Jönköping (Tändsticksmuseet). Tändsticksgränd 27, Jönköping.
Tel. 036/10 55 43, matchmuseum@jonkoping.se, www.matchmuseum.se, Eintritt: Erwachsene SEK 50, Kinder und Jugendliche frei

John Bauer Museum (Jönköpings läns museum). Das Museum informiert über Leben und Werk des Malers. Dag Hammarskjölds plats 2, Postfach 2133, Jönköping, Tel. 036/30 18 00, info@jkpglm.se, www.johnbauersmuseum.nu

VERANSTALTUNGEN
Smålands Kulturfestival. Alljährlich im Herbst wird an verschiedenen Orten in Småland ein Kulturfestival mit einer Vielzahl unterschiedlicher Programmpunkte zwischen Musik, Kunst und Literatur veranstaltet.
www.smalandskulturfestival.se

Veteranen aus der Dampfschiffszeit laden zu Rundfahrten auf dem Vätternsee ein.

Småland

17 Åsens by
Zu Besuch bei Michels Oma

Wenn man ein Symbol für schwedische Idylle in Rot-Weiß sucht, dann hat es einen Namen: Åsens by. In dem Kulturreservat ist zu sehen und zu erleben, wie der Alltag in einem schwedischen Dorf vor 100 Jahren aussah. Hier blöken Schafe und grunzen Schweine, wachsen alte Gemüsepflanzen und leckere Äpfel. Und im Haus von Tekla bekommt man einen Einblick in eine schwedische Wohnstube auf dem Lande.

Ob das kleine Borstentier Ferkelchen heißt? Aber es wäre kein Wunder, wenn Michel aus einem der Häuser herauslaufen würde. Das hier ist zwar nicht Lönneberga, aber in Åsens by gibt es alles, was eine kleine schwedische Siedlung auf dem Lande zu einem idyllischen Ort macht, in dem die Zeit stehen geblieben zu sein scheint. Und das ist sie auch. Die kleine Siedlung in den Hügeln von Småland ist in einem Zustand wie vor 100 Jahren. Åsens by ist kein normales Dorf, sondern ein Kulturreservat, in dem ein wichtiger Teil der schwedischen Geschichte am Leben erhalten wird.

Gut, es gibt Strom und fließendes Wasser. Aber sonst? Ganz viel Atmosphäre, Geschichte und Geschichten. Hier blöken Schafe, muhen Kühe. Ein Wassereimer baumelt an einem Ziehbrunnen. Abgetrennt werden die Grundstücke und Felder durch Schrägzäune, die so typisch sind für die ländlichen Gegenden Schwedens. Es gibt ein Schweinehaus, in dem einst die Borstentiere vor sich hingrunzten, einen Gemüsegarten, in dem alte Gewächse, zum Teil bereits fast vergessene Pflanzen gezüchtet werden. Die berühmteste Per-

Oben: Typisch Schweden: rot-weißes Häuschen im Museumsdorf Åsens by
Unten: Schweine gehörten früher auf jeden Hof des Landes.

Åsens by

son von Åsens by ist zweifellos Tekla. Sie lebt nicht mehr. Leider. Denn die 1902 geborene Frau könnte viel erzählen über das Leben damals. Bis 1982 wohnte sie in einem der typischen rot-weißen Häuschen. Ohne Elektrizität. Dafür mit Küchengeräten aus Ururomas Schrank. Der Gang durch das heute öffentliche Haus ist wie eine Reise durch die Zeit, die von manchen als die gute alte gesehen wird, die für die Menschen damals aber oft beschwerlich war. Pfannen hängen am Kamin, weiße Deckchen liegen auf dem Tisch, eine Öllampe baumelt in einem der Fenster. Im kleinen Museum nebenan sind die Geräte der Bauern ausgestellt, hängen Dreschschlegel an der Wand, stehen Pflüge am Boden. Sie lassen erahnen, dass die Småländer so manchen Schweißtropfen verloren, um dem Boden das tägliche Brot abzuringen.

Der Norrgården

Ob es ein Pfarrer damals leichter hatte? Zumindest sein Hof, der sogenannte Norrgården, liegt auf einem Hügel oberhalb des Dorfes. So hatten die Gottesmänner ihre Schafe und Schäfchen immer im Auge. Elegant ist die Zufahrt zum – natürlich – rot-weißen, mehr als 300 Jahre alten Gebäude, das den hohen Stellenwert der Kirche verdeutlicht. Über Jahrhunderte waren die Pfarrer auch Bauern und mussten selbst für ihren Lebensunterhalt sorgen. Erst gegen Ende des 19. Jahrhunderts bekommen sie Geld für ihre Arbeit am Seelenheil. Ein Gatter trennt die kleine Siedlung von den Weiden ab. Inäga nannten die Menschen diese Gebiete, die direkt an die Dörfer grenzten. Hier wurden Getreide und Gemüse angebaut. Ein Wanderpfad führt an den Zäunen vorbei hinein in den Wald und zu einem See. Und der allein ist schon sehenswert, ist er doch Lebensraum für viele verschiedene Vogelarten, die von einem Aussichtspunkt beobachtet werden können.

Infos und Adressen

ÜBERNACHTEN
Vandrarhem Åsens by. Im Gästehaus der schwedischen Touristenvereinigung STF kann man stilvoll mit dem Flair von damals übernachten. Betten stehen im einstigen Pfarrhaus und in kleinen Hütten auf dem Gelände zur Verfügung. Ein Muss, um die fantastische Stimmung am Abend oder Morgen zu erleben! Buchungen und Informationen bei: Katrin Håård, Tel. 036/38 71 45, katrin.haard@asensby.com

AKTIVITÄTEN
Åsens by. Das Kulturreservat soll einen Einblick in das Leben auf dem Lande vor 100 Jahren geben. Hinzu kommt ein Museum mit alten landwirtschaftlichen Gerätschaften. Zudem gibt es ein Café, in dem u.a. selbst gebackene Kuchen, kleine Speisen, Marmelade und Honig verkauft werden. Åsens by ist in den Sommermonaten und zu besonderen Terminen im Rest des Jahres geöffnet, zum Beispiel zu einem Weihnachtsmarkt Ende November/Anfang Dezember.
Stiftelsen Kulturreservatet Åsens by, Kulturreservatet Åsens by, Åsen, Haurida, Aneby, Tel. 036/830 55, info@asensby.com, ww.asensby.com

Krämerladen mit traditionellen Leckereien

Småland

18 Vimmerby
Auf den Spuren von Kalle & Co.

Jeder hat schon einmal von Vimmerby in Småland gehört: die Stadt, in der Astrid Lindgren ihre Kindheit verbrachte und die immer wieder in ihren Geschichten auftaucht. Wer sich auf die Spuren der Autorin und ihrer beliebten Figuren begeben möchte, ist hier genau richtig. Denn so viel sich in den vergangenen hundert Jahren auch verändert haben mag: Astrid Lindgren scheint hier allgegenwärtig.

Die kleine Stadt Vimmerby steht sozusagen synonym für Astrid Lindgren (1907–2002) und ihre weltberühmten Geschichten – auch wenn die Autorin eigentlich lediglich ihre Kindheit hier verbracht hat. Denn schon mit 18 Jahren verließ Astrid Lindgren ihre Heimat, um in Dänemark ein uneheliches Kind zur Welt bringen, und wohnte dann den größten Teil ihres Lebens in der Hauptstadt Stockholm.

Natürlich kehrte sie gelegentlich nach Vimmerby zurück, um Eltern und Geschwister zu besuchen, und auch in ihren Geschichten und Erzählungen taucht diese gemütliche Stadt mit all den kleinen Holzhäusern, den hügligen Gässchen und den mit Kopfstein gepflasterten Straßen immer wieder auf: Hier patrouilliert Schutzmann Björk aus *Kalle Blomquist Meisterdetektiv* durch sommerwarme Straßen. Hier gehen Madita und Alva einkaufen. Hier zieht Pippi Langstrumpf mit ihrer großen Tasche voller Goldmünzen durch die Geschäfte. Hierher fährt Michel zum Markt und kauft sich ein Pferd. Und hier tragen die Rote und die Weiße Rose ihre Fehden aus. Nicht immer hat Astrid

Mitte: Das historische Rathaus von Vimmerby beherbergt das Touristenbüro.
Unten: Alte Scheune mit Obstgarten auf dem Hof Näs in Vimmerby

Vimmerby

Lindgren die Schauplätze ihrer Geschichten auch nach Vimmerby benannt, aber sie alle tragen die vertrauten Züge ihrer Geburtsstadt.

Spazieren auf vertrauten Pfaden

Fast ein Jahrhundert ist mittlerweile seit den Kindertagen von Astrid Lindgren vergangen, und natürlich hat sich in Vimmerby vieles geändert – und auch wieder nicht. Bei einem Spaziergang durch die kleine Innenstadt sind noch heute viele Häuser und Gebäude aus der damaligen Zeit zu sehen, die einem aus den Büchern und Verfilmungen nahezu vertraut vorkommen. Wenn man auf dem großen Marktplatz, dem Stortorget, steht, fällt auf der rechten Seite direkt das Stadshotellet ins Auge, das aus den »Madita«-Erzählungen bekannt ist.

Auf der linken Seite des Stortorget steht ein Eckhaus, in dem sich in den 1920er-Jahren eine Apotheke befand. Als Teenager soll Astrid Lindgren, die mit der Apothekertochter befreundet war, hier an einer Feuerleine aus dem Fenster geklettert und auf die Straße gefallen sein. Der Kommentar des Vaters lautete ungefähr: »Wie gut, dass du direkt vor einer Apotheke gestürzt bist.« In der kleinen Gasse Båtsmansbacken, die damals als gefährliche Ecke galt, ließ die Autorin Kalle Blomquist sowie die Mitglieder der Weißen und der Roten Rose auf Verbrecherjagd umherschleichen. Auch das Haus mit dem Bonbonladen, in dem Pippi mehrfach kiloweise Süßigkeiten kaufte, befindet sich nicht weit entfernt – direkt neben dem Spielzeuggeschäft, in dem Pippi Kuckuckspfeifen für alle Kinder des Dorfes erstand. In der nächsten Seitenstraße befindet sich dann das Haus, in dem die Szenen zu Michels Arztbesuch in Mariannelund gedreht wurden, als er seinen Kopf nicht mehr aus der Suppenschüssel bekam.

Infos und Adressen

INFORMATION
Vimmerby Turistbyrå. Rådhuset 1, Vimmerby. Tel. 0492/310 10, info@vimmerby.com, www.vimmerby.com

ÜBERNACHTEN
Vimmerby Stadshotellet. Das älteste Hotel der Stadt bietet 56 Zimmer unterschiedlicher Größe und Preisklasse. Stora Torget 9, Vimmerby, Tel. 0492/121 00, www.vimmerbystadshotell.se
Björkbackens Karaktärshotell. Familienfreundliches Hotel mit Campingplatz, in dem man auf Charaktere aus der Zeit um 1900 trifft. Traktorgatan 3, Vimmerby, Tel. 0492/798 90, www.bjorkbacken.se/de
Ferienhäuser & Campinghütten. In Vimmerby ist man stark auf die Unterbringung von Familien eingerichtet, daher gibt es in der Umgebung zahlreiche Ferienhäuser und auch Ferienhaussiedlungen. Astrid Lindgrens Welt (www.alv.se) betreibt beispielsweise ein eigenes Hüttendorf direkt neben dem Park.

ESSEN UND TRINKEN
Brygghuset Restaurang & Pub. Wand an Wand mit der Brauerei Åbro, die Küche des Restaurants setzt weitgehend auf regionale Produkte. Geöffnet werktags ab 11.30 Uhr, samstags ab 14 Uhr, Sonntag Ruhetag. Åbrovägen 13, Vimmerby, Tel. 0492/753 80, www.brygghuset.nu
Astrid Lindgrens Welt. Im Fokus stehen småländische Gerichte. Astrid Lindgrens Värld, Vimmerby, Tel. 0492/798 00, www.alv.se

ASTRID LINDGREN
Das Gesicht von Vimmerby

Auf dem Stortorget wurde Astrid Lindgren ein Denkmal mit »Blick aus dem Fenster« gesetzt.

Wer Kinder zwischen sechs und zwölf Jahren hat, wird an einem Besuch in Vimmerby nicht vorbeikommen, denn im Theater- und Erlebnispark Astrid Lindgrens Welt werden die unnachahmlichen Helden aus den Erzählungen der Autorin lebendig. Und all jene, die sich für das Leben von Schwedens berühmtester Schriftstellerin interessieren, sind im Kulturzentrum Astrid Lindgrens Näs genau richtig.

Seit mehr als 30 Jahren ist er der Besuchermagnet der kleinen Stadt Vimmerby und ein absolutes Highlight für Kinder: der Theater- und Erlebnispark Astrid Lindgrens Welt (www.alv.se). Wo sich einst Felder und Wiesen reihten, auf denen Astrid Lindgren selbst als Kind mit Vorliebe gespielt und getobt hat, befindet sich heute eine Welt, die Natur, Fantasie, Kreativität und Erlebnis vereint. Denn wie zu Lindgrens Zeiten gilt hier auch heute noch das Motto: spielen und toben bis zum Umfallen. Besonders beliebt sind z. B. Pippis »Nicht den Boden berühren«-Parcours, die Floßfahrt auf einem kleinen Teich sowie die Klettermöglichkeiten an der Villa Kunterbunt und auf den Felsen bei Ronjas Mattisburg. Selbst die schwedischen Theateraufführungen und Rollenspiele der verschiedenen Astrid-Lindgren-Figuren ziehen auch deutschsprachige Kinder in ihren Bann.

Schauen, staunen, mitmachen

Viele der aus den Erzählungen bekannten Schauplätze wurden in Astrid Lindgrens Welt nachgebaut, z. B. die Mattisburg, der Katthult-Hof, Pippis Villa Kunterbunt und viele mehr. Hier werden im Sommer jeden Tag die verschiedenen Geschichten auf der Bühne zum Leben erweckt. Zudem gibt es über das ganze Gelände verteilt Improvisationstheater, das Groß und Klein zum Mitmachen animiert. Der liebevoll gestaltete Park wird ständig erweitert. Jüngste Neuzugänge waren 2016 das Kirschblütental und das Heckenrosental aus den *Brüdern Löwenherz*, die eine Fläche von etwa 10 000 Quadratmetern umfassen. Der Besuch in dem Theaterpark ist zwar nicht ganz billig, dafür ist er neben verschiedenen Restaurationen aber auch mit zahlreichen Picknickplätzen ausgestattet, die den Geldbeutel ein wenig schonen.

Astrid Lindgrens Näs

Während in Astrid Lindgrens Welt die fantasievollen Figuren und Geschichten der Autorin im Mittelpunkt stehen, kann man im Kulturzentrum Astrid Lindgrens Näs (www.astridlindgrensnas.se) mehr

Villa Kunterbunt in Astrid Lindgrens Welt

Astrid Lindgren

über den Menschen erfahren, der diese Figuren geschaffen hat. Denn hier geht es um das Leben und das soziale Engagement von Astrid Lindgren jenseits von Michel, Pippi & Co. Dabei soll die Ausstellung »Astrid Lindgren für die ganze Welt« alle Altersklassen ansprechen. Sie folgt dem Leben der Schriftstellerin von der Kindheit bis zu ihrem Tod und stellt exemplarisch die wichtigen Wendepunkte in ihrem Leben dar, und zwar unter Einsatz ungewöhnlicher Perspektiven und mit viel Humor. Ein Audioguide steht in deutscher Sprache zur Verfügung. Der Ausstellungspavillon, in dem auch verschiedene Wechselausstellungen zu sehen sind, ist ganzjährig geöffnet, jedoch von September bis Ende April mit eingeschränkten Öffnungszeiten.

Wo alles begann

Ebenfalls einen Besuch wert ist das benachbarte Geburtshaus der Schriftstellerin, in dem sie am 14. November 1907 unter dem Namen Astrid Anna Emilia Ericsson das Licht der Welt erblickte. Der ehemalige Pfarrhof beherbergt noch heute zahlreiche kleine Details, die als Inspiration für die Geschichten gedient haben, beispielsweise die große Ulme, die als Pippis Limonadenbaum berühmt wurde. Auch im Inneren des kleinen roten Geburtshauses, das Astrid Lindgren selbst vor vielen Jahren mit Erinnerungsstücken aus der Kindheit gefüllt hat, können die Besucher bei einer Führung viel über die Vorlagen der Geschichten erfahren. Denn genau hier spielte Astrid mit ihrem Bruder Gunnar Pippis »Nicht den Boden berühren« oder Michels »Kickse kickse hu«. Geboten werden auch Anekdoten aus ihrem Leben. Stoff dazu bietet z. B. die alte Orgel im Wohnzimmer, auf der Astrid nach dem Willen ihrer Mutter Klavier spielen lernen sollte. Da es ihr aber keinen Spaß machte und sie nicht lügen wollte, griff sie zu kleinen Tricks, um sich vor dem Üben zu drücken: Sie stand einfach so lange auf dem Kopf, bis sie Kopfschmerzen bekam und konnte diese dann wahrheitsgemäß als Ausrede benutzen.

Astrid Lindgren anlässlich ihrer Konfirmation im Jahr 1923, darunter eine Sammlung ihrer Bücher im Ausstellungszentrum Astrid Lindgrens Näs

Pippis Limonadenbaum gibt es wirklich.

Stippvisite in Bullerbü

Wer noch weiter in Astrid Lindgrens Vergangenheit reisen möchte, sollte die Holzkirche in Pelarne besuchen. Sie ist eine der ältesten Holzkirchen Schwedens mit Wurzeln aus dem 13. Jahrhundert und der Ort, an dem sich Lindgrens Eltern das Jawort gaben. Nicht weit entfernt befindet sich auch das kleine Dorf Sevedstorp, in dem Astrid Lindgrens Vater Samuel August im Mittelhof aufgewachsen ist. Es befindet sich etwa 15 Kilometer von Vimmerby entfernt und diente als Vorlage für die Bullerbü-Geschichten. Auch die dazugehörigen Verfilmungen wurden hier gedreht. Die drei wohlbekannten rot-weißen Häuser lassen sich aber nur von außen betrachten, da sie im Privatbesitz sind. Dafür gibt es in der Hauptsaison im Sommer aber ein kleines Café im ehemaligen Stall, Tiere zum Streicheln und eine große Schaukel. Und natürlich einen Heuhaufen, in den sich die kleinen Besucher schmeißen dürfen.

Wenn Pippi Langstrumpf nicht gerade die große Bühne in Astrid Lindgrens Welt unsicher macht, bespaßt sie die Gäste in der Villa Kunterbunt.

Astrid Lindgren

Auf Astrid Lindgrens Spuren

Pippis Süßigkeitenladen

Ⓐ Stora Torget – Im Sommer finden hier viele Veranstaltungen und Konzerte statt, und für Kinder gibt es Spiele und Klettermöglichkeiten à la Astrid Lindgren. Hier befindet sich auch ein beeindruckendes Bronzedenkmal, das die weltberühmte Autorin in ihrem Arbeitszimmer an der Schreibmaschine zeigt. Setzen Sie sich doch einfach eine Weile auf den beheizten Stuhl gegenüber von Astrid Lindgren.

Ⓑ Stadshotellet – Stora Torget 9. Das Stadthotel ist das älteste Hotel der Stadt mit Wurzeln aus den 1860er-Jahren. Der Ball der populären Madita-Erzählung fand eigentlich im Pavillon des Hotelgartens statt, der aber schon lange nicht mehr existiert.

Ⓒ Stångågatan 45 – In diesem Haus befand sich die Apotheke. Unter dem Dach hatte der Apotheker seiner Tochter ein Zimmer eingerichtet, und Astrid wollte die Feuerleine ausprobieren, die sich jedoch auf halbem Weg verhedderte. Nachdem die Freunde versuchten, sie zu entwirren, fiel Astrid ein Stockwerk tief auf die Straße – jedoch ohne größere Verletzung.

Ⓓ Båtsmansbacken – Hier wohnten früher die ärmsten Leute der Stadt: die perfekte Kulisse für

Alte Tankstelle aus den 1950er-Jahren in Astrid Lindgrens Welt

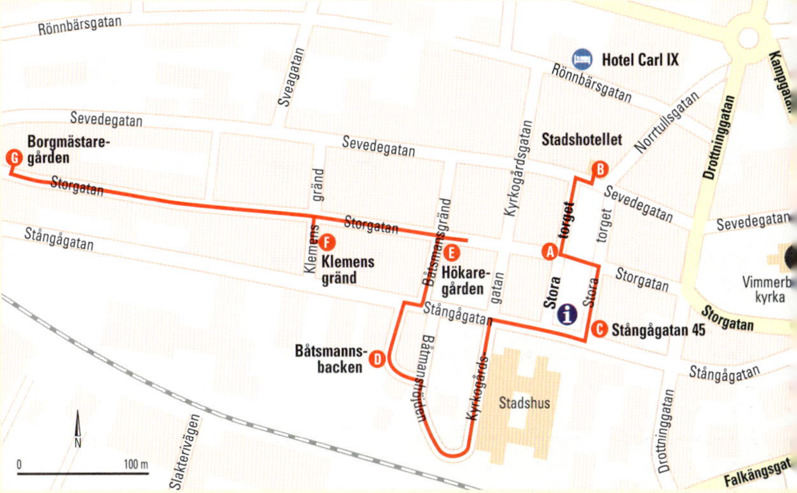

Meisterdetektiv Blomquist, um Verbrecher zu verfolgen. Die kleinen farbigen Holzhäuser sind gut erhalten und wirken heute richtig idyllisch.

❺ Hökaregården – Storgatan 40. Hier befand sich Pippis Bonbongeschäft, in dem sie 18 kg Bonbons, 60 Lutscher, 72 Pakete Karamellbonbons und 103 Schokoladenzigaretten kaufte.

❻ Klemens gränd – Das gelbe Haus auf der linken Seite diente als Drehort für Michels Arztbesuch, bei dem er sich auf ganz eigene Weise der Suppenschüssel auf seinem Kopf entledigte.

❼ Borgmästaregården – Storgatan 3. Dieser 1884 erbaute ehemalige Bürgermeisterhof diente als Vorlage für Michels spektakulären Auftritt am 50. Geburtstag des Bürgermeisters.
Zunächst ritt er mit seinem Pferd Lukas mitten in die Festgesellschaft, und dann brannte er auch noch das gesamte Feuerwerk auf einmal ab, sodass ganz Vimmerby glaubte, ein Komet und der Weltuntergang seien gekommen.

Michel, Klein-Ida und Alfred auf dem Hof Katthult in Astrid Lindgrens Welt

ÖLAND & GOTLAND

19	Öland	122
20	Visby & der Süden	130
21	Fårö & der Norden	138

Seite 120/121: »Lunnebodarna« nördlich von Byxelkrok auf Öland
Oben: Windmühle bei Borgholm
Unten: Schlossruine Borgholm

Öland & Gotland

19 Öland
Einzigartige Naturschätze

Öland ist die Urlaubsinsel der Schweden schlechthin – selbst die königliche Familie verbringt hier alljährlich den Sommer. Kein Wunder: Denn neben zahlreichen Sandstränden hat die Insel im Sommer statistisch auch mit die meisten Sonnenstunden des Landes zu bieten. Darüber hinaus locken hier eine zum Welterbe erklärte einzigartige Landschaft, eine reiche Vogelwelt und spannende Geschichte.

Etwa 500 Kilometer Küste mit mehr als 50 Badestränden und das Image, zu den sonnenreichsten Gegenden in ganz Schweden zu gehören, sorgen dafür, dass sich auf der gerade einmal 137 Kilometer langen und maximal 16 Kilometer breiten Insel Öland im Sommer massenweise Touristen tummeln. Die meisten von ihnen halten sich im Norden Ölands auf, da es hier die größte Anzahl an Badestränden, Campingplätzen mit Hüttendörfern und sonstigen Unterkünften gibt. Bei schönem Wetter lässt sich die Insel ganz entspannt erkunden, denn dann vergnügen sich die meisten schwedischen Urlauber am Strand. An Regentagen steht jedoch Sightseeing auf dem Programm, sodass sich die Hauptstraße 136, die von Norden nach Süden einmal über die ganze Insel führt, zur Staustrecke wandelt. Zu sehen gibt es genug.

Insel der Windmühlen

Beispielsweise gibt es auf Öland zahllose Runensteine und andere vorgeschichtliche Stätten. Darunter auch Grabhügel als weithin sichtbare Überbleibsel aus der Bronzezeit. Über 40 Meter im Durchmesser hat der Blå Rör in der Nähe von Borg-

Öland

holm, der einzigen Stadt der Insel. Der größte Grabhügel dieser Zeit ist jedoch der Mysinge Hög, der gleichzeitig Ölands höchste Erhebung darstellt und einen guten Ausblick über die Landschaft des Stora Alvaret bietet. Gut erhalten geblieben sind auch spätere Spuren aus der jüngeren Eisenzeit im Norden, und im Gebiet um Skäftekärr wurden die Grundmauern von 18 Häusern gefunden und teilweise rekonstruiert. Ismantorp und Eketorp im Inneren der Insel sind nur zwei von gut 20 vorgeschichtlichen Burganlagen, die von der Zeit der Völkerwanderungen zeugen, in der die Menschen hinter dicken Steinwällen Schutz vor Invasoren suchten. Auch die Landwirtschaft gehörte von Anfang an dazu: Wie ein Flickenteppich breiten sich auf Öland die Felder aus. Und dort, wo der Untergrund die Pflanzen nicht so sprießen lässt, weil er entweder zu trocken, zu nass oder zu kalkhaltig ist, da ziehen Schafe und Rinder über die Weiden.

Endlos lange Mauern aus unzähligen, lose gestapelten Steinen sorgen dafür, dass die Tiere an Ort und Stelle bleiben. Einige dieser auch heute noch vorhandenen Mauern sind mehr als 1000 Jahre alt. Das auf den Feldern geerntete Getreide wurde während der Blütezeit Mitte des 19. Jahrhunderts in insgesamt 2000 Windmühlen zu Mehl verarbeitet. Das bedeutet, dass umgerechnet auf zehn bis 20 Einwohner eine Mühle kam. Diese Bockwindmühlen, bei denen die gesamte Konstruktion auf einem Pfahl steht und in den Wind gedreht werden kann, schieben sich auch heute noch überall auf der Insel ins Blickfeld. Immerhin sind rund 350 Ölandmühlen erhalten geblieben. »Insel der Windmühlen« ist daher ein Beiname, den Öland nicht umsonst trägt. Am Südende des Dorfes Lerkaka reihen sich beispielsweise fünf dieser Bockwindmühlen nebeneinander auf, von denen eine immer besichtigt werden kann.

Geheimtipp: BLÅ JUNGFRUN – EILAND IM KALMARSUND

Nur 86 Meter hoch und gerade einmal ein Kilometer im Durchmesser. Das ist nicht üppig. Und doch lohnt eine Fahrt zur unbewohnten Insel Blå Jungfrun, die zwischen der Ostseeküste Schwedens und der Nordspitze von Öland liegt. Auf kleinstem Raum bietet die »Blaue Jungfrau« völlig verschiedene Landschaften. Rote Klippen zum Beispiel, die steil ins Meer abfallen im Norden und ein romantisches Kiefernwäldchen, in dem sich Fledermäuse und Hasen als einzige Säugetiere tummeln, im Süden. Dann noch Felsen am Ufer, welche die Brandung glatt gewaschen hat. Schließlich tiefe Klüfte, ein Steinlabyrinth und einige Höhlen. All das lässt sich im Nationalpark auf einem Rundwanderweg erkunden, der vom Strand über die höchste Erhebung wieder zum Bootsanleger zurückführt.

Anreise: Von Uskarshamn auf dem Festland und Byxelkrok auf Öland fahren in den Sommermonaten meist morgens kleine Schiffe zur Insel Blå Jungfrun. Eine Platzreservierung ist empfehlenswert: Tel. 0485/240 05.

Ungewöhnliche Formen im Trollwald

Nicht verpassen

Von Kalk geprägt

Landwirtschaft zu betreiben war und ist auf Öland nicht immer einfach. Denn während das schwedische Festland überwiegend aus Granit und Gneis besteht, ist Öland ein gigantischer Kalkfelsen, der in der Ostsee liegt. Und es ist dieses hellgraue Gestein, das einen über die Insel begleitet, denn an vielen Stellen befindet sich der Kalk gerade einmal zentimeterdünn unter dem Erdreich. Die Neptuni åkrar nördlich von Byxelkrok ganz in der Nähe des Leuchtturms Langer Erik sind ein Beispiel hierfür. Eigentlich ist der Name, der auf den Naturforscher Carl von Linné zurückgeht, völlig irreführend. Denn auf den Feldern des Meeresgottes Neptun wächst meist nichts. Allenfalls im Sommer der Natternkopf, eine wunderschöne Pflanze mit tiefblauen Blüten. Trotzdem gehört der Strand zu den am häufigsten besuchten Zielen auf der Insel. Tausende und Abertausende von hellen, fast weißen Steinen hat das Meer am Strand aufgeschüttet.

Parade der Felssäulen

Kalk spielt auch die Hauptrolle bei den Byrum Raukar: Wie Wachtposten reihen sich im Nord-

TROLLSKOGEN – ARTENREICHER LEBENSRAUM

An der Nordspitze von Öland gibt es keine Trolle. Auch wenn der Name Trollskogen, mit dem sich die Gegend schmückt, etwas anderes suggeriert. Der wörtlich übersetzte Trollwald ist tatsächlich einfach nur ein Stück fantastischer Natur. Direkt am Strand stehen windzerzauste Bäume, die den Herbststürmen der Ostsee an diesem exponierten Standort widerstehen. Das Geäst muss sich aber der Kraft des Windes beugen, sodass die Kiefern hier krumm und schief in der Landschaft stehen. Auch etliche Eichen haben hier ihr Zuhause gefunden und erinnern an die Zeit, als Bauern ihr Vieh noch an der Nordspitze Ölands grasen ließen. Zwischen den Kiefern und Eichen hat sich ein reichhaltiges Tier- und Pflanzenleben entwickelt. So wachsen auf dem kalkigen Untergrund Karlszepter und Hundskerbel. Auch Flechten gedeihen im Naturreservat, in dem Pilze und Algen eine für beide Seiten gewinnbringende Gemeinschaft eingegangen sind.

Öland

westen von Öland entlang eines 600 Meter langen Küstenstreifens etwa 120 mehr oder weniger frei stehende Felssäulen aneinander. Besonders beeindruckend sind diese sogenannten Raukar im Morgen- oder Abendlicht, wenn die rötlichen Sonnenstrahlen und lange Schatten ein kontrastreiches Wechselspiel aufführen. Die imposanten Felstürme sind bis zu vier Meter hoch und verdanken ihre Entstehung dem Wind und vor allem den Wellen, welche die einzelnen Gesteinsschichten unterschiedlich stark abgetragen haben. Noch viel ausgeprägter ist dieses Phänomen auf der Insel Gotland vertreten.

Weltkulturerbe Stora Alvaret

Einzigartig in Europa ist die Kulturlandschaft Stora Alvaret, die sich über den südlichen Teil von Öland erstreckt und mit einer Fläche von 300 Quadratkilometern etwa 25 Prozent der gesamten Insel einnimmt. Typisch für diese Kalkheide ist, dass die Erdschicht meist dünn und die Entwässerung mangelhaft ausfällt, sodass die Pflanzen hier im Sommer großer Dürre, im Frühjahr und Herbst starken Überschwemmungen ausgesetzt sind. Entsprechend erscheint die Flora hier auf den ersten Blick sehr karg.

Bei genauerem Hinsehen lässt sich aber erkennen, dass es trotz dieser widrigen Bedingungen einigen seltenen Pflanzen gelungen ist, hier heimisch zu werden. Beispielsweise wachsen das Bergsonnenröschen und der Alvar-Beifuss ausschließlich auf Öland, während das Bergrispengras, Bergnelken sowie einige Flechten und Moose typische Bewohner einer Kalkheide sind. Zu finden sind aber auch die Gemeine Kugelblume und der Krainer Hahnenfuß, die beide eigentlich in südosteuropäischen Gebieten zu Hause sind. Und auch das für die Insel charakteristische Strauchfingerkraut hat

Oben: Bei Byrum haben Wind und Wellen fantastische Formen aus Kalk geschaffen.
Unten: Mohnwiesen setzen im Frühsommer im Stora Alvaret Farbkontraste.

Oben: Innenhof der Schlossruine Borgholm
Mitte: Historische Ausgrabungsstücke im kleinen Museum der Schlossruine
Unten: Prachtbauten und kleine Holzhäuser wechseln sich im Stadtbild von Borgholm ab.

Öland & Gotland

Artverwandte in Sibirien. Zudem gibt es 35 verschiedene Orchideenarten auf Öland. An den Alvaret-Seen nisten See- und Stelzvögel, und auch Zugvögel wie der Alpenstrandläufer, die Ringelgans oder auch der Kranich lassen sich in diesem Gebiet nieder. Insgesamt wurden bereits 400 Vogelarten beobachtet, von denen etwa 150 regelmäßig hier brüten. Voraussetzung für die einzigartige Flora und Fauna des Stora Alvaret ist neben dem Kalksteingrund aber vor allem der Mensch – oder um genauer zu sein, seine Weidetiere. Diese sind notwendig, um die Kalkheide in genau der Form zu erhalten, die sie nun schon seit Jahrhunderten hat. Denn schon heute ist deutlich zu sehen: Überall dort, wo keine Weidetiere mehr eingesetzt werden, macht sich in enorm schnellem Tempo der Wacholder breit, was zu zunehmender Verbuschung, Verwaldung und schließlich zur Verdrängung der Artenvielfalt führt. Daher hat die UNESCO nicht nur die hiesige Natur, sondern auch das kulturelle Agrarumfeld als Welterbe deklariert, zu denen ebenfalls die für Öland typischen Reihendörfer entlang einer Dorfstraße zählen.

GUT ZU WISSEN

SCHLOSS SOLLIDEN

Nur einen Steinwurf von der Schlossruine Borgholm entfernt befindet sich das kleine Schlösschen Solliden, die Sommerresidenz der königlichen Familie. Für die Öffentlichkeit zugänglich ist ein Teil des dazugehörigen Parks, der liebevoll angelegt und in Englischen Garten, Holländischen Garten und einen wild bewachsenen Bereich eingeteilt ist. Wer gemütlich durch den Park schlendert, braucht aber nicht einmal eine Stunde, sodass sich das Eintrittsgeld kaum lohnt. Aber wer weiß: Vielleicht erhaschen Sie ja einen Blick auf die Royals.

Öland

Einfach gut!

»Schönste Ruine des Nordens«

Ein Magnet für Touristen ist auf Öland die kleine Stadt Borgholm. Restaurants und Cafés, Souvenirläden und auch ein wenig Jahrmarktatmosphäre bringen südliches Flair auf die Insel. In der Nachbarschaft befinden sich außerdem zwei der beliebtesten Touristenattraktionen des Eilands: Das Schloss Solliden und die Schlossruine Borgholm, deren Geschichte bis in das Mittelalter zurückgeht. Im 12. Jahrhundert wurde hier zunächst ein Burgfried errichtet. Aufgrund der strategischen Bedeutung in den Kriegen zwischen Schweden und Dänemark wurde die Anlage ständig weiter ausgebaut. Im 16. Jahrhundert ließ Johan III. (1537–1592) große Teile der mittelalterlichen Festung abreißen und stattdessen ein großes Schloss in Viereckform und mit mächtigen Ecktürmen errichten.

Im Zuge des Kalmarkrieges (1611–1613) wurde es aber schwer beschädigt, sodass Karl X. Gustav (1622–1660), der sich im Jahr 1651 als schwedischer Thronfolger auf Öland niederließ, den Umbau in einen Barockpalast anordnete. Dieses Vorhaben dauerte Jahrzehnte und wurde auch von seinen beiden Nachfolgern nur mäßig vorangetrieben, bis die Arbeiten 1709 aufgrund finanzieller Nöte und dem Verlust der Großmachtstellung Schwedens eingestellt wurden. Man überließ das Schloss, das nie richtig fertig wurde, in den folgenden Jahrhunderten zum großen Teil sich selbst, sodass es immer mehr verfiel. Erst Ende des letzten Jahrhunderts begannen die Öländer damit, das als »schönste Ruine des Nordens« bekannte Gebäude wiederzubeleben – mit umfassenden Restaurierungsarbeiten, touristischen Angeboten und einem Museum. Das Schloss wird im Sommer auch als Veranstaltungslokal vermietet.

EKETORP – ZURÜCK IN DIE EISENZEIT

Im Süden Ölands befindet sich die rekonstruierte Burganlage Eketorps Borg, die insbesondere für Familien mit Kindern einen Abstecher wert ist. Denn das komplett aufgebaute Bauerndorf, das von einer fünf Meter hohen Ringmauer aus Stein umgeben ist, veranschaulicht auf spielerische Weise, wie das Alltagsleben von der Eisenzeit bis ins Mittelalter auf Öland aussah. Die Besucher dürfen nicht nur die Wohnstätten, Viehställe und Sammelplätze betreten, sondern auch an Aktivitäten wie Bogenschießen und Brotbacken teilnehmen. Besonders beliebt bei den Kindern sind auch die gefleckten Schweine, die Hühner und Gänse sowie die Gotländischen Schafe und Kühe, die sich im Dorf frei bewegen. Eben genau so, wie es früher war. Führungen durch das Dorf sind im Eintritt inbegriffen, ebenso wie der Besuch des kleinen Museums, in dem einige vorgeschichtliche Funde aus den Grabungen vor Ort anschaulich präsentiert werden. Eketorps Borg ist von Ende April bis Anfang September für Privatpersonen geöffnet.

Mystisch wirken die Kiefern im Trollwald im Abendlicht.

Öland & Gotland

Infos und Adressen

INFORMATION
Ölands Turistbyrå. Träffpunkt Öland 102, Färjestaden, Tel. 0485/890 00, info@oland.se, www.oland.se

ÜBERNACHTEN
Hotell Borgholm. Charmantes Hotel im typisch schwedischen Holzvillenstil mit gemütlichem Innenhof und Garten. Zimmer stehen in vier unterschiedlichen Hotelbereichen zur Verfügung. Trädgårdsgatan 15–19, Borgholm, Tel. 0485/770 60, www.hotellborgholm.com

Guntorps Herrgård. Gemütliches 4-Sterne-Hotel unweit von Borgholm auf einem alten Herrensitz. Besonders stilvoll sind die sogenannten »Sekelskiftsrum« im Haupthaus. Guntorpsgatan, Borgholm, Tel. 0485/130 00, www.guntorpsherrgard.se

Alvargården. Kleines, gemütliches Bed & Breakfast direkt am Rand des Welterbes Stora Alvaret. Es stehen zwei Zimmer mit eigenem Bad, zwei Zimmer mit eigenem WC und Gemeinschaftsdusche sowie zwei Zimmer mit geteiltem Bad zur Verfügung. 2011 wurde hier auch ein kleines Hofcafé eröffnet. Kastlösa Alvargården, Mörbylånga, Tel. 0485/420 75, www.alvargarden.se

ESSEN UND TRINKEN
Hotell Borgholm. Sehr gutes Restaurant in Borgholm. Die Küchenchefin Karin Fransson ist in Schweden eine Kochikone und hat schon viele Nachwuchstalente angelernt. Geöffnet dienstags bis samstags ab 18 Uhr, mittwochs bis freitags wird von 11.30–13.45 Uhr Mittagessen serviert. Trädgårdsgatan 15–19, Borgholm, Tel. 0485/770 60, www.hotellborgholm.com

Halltorps Gästgiveri. Gemütliches Restaurant im Ambiente des 18. Jahrhunderts. Spezialitäten sind hier Lamm, Fisch und Suppen, die auf öländischer Tradition basieren. Ganzjährig geöffnet. Hier werden auch Zimmer angeboten.

An der Südspitze Ölands wacht der Leuchtturm »Långe Jan«.

Öland

Landsvägen Halltorp 105, Borgholm,
Tel. 0485/850 00, www.halltorpsgastgiveri.se
Café & Karamellkokeri. Kleines gemütliches Café in einer ehemaligen Dorfschule mit Selbstgebackenem. Außerdem stellen die deutschen Betreiber hier Bonbons in Handarbeit her, wobei die Gäste zuschauen können. Die fertigen Zuckerwaren können hier natürlich auch erworben werden. Im Sommer fast täglich geöffnet, in den übrigen Monaten oft an den Wochenenden. Bredsättra 6, Köpingsvik, Tel. 0485/751 15
Kroppkakor sind das Nationalgericht auf Öland: Kartoffelklöße, die mit einer Speck-Zwiebel-Mischung gefüllt werden. Als Beilage wählt man Preiselbeerkompott, Sahne oder zerlassene Butter. Entlang der Straßen tauchen auf Öland immer wieder Hinweisschilder mit der Bezeichnung »Kroppkakor« auf, da sich die Klöße sehr gut zum Mitnehmen eignen. Bei den Einheimischen favorisiert sind vor allem:
Ninnis Kroppkaksbod. Hausgemachte Kroppkakor mit Zutaten, die vom eigenen Hof stammen. Auch vegetarische Kroppkakor werden angeboten. Im Sommer geöffnet dienstags bis samstags 11–18 Uhr, im restlichen Jahr donnerstags und samstags 11–17 Uhr. Källa Hagelstad, Löttorp, Tel. 0485/273 00, www.ninniskroppkaksbod.se
Arontorps Kroppkakor & Mat. Einfaches Restaurant, in dem mittags täglich wechselnde Hausmannskostgerichte und Kroppkakor angeboten werden – auch zum Mitnehmen. Ganzjährig täglich geöffnet. Algutsrum 182, Färjestaden, Tel. 0485/388 87

AKTIVITÄTEN

Öland eignet sich hervorragend zum Fahrradfahren, da die flache Landschaft kaum Steigungen aufweist. Daher gibt es gerade in den größeren Ortschaften auch zahlreiche Anbieter von Mietfahrrädern. Bitte beachten: Die Ölandbrücke darf mit dem Fahrrad nicht befahren werden. Wer mit dem Rad aufs Festland wechseln will, ist ab Kalmar entweder auf Busse oder im Sommer auf die Fahrradfähre angewiesen. Auch für leichte Wanderungen bietet sich die flache Landschaft Ölands an, die durch zahlreiche Wanderwege durchzogen ist. Insbesondere das Stora Alvaret lässt sich am besten zu Fuß erkunden. Gutes Kartenmaterial und Kompass sind dabei zur Orientierung aber unerlässlich!

SEHENSWÜRDIGKEITEN
Schlossruine Borgholm
Geöffnet täglich April–September ab 10 Uhr. Im Herbst und Winter nur zu bestimmten Events, beispielsweise zum Weihnachtsmarkt Anfang Dezember. Führungen, die im Eintrittspreis inbegriffen sind, finden einmal täglich um 12 Uhr statt, in der Hauptsaison auch um 15 Uhr. Hunde dürfen ins Schloss mitgenommen werden. Borgholms Slott, Sollidenvägen 5, Borgholm, Tel. 0485/885 00, www.borgholmsslott.se
Ölands Museum Himmelsberga
Himmelsberga ist ein Freilichtmuseum für die öländische Kulturgeschichte, Kunst und Kunsthandwerk. Das Museum, das sich aus gut erhaltenen Bauernhöfen aus dem 18. und 19. Jahrhundert zusammensetzt, bietet außerdem eine Kunsthalle, einen Dorfladen und ein Café. Geöffnet täglich von Anfang Juni bis Ende August sowie an einzelnen Wochenenden.
Ölands Museum Himmelsberga, Borgholm, Tel. 0485/56 10 22, www.olandsmuseum.com
Ottenby Vogelstation & Långe Jan
An der Südspitze Ölands befindet sich nicht nur Skandinaviens höchster Leuchtturm »Långe Jan«, sondern auch die Vogelstation und das Informationszentrum Ottenby. Hier versammeln sich im Frühjahr und Herbst Tausende von Vogelbeobachtern, um den Zug der Vögel mit zu verfolgen. Ottenby gilt als der Platz in Schweden, an dem die meisten seltenen Vogelarten gesichtet werden. Die Vogelstation ist von Anfang März bis Anfang November geöffnet.

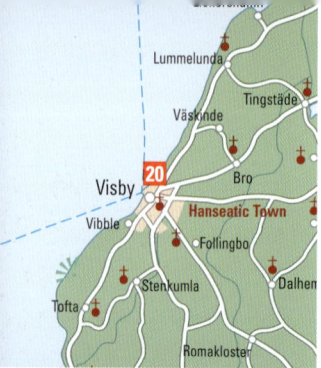

Öland & Gotland

20 Visby & der Süden
Faszinierende Ostseeinsel

Geschichte auf Schritt und Tritt, weiße Sandstrände, skurrile Kalksteinformationen, steile Klippen und lebendiges Wikingererbe: Die größte Insel Schwedens ist eine Welt für sich – rau und doch auch mit sanften Seiten, voller Traditionen und dennoch immer wieder überraschend anders. Im Mittelalter war Gotland ein bedeutender Handelsplatz, wovon heute noch zahlreiche historische Bauten und Funde zeugen.

Mythen ranken sich um die Insel, die der Sage nach verzaubert gewesen sein soll. Nur nachts reckte sie ihre Felsen über den Meeresspiegel und tauchte tagsüber in den Ostseewellen unter. Doch dann kam ein Mann namens Tjelvar und entfachte ein Feuer auf der Insel – der Bann war gebrochen, Gotland von nun an immer sichtbar. Diesem Tjelvar muss man dankbar sein. Denn es würde eine einzigartige Insel in der Ostsee fehlen, würde Gotland immer noch unter Wasser sein. In der Sage ist jedoch auch ein Körnchen Wahrheit: Die Strandwälle lassen erkennen, dass der Wasserspiegel einmal erheblich höher war. Besiedelt wurde die heute 314 Quadratkilometer große Insel schon vor 8000 Jahren. Davon zeugen beispielsweise Schiffssetzungen aus der Bronze- und prächtige Bildsteine aus der Eisenzeit. Im Mittelalter erlebte Gotland dann seine Blütezeit, und insbesondere die an der Westküste gelegene Stadt Visby wurde zum Handelszentrum für den gesamten Ostseeraum. Die Geschäfte gingen gut, wie zahlreiche Silberschätze zeigen. Ausländische Kaufleute, vor allem Deutsche, beherrschten den Handel, scherten sich jedoch nicht um die Landbevölkerung der Insel. Die Händ-

Oben: Mächtige Türme in der Stadtmauer schützten die Bewohner von Visby vor Überfällen.
Unten: An der Ringmauer in der Altstadt von Visby

Schiffssetzung bei Gannarve aus der Bronzezeit

ler schotteten sich hinter einer Ringmauer ab, die ab dem 13. Jahrhundert errichtet wurde. Als ein dänisches Invasionsheer 1381 gegen die Bauerntruppen der Insel zu Felde zog, verschanzten sich die reichen Händler hinter den Stadttoren von Visby und schauten zu, wie die Gotländer von den Dänen niedergemetzelt wurden. Doch im Laufe der Jahrzehnte schwand der Einfluss von Gotland. Im Jahr 1525 wurde durch einen Überfall der Lübecker der Niedergang der Insel besiegelt: Sie brannten Visby nieder.

Lebendiges Welterbe

Vieles in der Inselhauptstadt Visby wurde Opfer der Flammen. Doch glücklicherweise hatten die reichen Händler ihre Häuser schon früh aus Stein errichtet, sodass etliche Gemäuer dem Feuer widerstanden. Allen voran die 3,4 Kilometer lange Ringmauer aus Kalkstein, die in Nordeuropa ihresgleichen sucht und mitsamt des historischen Stadtkerns seit 1995 zum Weltkulturerbe der UNESCO zählt. Wie vor Jahrhunderten schließt die Mauer auch heute noch die Altstadt zur Landseite ein – mit einer Höhe von bis zu 12 Metern, drei Haupttoren, über 50 Haupt- und Satteltürmen sowie Wallgräben, die die Mauer umgeben. Fast jeder Turm hat seinen eigenen Namen und eine damit verbundene Geschichte, die sich bei geführten

Nicht verpassen

WELTWEIT GRÖSSTER SILBERSCHATZ DER WIKINGERZEIT

Die Wikinger versteckten ihre Schätze überall auf Gotland – bislang sind an mehr als 700 verschiedenen Orten auf der Insel Münzen und Schmuck ausgegraben worden. Kein Wunder, dass viele gotländische Landwirte den Atem anhalten, wenn sie tiefer graben müssen als gewohnt. Denn sollten sie etwas finden, kommen die Archäologen, und dann ist es erst einmal vorbei mit dem landwirtschaftlichen Vorhaben. Erst 1999 stieß ein Bauer beim Pflügen auf den bisher größten und prächtigsten Fund: den Spillings-Schatz, der sensationelle 67 Kilogramm auf die Waage brachte und der der bislang weltweit größte Silberschatz der Wikingerzeit ist. Er hat 2007 im Museum Gotlands Fornsal in Visby eine eigene »Schatzkammer« erhalten. Hier ist auch eine weitere Auswahl der schönsten Wikingerschätze ausgestellt. Das Museum ist ganzjährig täglich von 10–18 Uhr geöffnet.

Museum Gotlands Fornsal. Strandgatan 14, Visby, Tel. 0498/29 27 00, www.gotlandsmuseum.se

Öland & Gotland

EXKLUSIVES WOHNEN IM MITTELALTER-STIL

Einfach gut!

Viele der Hotels in der Innenstadt von Visby liegen in Gebäuden mit Tradition. So auch das Mittelalterhotel Hotel Helgeand Wisby. Hier fand man schon vor 800 Jahren Unterkunft – wenn auch mit Sicherheit deutlich weniger komfortabel als heute. Insgesamt 14 individuell gestaltete Gastzimmer stehen zur Verfügung. Der Keller stammt nachweislich aus dem 13. Jahrhundert, und die Außenwände datieren auf das 14. Jahrhundert. Der neuere Teil des Hotels wurde im 18. Jahrhundert erbaut, und die Einrichtung und Innengestaltung stammen zwar zum größten Teil nicht aus so alten Zeiten, verbreiten aber zumindest ein altehrwürdiges Flair. Das privat betriebene Hotel ist ganzjährig geöffnet.

Hotel Helgeand Wisby,
N:a Kyrkogatan 3–7, Visby,
Tel. 0498/29 12 30,
www.hotelhelgeand.se

Touren entlang der Mauer entdecken lassen.

Das imposante Bauwerk lässt sich aber auch auf eigene Faust auf schönen Fußwegen durch das parkähnliche Gelände außerhalb der Mauer auf der Nord- und Ostseite erkunden. Im Innern der Ringmauer gibt es ebenfalls viel zu entdecken –, denn ein Spaziergang durch die historische Innenstadt Visbys lässt das Mittelalter wieder lebendig werden. Typisch für das Stadtbild ist die großartige Steinhausarchitektur: An die 200 historische Steingebäude sind noch ganz oder teilweise bewahrt, und an mehreren Stellen der Stadt erheben sich immer noch die Handelshäuser mit Treppengiebeln, Hochkellern und stattlichem Fassadendekor in gotischem Stil. Bewahrt sind zahlreiche Holzgebäude aus dem 17. und 18. Jahrhundert mit Fachwerk oder in Bohlenständerbauweise. Nicht minder ins Auge fallend sind auch die vielen Kirchen und Klöster von Visby. Schließlich musste in einer so wichtigen Handelsstadt auch für das Seelenheil gesorgt werden. Zahlreiche Kirchen lagen hier dicht beieinander, von denen elf heute noch als Ruine zu sehen sind. Dazu zählen beispielsweise die Sankta-Katarina-Kirche am Stora Torget, die Sankt-Nicolai-Kirche und die Sankt-Clemens-Kirche, vermutlich eine der ältesten Kirchen der Stadt aus dem 12. Jahrhundert.

Rosen und Ruinen

Überall trifft man auf die Überreste der damaligen Zeit, die teilweise ins moderne Leben einbezogen werden – zum Beispiel, wenn im Juli unter den gotischen Gewölberippen von Sankta Katarina das jährliche Kammermusik-Festival stattfindet. Zwischen den Säulen- und Mauerresten von Sankt Hans kann man sich hingegen im Sommer ganz gemütlich zu Kaffee und Kuchen oder zum Mittages-

In der Altstadt von Visby

Visby & der Süden

Entdeckungstour innerhalb der Ringmauer

Ⓐ Fiskarporten & Kruttornet – Das Fischertor wurde wahrscheinlich im 15. Jh. nachträglich gebaut. Der daneben befindliche Kruttornet (Pulverturm) wurde schon im 12. Jh. als Verteidigungsturm errichtet.

Ⓑ Ruine Sankt Clemens – Die Sankt-Clemens-Kirche stammt aus dem 12. Jh. und zählt zu den ältesten Kirchen der Stadt.

Ⓒ Ruine Sankt Nicolai – In den 1230er-Jahren entstand diese Klosterkirche. In der Ruine finden gelegentlich klassische Konzerte statt.

Ⓓ Norderport – Das Nordtor zählt zu den ältesten der Ringmauer. Es war früher mit einem massiven Holztor und Fallgitter versehen.

Ⓔ Sankta Maria Domkyrka – Die Domkirche, im 12. Jh. mit Geldern der deutschen Bürger und Kaufleute von Visby errichtet, ist die einzige Kirche in Visby, die wieder aufgebaut wurde.

Ⓕ Ruine Sankta Katarina – Sankta Katarina war vermutlich Gotlands reichste Kirche.

Ⓖ Strandgatan – Hier schlug der Puls des mittelalterlichen Visby.

Ⓗ Ruinen Sankt Hans & Sankt Per – Wand an Wand befanden sich hier die beiden Kirchen Sankt Hans und Sankt Per.

Ⓘ Österport – Das Osttor ist eines der ältesten Tore der Stadt. Der mächtige Turm wurde bei einem Brand im Jahr 1610 beschädigt.

Öland & Gotland

sen niederlassen und zusätzlich die einmalige Atmosphäre genießen. Kein Wunder also, dass Visby auch den Beinamen »Stadt der Ruinen« trägt – ebenso wie »Stadt der Rosen«, die hier aufgrund des milden Klimas bis in den Dezember hinein blühen.

Leben wie die Wikinger

Gotland ist gerade einmal 176 Kilometer lang und maximal 50 Kilometer breit, was es sehr einfach macht, die Insel zu erkunden. Wer Visby auf der Straße 140 Richtung Süden verlässt, kommt schon nach wenigen Kilometern zu einem der schönsten Aussichtspunkte der Insel: Högklint. Von dieser 48 Meter hohen Klippe eröffnet sich ein toller Blick bis nach Visby. Wenige Kilometer weiter südlich befindet sich in Tofta das Wikingerdorf Vikingabyn, das insbesondere für Kinder ein schönes Erlebnis bietet. Denn hier können sie »echte« Wikinger treffen, schmieden, Schmuck und Lederwaren herstellen und weitere Wikingeraktivitäten ausprobieren.

Magisch-schöne Küste

Eine der ehemals größten Fischersiedlungen der Insel ist in Gnisvärd in der Nähe des beliebten Ba-

Oben: Kirchenruine Drottens unweit des Stora Torget
Unten: Hafen von Visby mit historischen Gildehäusern im Hintergrund

GUT ZU WISSEN

VILLA KUNTERBUNT IN KNEIPPBYN
Auf Gotland wurde ein großer Teil der beliebten Pippi-Langstrumpf-Filme gedreht. Geblieben ist davon unter anderem die originale Film-Villa-Kunterbunt, die sich in der Freizeitanlage Kneippbyn befindet. Was im Film groß und geräumig aussieht, ist jedoch ziemlich klein und für viele Kinder eher enttäuschend. Das Eintrittsgeld für die Anlage lohnt sich aber, wenn man mindestens einen halben Tag in dieser freibad-ähnlichen Einrichtung verbringen möchte.

Kalksteinplateau im Naturreservat Hoburgen

destrands Toftastrand zu finden. Noch heute stehen unmittelbar neben dem kleinen Hafen dicht an dicht alte Fischerhäuser aus der ersten Hälfte des 20. Jahrhunderts. In Gnisvärd gibt es außerdem Gotlands größte erhaltene Schiffssetzung, die ganze 45 Meter lang ist. Nach Meinung vieler befindet sich einer der schönsten Plätze Gotlands aber noch ein Stück weiter südlich: Von Djupvik im Norden bis Hammarudden im Süden erstreckt sich das Naturreservat Ekstakusten. Dieser Küstenabschnitt, der sich wunderbar für Spaziergänge eignet, ist geprägt von glatt geschliffenen Steinstränden, die im Abendlicht rötlich schimmern. Wer hungrig und durstig ist, sollte im Anschluss einen Zwischenstopp auf dem Gut Vingård in Hablingbo einlegen, dem nördlichsten kommerziellen Weingut der Welt.

Die meisten Besucher zieht es im Süden aber nach Hoburgen, einer Anhöhe an der Südspitze Gotlands mit bekannt fantastischer Aussicht und einem besonderen Kalkstein, der rötlich schimmert und als »Hoburgsmarmor« bezeichnet wird. Und natürlich gibt es hier auch den Hoburgsgubben, einen der bekanntesten Raukfelsen der Insel. Er steht einsam auf einer Klippe, und mit etwas Fantasie lässt sich in seiner Silhouette der zerfurchte Kopf eines Riesen erkennen.

Nicht verpassen

SCHWEDENS GRÖSSTER MITTELALTER-EVENT

Alljährlich in der Kalenderwoche 32 rückt die Gegenwart auf Gotland auf die Seite und macht der Vergangenheit Platz: Wenn der Startschuss für die Mittelalterwoche fällt, ist die Insel – und insbesondere Visby – bevölkert von Rittern, Kaufleuten und Gauklern sowie Jungfrauen, Minnesängern, Bauern und Bettlern. Programmpunkte wie Turnierspiele, ein großer Markt, Theater, Lesungen und Feuerspiele sowie eine große Festtafel auf dem Marktplatz von Visby werden geboten. Ein Highlight sind die liebevoll hergestellten Kostüme, von denen es während der Mittelalterwoche nur so wimmelt – dem mittlerweile größten Mittelalter-Event des Landes. Entsprechend problematisch kann sich für Kurzentschlossene die Suche nach einer Unterkunft gestalten, denn für diesen Zeitraum ist die Insel meist ausgebucht. Richtige Mittelalter-Enthusiasten wohnen hingegen in einem Zeltlager in Styringheim oder Nordrike: Das Essen wird auf dem offenen Feuer zubereitet, moderne Kleidung ist verpönt.

Öland & Gotland

Infos und Adressen

Nahe dem Naturreservat Hoburgen

INFORMATION
Turistbyrån på Gotland. Donners Plats 1, 62157 Visby, Tel. 0498/20 17 00, info@gotland.com, www.gotland.com

ÜBERNACHTEN
Clarion Hotel Wisby. 4-Sterne-Hotel in der Altstadt von Visby, das mit einer Kombination aus mittelalterlichem Ambiente unter Kreuzgewölben und modernem Design lockt. Nach umfassenden Erweiterungsmaßnahmen zählt das Hotel nun 212 Zimmer. Strandgatan 6, Visby, Tel. 0498/25 75 00, www.clarionwisby.se

Hotell S:t Clemens. Das im Familienbesitz befindliche 3-Sterne-Hotel verteilt sich mit seinen 32 Zimmern über fünf historische Gebäude. Es befindet sich in der Altstadt von Visby in ruhiger Lage direkt neben der Kirchenruine Sankt Clemens und in der Nähe des Botanischen Gartens und der Domkirche. Smedjegatan 3, Visby, Tel. 0498/21 90 00, www.clemenshotell.se

Almedalens Hotel. Kleines familiengeführtes 3-Sterne-Hotel mit 18 individuell eingerichteten Zimmern. Es befindet sich in ruhiger Lage in der Altstadt von Visby im Park Almedalen. Strandvägen 8, Visby, Tel. 0498/27 18 66, www.almedalen.com

ESSEN UND TRINKEN
Donners Brunn. Restaurant in der Altstadt von Visby mit guter Küche sowie einem urigen, mittelalterlichen Kellergewölbe. Ganzjährig geöffnet montags bis samstags ab 18 Uhr. von Mai bis August auch sonntags. Donners Plats 3, Visby, Tel. 0498/27 10 90, www.donnersbrunn.se

Gamla Masters. Das gemütliche, bei Einwohnern beliebte Lokal ist an den Wochenenden schnell gefüllt. Geöffnet täglich 18–2 Uhr. Södra Kyrko Gatan 10, Visby, Tel. 0498/21 66 55, www.gamlamasters.com

Visby & der Süden

Bakfickan. Einfaches, kleines Fischrestaurant in der Altstadt von Visby. Hier kann man auch Fisch und Schalentiere zum Mitnehmen erwerben. Ganzjährig täglich geöffnet, montags bis freitags 11–22 Uhr, am Wochenende 12–22 Uhr.
Stora Torget 1, Visby, Tel. 0498/27 18 07, www.bakfickanvisby.se

Smakrike Krog. Gutes Restaurant eines kleinen Familienhotels in der Nähe des Badestrands von Ljugarn. Geöffnet meist von April bis Dezember zu saisonal sehr unterschiedlichen Zeiten. Ein Anruf vorab ist empfehlenswert. Claudelins Väg 1, Ljugarn, Tel. 0498/49 33 71, www.smakrike.se

Gåsens Lada. Beliebtes Sommerrestaurant im Süden der Insel mit Außenbereich und musikalischen Liveauftritten. Die meisten Gäste bevorzugen hier Hamburger unterschiedlichster Art. Von Juni bis August täglich von 12 bis 01 Uhr geöffnet. Hoburgsvägen 3, 62335 Burgsvik, Tel. 0498/497000, www.gragasen.se

EINKAUFEN

Im historischen Sankt-Hans-Viertel von Visby locken interessante Geschäfte mit Kunsthandwerk, Textilwaren, Leder und Design.

Die Domkirche Sankta Maria prägt neben der Ringmauer das Bild von Visby.

AKTIVITÄTEN

Baden. An der fast 800 km langen Küste von Gotland befinden sich unzählige Badestrände – einer der beliebtesten ist in Ljugarn.

Reiten. Gotland hat seine eigene Pferderasse, das Gotland-Pony. Nicht nur Kindern macht es Spaß, auf ihnen auszureiten. Auf der Insel gibt es zahlreiche Anbieter von Ausflügen zu Pferd oder mit der Pferdekutsche.

Themenwanderungen. Das Tourismusbüro in Visby bietet eine ganze Reihe geführter Themenwanderungen sowohl in Visby als auch auf der restlichen Insel an. Karten zu unterschiedlichen Entdeckungstouren kann man hier erwerben.

Golf. Auf Gotland gibt es insgesamt acht Golfplätze, fünf als 18-Loch-Anlage und drei als 9-Loch-Anlage. Aufgrund des milden Klimas sind die Plätze fast ganzjährig bespielbar.

Die Kalkstein-Felsenküste bei Högklint ist teilweise über 50 Meter hoch.

Öland & Gotland

21 Fårö & der Norden
Kirchen, Kalk & Naturkunst

Die vom Kalk geprägte Landschaft auf Gotland bietet zahlreiche Gegensätze. Während der südliche Bereich mit einer dicht belaubten Vegetation und Wiesen lockt, breitet sich Richtung Norden eine kargere Natur mit Heidelandschaften aus – gespickt mit zahlreichen Kirchen aus dem Mittelalter. Und auf der Insel Fårö hat die Natur ganz besondere Kunstwerke aus Kalk geschaffen.

Das Mittelalter hat nicht nur in Visby deutliche Spuren hinterlassen, sondern auch auf der ganzen Insel. Allein 92 Kirchen sind auf Gotland noch aus dieser Zeit erhalten geblieben, von denen die meisten immer noch genutzt werden. Deshalb suchen die Gläubigen in der Kirche von Bro schon seit rund 800 Jahren Schutz und Trost. Das Gotteshaus zeigt sowohl romanische als auch gotische Stilelemente, Kalkmalereien mit einer Christusdarstellung zieren die Kirchenbögen. Sehenswert ist die Kirchturmuhr aus dem 15. Jahrhundert, die eine Inschrift auf Plattdeutsch trägt. Zu den berühmtesten Sakralbauten Gotlands gehört die Kirche von Dalhem. Sie stammt aus der gleichen Zeit wie die Kirche von Bro. Wenn die Sonne scheint, leuchten die rund 800 Jahre alten Glasmalereien im Chor in geradezu überirdischer Weise auf. Interessant ist auch die Kalksteinkirche in Martebo, die zwischen Anfang des 12. bis Ende des 14. Jahrhunderts entstanden ist und so eine faszinierende Vielfalt von Stilen bietet. Neben Kalkmalereien aus dem 14. Jahrhundert wecken hier auch die drei gotischen, reich verzierten Portale Aufmerksamkeit.

Oben: Kirche von Bro aus dem 12. Jahrhundert
Unten: Aufwendige Kalkmalerei und reich verziertes Taufbecken in der Kirche von Bro

Fårö & der Norden

Aus Kalkstein geschaffen

An den mittelalterlichen Kirchen sieht man, dass Kalkstein auf Gotland von jeher ein wichtiger und wertvoller Baustoff war. Kein Wunder. Schließlich besteht die Insel ebenso wie Öland aus einer flachen Kalksteinplatte, die aus den Ablagerungen eines 400 Millionen Jahre alten tropischen Korallenriffs entstanden ist. Ja, das Klima hat sich in der Erdgeschichte immer wieder dramatisch verändert. Anderes Gestein ist hier kaum zu finden, also nutzten die Gotländer die Rohstoffe, die ihnen zur Verfügung standen. Ganze Felsblöcke wurden bisweilen aus dem Untergrund geschlagen, in großen Öfen gebrannt und später zum Hausbau verwendet.

Bei Bläse im Norden des Eilands ragen heute noch die Kamine des Kalksteinwerks in den Himmel –, die seit Mitte des 20. Jahrhunderts nicht mehr rauchen. Glücklicherweise wurde das Kalksteinwerk aber nicht abgerissen. Vielmehr kann man in den zu einem Museum umgebauten Gebäuden etliches über eine ausgestorbene Industriekultur erfahren.

Faszination Fårö

Nur durch eine schmale Meeresenge ist die Insel Fårö von der Hauptinsel getrennt. Die Fahrt mit der kostenfreien Fähre ab Fårösund dauert gerade einmal fünf Minuten. Dennoch ist Fårö anders als Gotland – die Natur noch karger, der Sand noch feiner. Niedrige Steinmauern rahmen die offene Landschaft ein, kleine Schafhütten und Strandschuppen zeugen vom früheren Haupterwerb der Inselbewohner, und das Naturschutzgebiet Ullahau beeindruckt mit seinen enormen Sanddünen, die früher einmal eine einzige Wanderdüne waren. Besonders berühmt ist Fårö aber für seine ausgedehnten Küstenabschnitte, an denen

Geheimtipp

GOTSKA SANDÖN

Wer die Einsamkeit in der Natur sucht, ist auf der kleinen Insel Gotska Sandön genau richtig. Mitten in der Ostsee, 38 Kilometer nördlich von Gotland, führt dieses neun Kilometer lange und gerade einmal sechs Kilometer breite Eiland ein beschauliches Dasein. Autos gibt es nicht und ebenso wenig Ortschaften, Häuser und Geschäfte. Hier herrscht einzig und allein die Natur. Das kleine Eiland besteht, wie bei seinem Namen unschwer zu erraten ist, aus Sand. Ein dichter Kiefernwald im Innern der Insel verhindert, dass die Ostseestürme die Gotska Sandön ins Meer blasen. An den weiten Sandstränden räkeln sich gern einmal einige Kegelrobben und Sonnenhungrige, aber ein einsames Plätzchen ist in dem Nationalpark überall zu finden. Zum Übernachten gibt es eine Touristenstation mit einfachen Hütten und Zelten für Selbstversorger. Schiffe fahren die Insel ab dem Fischerhafen in Fårösund sowie ab Nynäshamn auf dem Festland an – allerdings nur alle paar Tage.

www.resestugan.se

Öland & Gotland

Oben: Auf dem Friedhof der Kirche von Fårö liegt Ingmar Bergman begraben.
Mitte: Die »Jungfrau« ist der höchste Raukstein Gotlands.
Unten: Im Hafen von Lickershamn

es vor faszinierend geformten Kalksäulen, sogenannten Raukar, nur so wimmelt. Digerhuvud heißt das größte Raukar-Gebiet an der Westküste der Insel, das sich zwischen Lauterhorn und Helgumann kilometerweit erstreckt. Bis zu zehn Meter hoch sind diese imposanten Felsformationen, die aus hartem, widerstandsfähigem Kalk bestehen. Das ist auch der Grund, warum sie Wind und Wellen über Jahrtausende trotzen konnten. Besonders stimmungsvoll sind die Raukar, wenn die Abendsonne ihr warmes Licht auf sie wirft. Oder wenn dichter Nebel die Landschaft verhüllt und die Umrisse der Kalktürme sich unvermittelt aus dem Grau schälen. Vielleicht war es ja gerade diese besondere Atmosphäre, die den schwedischen Regisseur Ingmar Bergman bei seinem ersten Besuch 1960 so stark beeindruckte, dass er nicht nur mehrere Filme auf Fårö drehte, sondern sich hier auch ein Haus mit Panoramablick über das Meer bauen ließ und am 30. Juli 2007 auf der Insel verstarb. Fårö hat aber auch eine lieblichere Seite: An der Ostküste gibt es bei der Bucht Sudersandsviken einen fantastischen Sandstrand, und in südlicher Richtung schlängeln sich weitere Buchten und ehemalige Fischerhäuser an der Ostküste entlang.

GUT ZU WISSEN

LUMMELUNDAGROTTAN
Das Höhlensystem der Lummelundagrottan ist eine der meistbesuchten Sehenswürdigkeiten Gotlands. Bei der 30-minütigen Standardführung bekommt man allerdings nur einen speziell für Touristen ausgebauten Höhlenbereich zu sehen. Etwas teurer, dafür aber ein richtiges Höhlenerlebnis sind hingegen dreistündige Touren durch enge Kriechgänge und über unterirdische Seen tief in die Grotte hinein. Eine Anmeldung ist vorab erforderlich. Mindestalter: 15 Jahre.

Fårö & der Norden

Infos und Adressen

INFORMATION
Turistbyrån på Gotland. Donners Plats 1, 62157 Visby, Tel. 0498/20 17 00, info@gotland.com, www.gotland.com

ÜBERNACHTEN
Maven. Kleines Bed & Breakfast im Stil der 1960er-Jahre. Die Gestaltung der Zimmer ist verschiedenen Hollywoodgrößen nachempfunden. Außerdem gibt es großzügig und modern ausgestattete Ferienhäuser. Flenvikevägen 59, 62455 Lärbro/Kappelshamn, Tel. 0709/58 60 52, www.maven.se

Sudersands Semesterby. Ferienanlage am Strand von Sudersand, die sich überwiegend an Familien richtet. Ferienhäuser und einfache Zimmer im Jugendherbergsstil. Sudersand, Fårö, Tel. 0498/22 35 36, www.sudersand.se

ESSEN UND TRINKEN
Fabriken Furillen. Gutes Restaurant in der ungewöhnlichen Umgebung einer ehemaligen Kalksteinfabrik. Nur in der Sommerhauptsaison abends geöffnet. Lärbro, Tel. 0498/22 30 40, www.furillen.nu

Fåröhus Wärdshus. Ein traditionsreiches Wirtshaus auf der Insel Fårö. Im Fokus der guten Küche stehen regional produzierte Zutaten – sowohl in Sachen Hausmannskost als auch beim À-la-carte-Menü. Geöffnet von Mai bis Oktober. Fåröhus Wärdshus, gegenüber der Kirche von Fårö, Tel. 0498/22 40 10, www.farohus.se

SEHENSWÜRDIGKEITEN
Bläse Kalkbruksmuseum. Das Kalksteinwerksmuseum in Bläse hat nur von Juni bis Ende August geöffnet, dann aber täglich.
Fleringe Bläse 325, Lärbro, Tel. 0498/22 46 62, www.blasekalkbruksmuseum.se

Jungfruklint. Westlich von Lickershamn befindet sich das Raukar-Feld, auf dem sich Gotlands höchste Kalksäule in den Himmel reckt: Jungfruklint. Etwa 11 m hoch ist die »Jungfrau«, um die sich die Sage eines berührenden Liebesdramas rankt.

Der »Hund« zählt zu den berühmtesten Rauksteinen auf Fårö.

STOCKHOLM & UMGEBUNG

22	Stockholm	144
23	Stockholm – Gamla Stan	154
24	Stockholm – Schärengarten	162
25	Stockholm – Schloss Drottningholm	168
26	Birka	172
27	Historisches Uppsala	174
28	Sigtuna	176
29	Schloss Gripsholm & Mariefred	180
30	Trosa & Stendörren	184
31	Nyköping	188
32	Schärenwelt von Gryt & Tjust	190

Stockholm & Umgebung

22 Stockholm
Schönheit auf 14 Inseln

Als »Venedig des Nordens« wurden schon einige Städte bezeichnet, aber kaum eine mit so viel Berechtigung wie Stockholm. Denn genau wie ihr südliches Pendant wird die schwedische Hauptstadt von einem geprägt: dem Wasser.

Für die Stockholmer ist es ein gewohnter Anblick, für die Touristen ein Kuriosum, das es verdient, mit der Kamera festgehalten zu werden: Mitten im Herzen von Stockholm zwischen dem Königlichen Schloss und der Oper stehen zwischen den Brücken rund um den Norrström immer wieder Angler verteilt, die nach Lachsen und Forellen fischen. Und auch in anderen Teilen der Stadt gehören die Freizeitfischer ganz einfach zum Stadtbild dazu. Die Stockholmer Innenstadt liegt immerhin auf 14 Felsinseln und hat mittlerweile 57 Brücken – schließlich besteht ein Drittel der Stadtfläche aus Wasser. Das ist auch ein Grund, warum das Boot ein ideales Transportmittel ist, um zwischen den Inseln zu pendeln. Im Zentrum Stockholms ist man am besten zu Fuß unterwegs oder – bei weiteren Strecken – mit der U-Bahn, der sogenannten Tunnelbana. Schon allein aufgrund der künstlerischen Ausgestaltung vieler U-Bahn-Stationen ist eine solche Fahrt einen eigenen Programmpunkt wert.

Seite 142/143: Blick auf Riddarholmen vom Turm des Stadshuset, Stockholm
Oben: Der Strandvägen ist die teuerste Adresse der Stadt.
Unten: Blick von der Skeppsholmsbron

Grüne Metropole

Außer vom Wasser ist die schwedische Hauptstadt aber auch von sehr viel Grün geprägt, denn der weltweit erste Nationalstadtpark zieht sich über zehn Kilometer an der Stadt entlang und durchquert sie sogar. Dieser sogenannte Ekoparken um-

Stockholm

fasst eine Fläche von 27 Quadratkilometern und erstreckt sich von den Inseln Skeppsholmen und Fjäderholmarna über die königlichen Parks Djurgården, Haga und Ulriksdal sowie den See Brunnsviken bis nach Sörentorp im Norden. Hier bieten sich nicht nur ausgedehnte Spaziergänge an, sondern auch die unterschiedlichsten Outdoor-Aktivitäten wie Kajak oder Mountainbike fahren. Gleichzeitig befinden sich im Ekoparken auch zahlreiche Sehenswürdigkeiten. Auf der Museumsinsel Djurgården, dem ehemaligen königlichen Jagdgebiet der Stadt, sind neben einer weitläufigen Natur gleich mehrere der beliebtesten Touristenattraktionen zu finden. Ein Muss ist hier das Vasamuseum mit dem Regalschiff »Vasa«, das im Jahr 1628 bei seiner Jungfernfahrt vor dem Stockholmer Hafen sank. Nachdem es 333 Jahre lang in 32 Metern Tiefe auf Grund gelegen hatte, wurde es 1961 gehoben und bekam nach jahrelanger Restaurierung sein eigenes Museum. Direkt gegenüber thront das imposante Gebäude des Nordischen Museums, und nur ein paar Schritte weiter steht man am Eingang zum Skansen, dem ältesten Freilichtmuseum der Welt, das 1891 eröffnet wurde. Im Sommer wird hier musiziert und getanzt, in der Adventszeit ein stimmungsvoller Weihnachtsmarkt mit vielen Buden aufgebaut, aus denen es nach Pfefferkuchen und der süßen Glühweinvariante »Glögg« duftet.

Moderne Stadt voller Kontraste

Von der Insel Djurgården empfiehlt sich ein Spaziergang entlang des Wassers zurück Richtung Innenstadt. Während sich auf der linken Seite zahlreiche Freizeit- und Segelboote im Wasser wiegen, erhebt sich zur rechten Hand die pompöse Kulisse des Boulevards Strandvägen – eine der teuersten Adressen der Stadt. Vorbei geht es am Platz Nybroplan und dem Marmorprunkbau Königliches

Geheimtipp

SHOPPEN IN SOFO

Auf Södermalm ist das Shopping-Angebot meist trendiger und kreativer als in der Innenstadt oder in Östermalm. Junge Geschäftsleute haben hier in den vergangenen Jahren neue, teils ungewöhnliche Ladenkonzepte entwickelt. Dazu zählt auch die Gegend mit dem künstlich geschaffenen Namen »SoFo«, was als Abkürzung für »South of Folkungagatan« steht und sich in der Benennung an das bekannte New Yorker Viertel »SoHo« anlehnt. Die meisten Geschäfte befinden sich in dem Gebiet, das im Norden von der Folkungagatan und im Westen von der Götgatan eingerahmt wird. Dazu gehören z. B. die Boutique »Tjallamalla«, die mit etwa 250 jungen, noch unbekannten Designern zusammenarbeitet, oder »Beyond Retro«, mit Vintage-Mode und Accessoires aus dem gesamten 20. Jahrhundert. Am jeweils letzten Donnerstag des Monats findet in dem Gebiet die SoFo-Night statt mit extra langen Öffnungszeiten bis 21 Uhr sowie kulturellen Veranstaltungen und Livemusik in den Geschäften.

www.sofo-stockholm.se

Futuristische Architektur des Waterfront Kongresszentrums

Stockholm & Umgebung

MAMMA MIA! THE PARTY

Geheimtipp

Wenn aus einer österreichischen Bierstube eine griechische Taverne wird, ist daran zunächst einmal nichts Ungewöhnliches. Wenn im Hintergrund dieser Verwandlung aber Björn Ulvaeus die Fäden zieht, dann riecht es geradezu nach einem neuen Erfolgskonzept: »Mamma Mia! the Party« heißt das neueste Projekt des ehemaligen ABBA-Mitglieds, das Anfang 2016 im Stockholmer Vergnügungspark »Gröna Lund« an den Start gegangen ist. Das Konzept: eine große »Mamma Mia!«-Party, bei der nicht nur Gesang und Tanz, sondern auch gutes Essen, Wein und mediterrane Atmosphäre eine wichtige Rolle spielen – ebenso wie die Interaktion zwischen Gästen, Kellnern, Musikern und Künstlern, die so das eigentliche Erlebnis immer wieder individuell aufs Neue kreieren. ABBA-Fans sollten sich ihre Tickets frühzeitig unter www.mammamiatheparty.com sichern – zumal die Veranstaltung nur zu bestimmten Terminen in englischer Sprache stattfindet.

Dramatisches Theater, von den Stockholmern einfach nur kurz »Dramaten« genannt. Wer noch mehr Gründerzeitpaläste sehen will, sollte einen Abstecher in das großbürgerlich-noble Stadtviertel Östermalm machen, das sich nördlich des Strandvägen und des Dramaten erstreckt. Hier befindet sich auch die Markthalle »Östermalmshallen«, die nicht nur mit ihrem atmosphärischen Bau aus dem Jahr 1888 beeindruckt, sondern auch mit einer großen Auswahl an nationalen und internationalen Delikatessen. Dass sich dieser Ort nicht nur perfekt zum Einkaufen, sondern auch für einen leckeren Imbiss eignet, wissen allerdings auch die Stockholmer, sodass es hier während der Woche um die Mittagszeit sehr voll wird. Ganz anders als das mondäne Östermalm präsentiert sich der benachbarte Stadtteil Norrmalm, die eigentliche City Stockholms. Von Schönheit kann hier kaum die Rede sein. Ein städtebaulicher Kahlschlag ließ in den 1950er-Jahren die meisten alten Gebäude verschwinden, die vielfach durch kalte und charakterlose Betonbauten ersetzt wurden. Dennoch spielt sich hier ein wichtiger Teil des Großstadtlebens ab: Einkaufsstraßen, Fußgängerzone und große Kaufhäuser locken Stockholmer und Touristen gleichermaßen an die Verkaufstheken. Am Abend verwandeln sich Kungsgatan, Sveavägen und Birger Jarlsgatan zur Flaniermeile der Kinogänger und Barbesucher. Dabei eignet sich insbesondere die Gegend um die Birger Jarlsgatan für einen Schaufensterbummel, da sich hier einige namhafte Designboutiquen niedergelassen haben.

Tradition und Erneuerung

Die westlich an Norrmalm angrenzende Insel Kungsholmen ist stark geprägt von Wohn- und Bürogebäuden. Für Besucher gibt es hier jedoch einen Anziehungspunkt, der zu den meistbesuch-

Pompöser Eingang des »Dramaten«

Stockholm

Die Sehenswürdigkeiten der Innenstadt

Ⓐ Vasamuseum – Hier ist das vollständig erhaltene Regalschiff »Vasa« von 1628 zu sehen.

Ⓑ Junibacken – Erlebnismuseum für Kinder mit Figuren aus schwedischen Kinderbüchern.

Ⓒ Nordiska Museet – Umfassende Sammlungen zur Volkskunde Schwedens.

Ⓓ Skansen – Das weltälteste Freilichtmuseum.

Ⓔ Historiska Museet – Der Goldraum des Historischen Museums birgt insgesamt 52 Kilogramm Gold und mehr als 200 Kilogramm Silber.

Ⓕ Östermalmshallen – Historische Markthalle.

Ⓖ Dramaten – Die nationale Bühne Schwedens.

Ⓗ Kungsträdgården – Alte Parkanlagen.

Ⓘ Kungliga Operan – Die imposante Königliche Oper wurde im Jahr 1898 eingeweiht.

Ⓙ Nationalmuseum – Schwedens größtes Kunstmuseum.

Ⓚ Moderna Museet – Im Modernen Museum ist eine bedeutende Sammlung moderner und zeitgenössischer Kunst zu sehen.

Ⓛ Spritmuseum – Besonderes Highlight hier ist die Absolut Art Collection.

Ⓜ Kulturhuset – Kulturzentrum u. a. mit Ausstellungen und Stadttheater.

Ⓝ Konserthuset – Das Konzerthaus ist alljährlich Schauplatz der Nobelpreisverleihungen.

Ⓞ Strindbergsmuseet – Im Haus »Blå Tornet« wurde ein Museum zu Strindberg eingerichtet.

Ⓟ Stadshuset – Hier findet alljährlich das Nobelpreisbankett statt.

Ⓠ Kungliga Slottet & Gamla Stan – Das Königliche Schloss und die Altstadt.

Ⓡ ABBA The Museum & Swedish Music Hall of Fame – Weltweit erstes ABBA-Museum.

Oben: Blick auf das Stadshuset vom Riddarfjärden
Unten: Eingang zum Mosebacke in Stockholm

ten Touristenattraktionen der Stadt zählt: das Stadshuset. Der charakteristische Turm mit den drei goldenen Kronen auf seiner Spitze gilt als das Wahrzeichen Stockholms. Viel wichtiger aber für die meisten Besucher: Hier findet alljährlich am 10. Dezember das berühmte Nobelpreisbankett statt, bei dem die Nobelpreisträger geehrt werden. Wer den 106 Meter hohen Turm erklimmt, wird mit einem tollen Blick über die Stadt belohnt, unter anderem auf die Insel Södermalm.

Auf Södermalm befindet sich am Platz Mosebacke Torg auch das legendäre Etablissement Mosebacke, das schon August Strindberg gern frequentierte und in dem noch heute Livemusik, Shows und Tanz in diversen Clubs und auf einer großen Außenterrasse geboten werden. Und während entlang der Straßen Fjällgatan, Stigbergsgatan,

Das Globen Einkaufszentrum

Mäster Mikaels Gata, Fiskargatan und am Södra-Theater auf der einen Seite gut erhaltene Holzhäuser aus dem 18. Jahrhundert stehen, die noch aus der Zeit Södermalms als Arbeiterviertel stammen, bietet die andere Straßenseite eine großartige Aussicht. Auf Södermalm spielen sich auch viele Szenen der Bestseller-Krimi-Trilogie von Stieg Larsson ab. Noch weiter im Süden im Stadtteil Enskede ist der Waldfriedhof Skogskyrkogården zu finden, der seit 1994 als UNESCO-Welterbe gelistet ist.

Einfach gut!

GUT ZU WISSEN

NUR FÜR SKANDINAVIER

Der Vergnügungspark »Gröna Lund« fällt in den Augen der meisten Zentraleuropäer eher klein aus – wie eigentlich die meisten nordischen Vergnügungsparks. Denn wer große und spektakuläre Anlagen gewohnt ist, wie sie in vielen Teilen Deutschlands und auch in den Nachbarstaaten verbreitet sind, wird hier eher enttäuscht sein – auch wenn es sich dabei um Schwedens ältesten Freizeitpark handelt, der zugegebenermaßen zumindest mit einer sehr schönen Lage direkt am Wasser locken kann.

SKYVIEW – 360-GRAD-PANORAMABLICK

Stockholm SkyView ist eine beliebte Besucherattraktion der Stadt. Sie besteht aus zwei Glasgondeln, die an der Außenseite der Veranstaltungsarena Globen auf das Dach des weltweit größten sphärischen Gebäudes in 85 Meter Höhe fahren. In allen Himmelsrichtungen liegt einem die ganze Stadt zu Füßen, und in der Ferne sind bei gutem Wetter sogar Teile des glitzernden Schärengartens zu sehen. Die beiden Glasgondeln bieten jeweils Platz für 16 Personen. In der Hauptsaison ist eine Voranmeldung online zu empfehlen, um lange Wartezeiten zu vermeiden. SkyView ist ganzjährig täglich geöffnet. Der Globen befindet sich ein gutes Stück südlich des Innenstadtbereichs. Mit den grünen U-Bahn-Linien 19 und 29 Richtung Hagsätra oder Högdalen dauert die Fahrt von der Innenstadt bis zur U-Bahn-Station »Globen« aber weniger als 15 Minuten.

www.skyviewstockholm.se

Stockholm & Umgebung

Infos und Adressen

Vergnügungspark »Gröna Lund«

INFORMATION
Stockholm Visitor Center. Kulturhuset, Sergels Torg 5, 10327 Stockholm, Tel. 0046/8/50 82 85 08, touristinfo@stockholm.se, www.visitstockholm.com

ÜBERNACHTEN
Hotel Hellsten. 4-Sterne-Boutiquehotel in sehr persönlichem Stil. Besonders gemütlich ist der kleine Wintergarten beim Frühstücksbuffet. Luntmakargatan 68, 11351 Stockholm, Tel. 0046/8/661 86 01, www.hellsten.se

Hotell Anno 1647. Bequemes 3-Sterne-Hotel in der Nähe von Slussen mit tollem Blick auf die Altstadt. Mariagränd 3, 11646 Stockholm, Tel. 0046/8/442 16 80, www.anno1647.se

Wellingtons Pärla. Kleines Hotel in Östermalm mit persönlicher Atmosphäre, das zum Hotel Wellington gehört. Skeppargatan 27, 11452 Stockholm, Tel. 0046/8/667 09 10, www.parlanhotell.com

Hotel Scandic Victoria Tower. Das höchste Hotel des Nordens. Mit seinen 34 Etagen befindet es sich im Stadtteil Kista im Nordwesten der Stadt. Im 34. Stock gibt es eine Panoramabar. Arne Beurlings Torg 3, 16440 Kista, Tel. 0046/8/51 75 33 00, www.scandichotels.com/victoriatower

Hotel Skeppsholmen. Design-Hotel mit einer Mischung aus modernem Design und historischem Ambiente des 17./18. Jahrhunderts auf der Insel Skeppsholmen. Gröna gången 1, 11186 Stockholm, Tel. 0046/8/407 23 00, www.hotelskeppsholmen.com

ESSEN UND TRINKEN
Operakällaren. Gourmetrestaurant in glanzvoller Atmosphäre des Opernhauses. Geöffnet ganzjährig dienstags bis samstags 18–01 Uhr. Betriebsferien einen Monat im Sommer und während der Weihnachtsferien. Operahuset, Karl XII:s torg, 11186 Stockholm, Tel. 0046/8/676 58 01, www.operakallaren.se

Mathias Dahlgren Matsalen. Eines von zwei Restaurants in Stockholm mit zwei Michelin-Sternen. Im renommierten Grand Hotel. Grand Hôtel, Blasieholmshamnen 6, 10327 Stockholm, Tel. 0046/8/679 35 84, www.mdghs.com

Och Himlen därtill. Im 25. Stockwerk des Hochhauses Skrapan. Geöffnet ganzjährig montags bis samstags ab 17 Uhr. Wer sich nur Aussicht und Drink genehmigen möchte, findet hier auch eine Skybar. Götgatan 78, 11830 Stockholm, Tel. 0046/8/660 60 68, www.restauranghimlen.se

Rolfs Kök. Gourmetrestaurant mit Bistroflair. Geöffnet ganzjährig montags bis freitags 11.30–01 Uhr, am Wochenende ab 17 Uhr. Tegnérgatan 41, 11161 Stockholm, Tel. 0046/8/10 16 96, www.rolfskok.se

AUSGEHEN
Das Nachtleben konzentriert sich in der Stockholmer Innenstadt vor allem am Wochenende rund um den Stureplan bis zum Berzelii Park.

Sturecompagniet. Diskothek und Nachtclub. Sturegatan 4, Östermalm, Tel. 0046/8/54 50 76 70, www.sturecompagniet.se

Icebar Stockholm. Eiskaltes Vergnügen bei −5 Grad. Reservierung erforderlich. Vasaplan 4 (Eingang im Nordic Sea Hotel), Tel. 0046/8/50 56 35 20, www.icebarstockholm.se

Scandic Malmen. An den Wochenenden werden Bar und Lobby des Hotels zum beiiebten Szenetreff. Götgatan 49–51, Södermalm, Tel. 0046/8/51 73 47 00, www.scandichotels.com

Stockholm

SEHENSWÜRDIGKEITEN

Vasa Museum. Ganzjährig täglich ab 10 Uhr geöffnet, im Sommer ab 8.30 Uhr. Freier Eintritt für Kinder und Jugendliche bis 18 Jahre. Galärvarvsvägen 14, Djurgården, 11521 Stockholm, Tel. 0046/8/51 95 48 00, www.vasamuseet.se

Junibacken. Ganzjährig geöffnet dienstags bis sonntags 10–17 Uhr, im Sommer täglich 10–18 Uhr. Galärvarvsvägen 8, 115 21 Stockholm, Tel. 0046/8/58 72 30 00, www.junibacken.se

Nordiska Museet. Ganzjährig täglich geöffnet 10–17 Uhr. Djurgårdsvägen 6-16, 11593 Stockholm, Tel. 0046/8/51 95 46 00, www.nordiskamuseet.se

Historiska Museet. Ganzjährig geöffnet dienstags bis sonntags 11–17 Uhr, mittwochs bis 20 Uhr. Von Juni bis August täglich geöffnet. Narvavägen 13–17, 114 84 Stockholm, Tel. 0046/8/51 95 56 00, www.historiska.se

Dramaten. Königlich Dramatisches Theater. Geführte Touren hinter den Kulissen zu verschiedenen Terminen, die telefonisch erfragt werden können. Nybroplan, 111 47 Stockholm, Tel. 0046/8/667 06 80, www.dramaten.se

Kungliga Operan. Königliche Oper. Geführte Touren von August bis April jeweils samstags 13 Uhr, telefonische Anmeldung erforderlich. Gustav Adolfs torg 2, 103 22 Stockholm, Tel. 0046/8/791 44 00, www.operan.se

Spritmuseum. Ganzjährig täglich geöffnet 10–17 Uhr (mittwochs 20 Uhr), im Sommer bis 18 Uhr. Djurgårdsvägen 38–40, 115 21 Stockholm, Tel. 0046/8/12 13 13 00, www.spritmuseum.se

Kulturhuset. Die Öffnungszeiten der einzelnen Einrichtungen des Kulturhauses können online eingesehen werden. Sergels torg, Stockholm, Tel. 0046/8/50 83 15 08, www.kulturhuset.stockholm.se

Konserthuset. Geführte Touren zu verschiedenen Terminen, die telefonisch oder online gebucht werden können. Hötorget 8, 111 57 Stockholm, Tel. 0046/8/50 66 77 88, www.konserthuset.se

ABBA The Museum & Swedish Music Hall of Fame. Ganzjährig täglich geöffnet 10–18 Uhr, Mi – Fr 10–20 Uhr. Tickets sollten online im Voraus erworben werden. Djurgårdsvägen 68, Stockholm, www.abbathemuseum.com

Skansen. Ganzjährig ab 10 Uhr geöffnet, im Sommer bis 22 Uhr, von Herbst bis Frühjahr meist nur bis 15 oder 16 Uhr. Djurgårdsslätten 49–51, Djurgården, 11521 Stockholm, Tel. 0046/8/442 80 00, www.skansen.se

Stadshuset. Nur mit Führung zugänglich. Führungen in englischer Sprache werden ganzjährig zwischen 10 und 15 Uhr zur voller Stunde angeboten, im Sommer gibt es auch deutschsprachige Führungen. Hantverkargatan 1, 10535 Stockholm, Tel. 0046/8/50 82 90 58, www.international.stockholm.se

Strindbergsmuseet. Ganzjährig geöffnet, dienstags bis sonntags 12–16 Uhr, Juli/August 10 bis 16 Uhr. Drottninggatan 85, 11160 Stockholm, Tel. 0046/84 11 53 54, www.strindbergsmuseet.se

Nationalmuseum. Wegen umfassender Renovierungsarbeiten voraussichtlich bis Anfang 2018 geschlossen. Södra Blasieholmshamnen, 10324 Stockholm, Tel. 0046/8/51 95 43 00, www.nationalmuseum.se

Östermalmshallen. Die Markthalle hat ganzjährig täglich außer sonntags geöffnet. Östermalmstorg, 11439 Stockholm, www.ostermalmshallen.se

Moderna Museet. Ganzjährig täglich außer montags geöffnet, dienstags und freitags 10–20 Uhr, an den übrigen Tagen 10–18 Uhr. Exercisplan, Skeppsholmen, 10327 Stockholm, Tel. 0046/8/51 95 52 64, www.modernamuseet.se

Bauernkultur im Freilichtmuseum Skansen

STOCKHOLMS
Museen

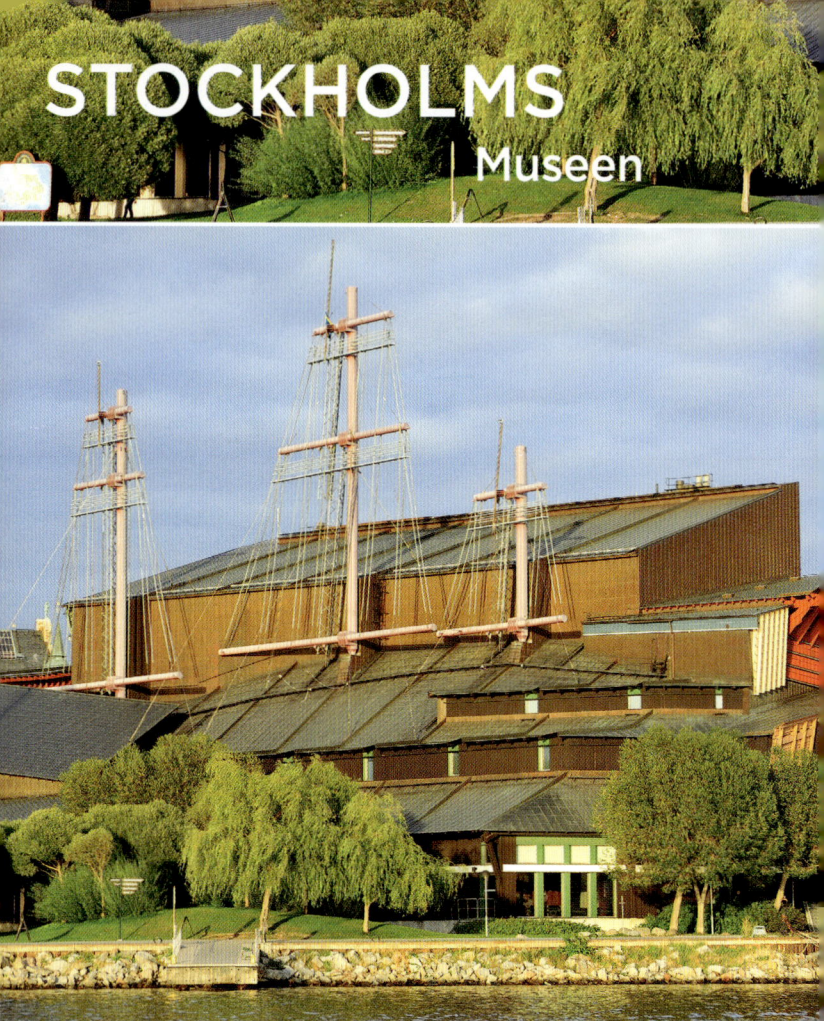

Das Vasamuseum auf der Insel Djurgården

Ob privat oder staatlich oder sogar vom Königshaus verwaltet: In Stockholm und Umgebung gibt es die größte Ansammlung des Landes in Sachen Ausstellungen und Museen. Auch thematisch ist das Spektrum weit gefächert – von Kunst und Design über Historisches bis hin zu Lifestyle und Musik ist alles vertreten. Dabei wird nicht selten auf ungewöhnliche Konzepte für ganzheitliche Erlebnisse gesetzt.

Vor allem die Insel Djurgården, einst das königliche Jagdrevier, ist schon seit vielen Jahren die Heimat von zahlreichen spannenden Museen und Ausflugszielen. Allen voran natürlich das berühmte Vasamuseum und das Freilichtmuseum Skansen, die übrigens auch die besucherstärksten Museen der Stadt und des ganzen Landes sind. Außerdem befinden sich hier das Nordiska Museum, Liljevalchs Kunsthalle, die Estonia-Gedenkstätte, der Vergnügungspark Gröna Lund, das Kindermuseum Junibacken, das Lustschloss Rosendals slott, erhaltene Holzvillen aus dem 17. Jahrhundert, historische Trockendocks, ein Aquarium und vieles mehr.

ABBA The Museum

Der neueste Besuchermagnet der Insel ist allerdings ABBA The Museum, in dem sich alles um die schwedischen Pop-Ikonen in ihren Glitzerkostümen dreht. Neben den Plateauschuhen und den unnachahmlichen Klamotten werden außerdem Artifakte, Konzertfotografien, Interviews und vieles mehr auf interaktive Weise präsentiert. So kann man beispielsweise gemeinsam mit Hologrammen von ABBA singen und tanzen oder sich in einer speziellen Kabine ein digitales Bühnenkostüm auf den Körper projizieren lassen. Das weltweit erste ABBA-Museum ist Teil der Swedish Music Hall of Fame, die zusätzlich Dauer- und Wechselausstellungen zu bieten hat. Tickets müssen in der Regel online unter www.abbathemuseum.com für einen festen Termin gebucht werden.

Hochprozentige Überraschung

Ebenfalls erst seit wenigen Jahren ist auf Djurgården nun auch das Spritmuseum zu Hause, bei dem man sich unweigerlich die Frage stellt: Ist es ein Museum, eine Kunsthalle oder doch eher ein Restaurant mit kulturellem Begleitangebot? Oder vielleicht alles in einem? Fest steht: Das »Schnapsmuseum« lässt sich nicht so einfach in eine Schublade packen. Rechnet man dann noch die Absolut Art Collection, die tolle Lage und den schönen Außenbereich direkt am Wasser hinzu, ist es auf jeden Fall einen Abstecher wert (www.spritmuseum.se).

Schärennatur meets Kunst

Gleiches gilt übrigens für das Kunstzentrum Artipelag, das in den Stockholmer Schären auf der Insel Hålludden etwa 20 Kilometer östlich von Stockholm liegt. Hier verbindet sich hochkarätige Kunst mit dem Erlebnis der Schärennatur – und wer möchte, kann auch direkt von der Stockholmer Innenstadt aus mit dem Schiff hierher fahren. Eine Busverbindung gibt es aber ebenfalls (www.artipelag.se).

Oben: Riddarholmskyrkan aus dem 13. Jahrhundert mit Stilmix aus Barock und Renaissance
Unten: Mitglied der Königlichen Garde vor dem Königlichen Schloss

Stockholm & Umgebung

23 Stockholm – Gamla Stan
Enge Gassen, blutige Geschichten

Prächtige Paläste, historische Handelshäuser, pompöse Kirchen, enge Kopfsteinpflastergassen und das Königliche Schloss: Stockholms Altstadt »Gamla Stan« ist ein faszinierendes Sammelsurium aus Geschichte und Geschichten. Hier, in der »Stadt zwischen den Brücken«, liegen die Wurzeln der heutigen Hauptstadt, die ohne ihre Altstadt mit ihrer einmaligen Atmosphäre vielleicht nur halb so schön wäre.

Stockholm ist eine vergleichsweise junge Stadt. Erst um 1250 ließ der Staatsmann Birger Magnusson von Bjälbo (um 1210–1266) an der Nahtstelle zwischen dem See Mälaren und der Ostsee eine Festung bauen, um die reichen Städte rund um den Mälaren vor dem Einfall von Piraten zu schützen. Er ging unter dem Namen Birger Jarl als Gründer der Stadt in die Geschichte ein, auch wenn die Insel, die heute Stadsholmen genannt wird, schon vorher besiedelt war. Was eigentlich nur als Schutz- und Kontrollposten gedacht war, entwickelte sich sehr schnell zu einer für damalige Verhältnisse großen Stadt und Handelsmetropole. Handwerker strömten in die Stadt, Händler kamen, auch das Militär und die Könige. Am 4. November 1520 ließ sich der dänische König Christian II. (1481–1559) ebenfalls hier zum schwedischen Monarchen krönen – und demonstrierte zunächst einmal auf grausame Weise, wer nun die Macht in Händen hielt. Der Adel des Landes wurde zur Krönung und zum Versöhnungsfest

Blick auf Riddarholmen vom Wasser aus

geladen. Drei Tage lang flossen Wein und Bier auf den üppig gedeckten Tafeln. Und als »Nachtisch« wurden knapp 100 der geladenen Gäste der Ketzerei angeklagt. Zufälligerweise alles Schweden, die zuvor gegen Christian und die Union mit Dänemark und Norwegen gekämpft hatten. Das Ergebnis war ein Massaker, das als »Stockholms Blutbad« in die Annalen einging: 82 Menschen wurden auf dem Marktplatz Stortorget geköpft, zehn weitere gehängt. Davon zeugt heute noch das »Schantzska huset« am Stortorget, in dessen rote Fassade in den 1650er-Jahren genau 92 weiße Steine zur Erinnerung an die Toten eingemauert wurden.

Zerstörung und Neubeginn

Nur wenige Jahre später brachen für die Stockholmer aber wieder bessere Zeiten an. Gustav I. Wasa (1496–1560) sorgte 1523 dafür, dass die Kalmarer Union endgültig aufgelöst wurde und begann damit, das schwedische Reich zu einen. Stockholm war nun offiziell der königliche Hauptsitz und damit auch die Burg »Tre Kronor«, die der König mit weiteren Verteidigungsanlagen ausbauen ließ. Die Stadt wuchs und gedieh, der Handel – insbesondere mit der deutschen Hanse – blühte

Nicht verpassen

PRACHTSTRASSE AM WASSER

Schweden ist groß, mächtig und reich – so jedenfalls dachte Gustav II. Adolf (1594–1632). Und das sollte auch für jeden sichtbar sein, der auf dem Seeweg nach Stockholm kam. Anfang des 17. Jahrhunderts war für die ankommenden Schiffe hauptsächlich die lange Stadtmauer zu sehen. Kein schöner Anblick. Also gab der König um 1625 die Erlaubnis, die östlichen Mauern niederzureißen, und wünschte sich an ihrer Stelle eine neue Prachtstraße und einen Hafen, welche die Größe und Herrlichkeit Schwedens zeigen sollten. Erlebt hat er die Umsetzung seines Wunsches freilich nicht, aber noch heute sind entlang des östlichen Ufers insgesamt 24 prächtige Gebäude zu sehen, die hier im Laufe des 17. Jahrhunderts von reichen Kaufleuten errichtet wurden. Ein Spaziergang längs dieser sogenannten »Skeppsbroraden« lohnt auf jeden Fall, auch wenn der Lärm der hier entlangführenden Straße alles andere als idyllisch ist.

Hauptstraße durch Gamla Stan

ÜBER DEN DÄCHERN DER ALTSTADT

Geheimtipp

Ein Helm, ein Gurt und eine gute Portion Schwindelfreiheit. Das ist nötig, wenn man sich die Häuser der Altstadt einmal von oben ansehen möchte. Schmale, metallene Laufstege führen in 43 Metern Höhe über die Dächer des alten Reichtagsgebäudes auf der Insel Riddarholmen. Parallel dazu verläuft eine Metallschiene, in die das Sicherungsseil jedes einzelnen Besuchers eingehängt wird. Luftig ist es hier oben, aber dafür eröffnen sich dem Dachwanderer auch völlig neue Perspektiven. Viel Wissenswertes über die Geschichte der Stadt und die einzelnen Gebäude gibt es dabei während einer solchen geführten Tour zu erfahren – denn ohne Guide kommt hier niemand aufs Dach. Die etwa anderthalbstündige Tour wird ganzjährig von dem Unternehmen Upplev Mer auch in deutscher Sprache angeboten. Eine Vorabbuchung ist erforderlich.

www.upplevmer.se

und Schweden stieg zur europäischen Großmacht auf. Ende des 17. Jahrhunderts lebten bereits 45 000 Menschen innerhalb der Stadtmauern. Doch dann kam die Katastrophe. Im Mai 1697 ging »Tre Kronor« in Flammen auf. Dicke Rauchschwaden verdunkelten den Stockholmer Frühlingshimmel. Zu retten gab es nichts. Binnen Stunden wurde aus dem stolzen Gebäude ein Haufen Schutt und Asche. Nur der Nordflügel blieb stehen. Überreste dieser alten Festung sieht man heute noch im Museum des Königlichen Schlosses, das auf den Grundmauern der abgebrannten Burg errichtet wurde. Denn der mitten in der Pubertät steckende Karl XII. (1682–1718) wollte das royale Domizil umgehend wieder aufbauen lassen. Und es sollte, so sein Wunsch, das größte bis dahin errichtete Gebäude Schwedens werden. Anstelle der mit vielen Türmen und Erkern ausgestalteten Burg entstand ein monumentaler Bau, der heute nicht nur eine der wichtigsten Sehenswürdigkeiten Stockholms ist, sondern mit seinen mehr als 600 Zimmern auch eines der größten Schlösser Europas. Der heutige König wohnt zwar nicht mehr in seinem Schloss, nutzt es aber als täglichen Arbeitsplatz sowie für repräsentative Zwecke. Auch Staatsempfänge finden hier statt. Dann weht die schwedische Flagge

Stockholm – Gamla Stan

Spaziergang durch die Altstadt

Ⓐ Kungliga slottet – Das Königliche Schloss ist eines der größten Schlösser Europas.

Ⓑ Gegenüber dem Schloss befinden sich drei Paläste aus dem 17. Jahrhundert. Der **Flemingska palatset** (Slottsbacken 8) stammt aus den 1650er-Jahren, der **Boneaus palats** (Slottsbacken 6) wurde 1675 erbaut und der **Tessinska palatset** (Slottsbacken 4) 1697.

Ⓒ Storkyrkan – Die Wurzeln der Domkirche reichen bis in das Jahr 1306 zurück.

Ⓓ Speicherhäuser – In der Prästgatan sind mehrere Häuser mit Außenaufzug erhalten geblieben, die hier ab dem Mittelalter sehr verbreitet waren.

Ⓔ Die verschwundenen Gassen – Wo in der Västerlånggatan 8 – 12 heute ein Gebäude steht, waren früher vier Häuserblöcke. Reste dieser Gassen wurden aber erhalten und führen mitten durch das heutige Gebäude zu einem Innenhof.

Ⓕ Stora Gråmunkegränd 5 – Nicht viele Häuser sind aus dem 14. Jh. erhalten geblieben. Das zinnoberrote Haus ist eine Ausnahme – hier sind noch mittelalterliches Mauerwerk und Fensterbögen zu sehen.

Ⓖ Västerlånggatan 29 – Hier ist ein Teil der Fassade aus dem 14. Jh. erhalten geblieben. Das ist anhand der gotischen Fensterreihe über dem Ziegelband mit Fischgrätenmuster zu sehen.

Ⓗ Stortorget – Der älteste Platz der Stadt und Schauplatz des »Stockholmer Blutbads«.

Ⓘ Tyska Kyrkan – »Fürchtet Gott und Ehret den König« war das Motto der deutschen Kirche.

Ⓙ Prästgatan 78 – In diesem Haus wurde der schwedische Maler Carl Larsson 1853 geboren.

Ⓚ Mårten Trotzigs gränd – Die schmalste Gasse und einzig erhaltene Treppengasse der Altstadt.

Stockholm & Umgebung

über dem Gebäude, und es gesellen sich weitere altmodisch-chic gekleidete Soldaten zu ihren Kollegen, die im Hof des Schlosses den Wachwechsel aufführen. Das Besondere dabei: Obwohl das Schloss noch als Arbeits- und Repräsentationsstätte der königlichen Familie dient, sind Besucher hier gern gesehen. Denn es ist nicht nur von außen eine Sehenswürdigkeit, sondern beherbergt auch viel Interessantes in seinem Inneren: Die Repräsentationsetagen sowie fünf Museen mit royaler Historie, darunter das Museum »Tre Kronor«, in dem sich alles um den mittelalterlichen Vorgänger des Schlosses dreht. Die Entstehung Stockholms und wie es sich vor rund 800 Jahren hier leben ließ, steht hingegen im Medeltidsmuseum auf der benachbarten Insel Helgeandsholmen im Fokus.

Gassen voller Leben

Neben dem Schloss sind die verwinkelten Gassen von »Gamla Stan« ein Muss für den Stockholm-Besuch. Im Schatten der prächtigen Handelshäuser der Västerlånggatan spielt sich das Leben ab, buhlen Cafés, Restaurants und Boutiquen um die Gunst der Gäste. Zentrum der Altstadt ist damals

Oben: Durch den Torbogen des Parlamentsgebäudes erreicht man Gamla Stan.
Mitte: Große Wachablösung am Königlichen Schloss
Unten: Straßenmaler gehören zum Bild der Altstadt.

GUT ZU WISSEN

HAUPTSTRASSEN IM SOMMER MEIDEN
Im Juli und August gibt es in den beiden Hauptstraßen der Altstadt, der Västerlånggatan und der Österlånggatan, vor lauter Touristen kaum ein Vorwärtskommen. Hier drängen sich die meisten Souvenirshops der Stadt aneinander, und von der Schönheit der Häuser und der einzigartigen Atmosphäre des Stadtteils ist dann kaum etwas zu spüren. Wer die Altstadt in dieser Zeit besucht, sollte sich lieber an die kleinen Quergassen halten, in denen es etwas ruhiger zugeht.

Liebenswerte Details in der Altstadt

wie heute der Platz Stortorget, der von dicht an dicht stehenden Häusern aus den unterschiedlichsten Epochen umgeben ist. Darunter das wohl meistfotografierte Gebäude der Altstadt, das »Schantzska huset« mit seiner roten Fassade im nordischen Renaissancestil. Nur ein paar Schritte sind es vom Stortorget zur Storkyrkan, mit deren Bau im 13. Jahrhundert begonnen wurde. Die Fassade der Kirche ist im Barockstil gehalten, während im Inneren der Stockholmer Domkirche die Gotik prägend ist. Hier wurden bis 1073 die schwedischen Könige gekrönt, und hier heirateten nicht nur König Carl XVI. Gustav und Königin Silvia, sondern auch Kronprinzessin Victoria und Prinz Daniel. Vom Stortorget aus entspinnt sich ein unregelmäßiges Netz aus kleinen Gassen, die sich über ganz »Gamla Stan« verteilen. Im Nordwesten der Insel Stadsholmen befinden sich noch einige Paläste aus dem 17. Jahrhundert, die von der schwedischen Großmachtzeit zeugen. Über eine Brücke gelangt man auf die Nachbarinsel Riddarholmen, auf der sich der Adel ebenfalls prächtige Paläste bauen ließ, die heute überwiegend administrativen Zwecken dienen. Hier fanden im Riddarhuset die Zusammenkünfte des Adels statt, und im Boden der Riddarholmskirche sind die schwedischen Könige bestattet.

Einfach gut!

STIMMUNG IM WINTER

Unter den Schuhen knirscht der Schnee, irgendwo aus einem der vielen erleuchteten Fenster dringt gedämpfte Musik, und die engen Gassen sind in ein weiches, orangefarbenes schimmerndes Licht gehüllt. Im Winter erscheint die Stockholmer Altstadt wie aus einer Märchenwelt entstiegen. In der Adventszeit lockt auf dem Stortorget tagsüber ein kleiner, gemütlicher Weihnachtsmarkt – mit Pfefferkuchen, süßem »Glögg« und Handwerksbuden. Seit wenigen Jahren hat sich mit dem »Lebenden Adventskalender« außerdem eine neue Tradition dazugesellt: Zwischen dem 1. und dem 24. Dezember heißt es in »Gamla Stan« die Augen nach dem Schild »Gamla Stans levande julkalender« offen zu halten, das irgendwo in der Altstadt an einem Fenster angebracht ist. Denn genau an dieser Stelle wird dann abends um 18 Uhr das »Türchen« des Tages geöffnet. Geboten werden dabei jeweils 15 Minuten lang stimmungsvolle Musikdarbietungen und Spielszenen.

Stockholm & Umgebung

Infos und Adressen

Das Hotel Royal im Stadtteil Östermalm

INFORMATION

Stockholm Visitor Center. Kulturhuset, Sergels Torg 5, 10327 Stockholm, Tel. 0046/8/50 82 85 08 touristinfo@stockholm.se, www.visitstockholm.com

ÜBERNACHTEN

The Collectors Victory Hotel. Exklusives Boutiquehotel in historisch-maritimem Ambiente. Lilla Nygatan 5, Gamla Stan, 11128 Stockholm, Tel. 0046/8/50 64 00 00, www.thecollectorshotels.se

Scandic Gamla Stan. 4-Sterne-Hotel im Stil des 18. Jahrhunderts mit Blick auf Slussen und Södermalm. Lilla Nygatan 25, Gamla Stan, 11128 Stockholm, Tel. 0046/8/723 72 50, www.scandichotels.com

Hotel Sven Vintappare. Kleines, charmantes Hotel in einem Gebäude aus dem 17. Jahrhundert. Die gemütlichen Zimmer sind im gustavianischen Stil eingerichtet. Sven Vintappares Gränd 3, Gamla Stan, 11727 Stockholm, Tel. 0046/8/22 41 40, www.hotelsvenvintappare.se

ESSEN UND TRINKEN

Pubologi. Gastropub für Foodies mit Gerichten, Ölen und Weinen, nach denen man andernorts lange suchen muss. Stora Nygatan 20, Gamla Stan, Stockholm, Tel. 0046/8/50 64 00 86, www.pubologi.se

Den Gyldene Freden. Das älteste Restaurant, das ohne Unterbrechung seit 1722 in der Altstadt betrieben wird. Die sehr gute schwedische Hausmannskost machte namhafte schwedische Künstler wie Carl Michael Bellmann, Anders Zorn und Evert Taube zu Stammgästen. Ganzjährig geöffnet, wochentags 11.30 –14.30 und 17– 23 Uhr, samstags 13–23 Uhr. Österlånggatan 51, Gamla Stan, 10317 Stockholm, Tel. 0046/8/24 97 60, www.gyldenefreden.se

Kryp In. Nettes, kleines Restaurant mit schwedischen Spezialitäten, die mit einem Hauch internationalen Flair gewürzt sind. Ganzjährig geöffnet, werktags 17– 23 Uhr, am Wochenende 12.30 –23 Uhr. Prästgatan 17, Gamla Stan, 11129 Stockholm, Tel. 0046/8/20 88 41, www.restaurangkrypin.se

AUSGEHEN

Die Altstadt lockt mit zahlreichen kleinen Kellerlokalen, in denen am Wochenende oft Livemusik geboten wird. Gute Tipps zu Veranstaltungen und Locations sind in den Freitagsbeilagen der Tageszeitungen *Dagens Nyheter*, *Svenska Dagbladet* oder *Metro* zu finden.

Sjätte Tunnan. Gemütliches Mittelalterrestaurant und Bar in historischem Kellergewölbe. Ganzjährig geöffnet, sonntags bis donnerstags 17– 01 Uhr, freitags und samstags 17– 03 Uhr. Stopra Nygatan 43, Gamla Stan, 11127 Stockholm, Tel. 0046/8/440 09 19, www.sjattetunnan.se

Stockholm – Gamla Stan

Debaser Slussen. Klassiker unter den Stockholmer Diskotheken und Nachtclubs. Karl Johans Torg 1, Gamla Stan/Slussen, 11130 Stockholm, Tel. 0046/830 56 20, www.debaser.se

Stampen. Traditionsreicher Blues- und Jazzclub in historischem Ambiente. Stora Nygatan 5, Gamla Stan, 11127 Stockholm, Tel. 0046/8/20 57 93, www.stampen.se

Engelen/Kolingen. Kombination aus Steakrestaurant und Nachtclub mit mehreren Bars. Kornhamnstorg 59B, Gamla Stan, 11127 Stockholm, Tel. 0046/820 10 92, www.engelen.se

SEHENSWÜRDIGKEITEN

Kungliga Slottet. Ganzjährig geöffnet mit Ausnahme einzelner Feiertage, im Winterhalbjahr dienstags bis sonntags 12–16 Uhr, im Sommerhalbjahr täglich 10–17 Uhr. Slottsbacken 1, Gamla Stan, Tel. 0046/8/402 61 30, www.kungahuset.se

Stockholms Medeltidsmuseum. Ganzjährig dienstags bis sonntags ab 12 Uhr geöffnet, mittwochs bis 19 Uhr, an den übrigen Tagen bis 17 Uhr. Strömparterren, Norrbro, 10318 Stockholm, Tel. 0046/8/20 61 68, www.medeltidsmuseet.stockholm.se

Nobelmuseet. Ganzjährig geöffnet mit Ausnahme einzelner Feiertage, im Winterhalbjahr mittwochs bis sonntags 11–17 Uhr (dienstags bis 20 Uhr), im Sommerhalbjahr täglich 10–18 Uhr (dienstags bis 20 Uhr). Börshuset, Stortorget 2, Gamla Stan, 10316 Stockholm, Tel. 0046/8/53 48 18 00, www.nobelmuseum.se

AKTIVITÄTEN

Die Stockholmer Altstadt steckt voller Geschichte und Geschichten, sodass es nahezu unmöglich ist, alles Sehenswerte auf eigene Faust zu entdecken. Das Tourismusbüro in Stockholm bietet unterschiedliche Themenführungen durch »Gamla Stan« an, die sich für all diejenigen lohnen, die einfach ein wenig mehr erfahren möchten. Auch ausgefallene Themen wie »Spuk und Geister« oder Touren mit dem Pferdewagen sind im Programm enthalten.

Königliches Schloss in der Stockholmer Innenstadt

Stockholm & Umgebung

24 Stockholm – Schärengarten
Das Inselparadies vor der Stadt

Unzählige Felseninseln und das Blau der Ostsee, so weit das Auge reicht – das ist der Stockholmer Schärengarten. Im Sommer tummeln sich hier Segelyachten, Motorboote und Ausflugsschiffe, die Leben in die sonst nur spärlich bewohnte Inselwelt bringen. Trotzdem lassen sich aber überall auch einsame Flecken finden. Und im Herbst kehrt der Schärengarten dann wieder in seinen Dörnröschenschlaf zurück.

Die einen reden von über 24 000 Inseln, die anderen von etwa 30 000 – wie viele kleinste, kleine und große Eilande wirklich zum Stockholmer Schärengarten gehören, weiß niemand so genau. Fest steht: Es sind sehr, sehr viele. Und fest steht ebenso, dass sich die Inselwelt, die sich von Stockholm aus etwa 80 Kilometer in östlicher Richtung ausbreitet, stetig verändert.

Noch vor 2000 Jahren lag sie größtenteils unter Wasser, nach unten gedrückt vom mächtigen Inlandeis, das vor etwa 10 000 Jahren langsam seinen Griff um Skandinavien lockerte. Erst in der Wikingerzeit zeigten sich die Konturen, wie sie auf heutigen Schärenkarten zu erkennen sind. Und immer noch heben sich die Inseln weiter aus der Ostsee – etwa 30 bis 40 Zentimeter pro Jahrhundert. Festzustellen ist auch: Je näher die Inseln am Festland liegen, desto größer sind sie – und sie sind meist auch bewohnt. Je weiter man sich Richtung offenes Meer bewegt, desto kleiner und

Oben: »Wasserspiele« vor Fjäderholmarna
Unten: Kleines Bootsmuseum auf Fjäderholmarna

Fischerhütten von Fjäderholmarna

flacher werden die Schären, und auch die Vegetation wird zunehmend spärlich.

Schärengartenidyll in Stadtnähe

Glücklich all diejenigen, die ein eigenes Boot besitzen oder Freunde und Bekannte mit eigenem Boot in Stockholm haben. Denn dann erschließt sich die Pracht der weitläufigen, fächerförmigen Meereslandschaft besonders gut. Die meisten Stockholm-Besucher müssen jedoch auf das Angebot der Ausflugsschiffe zurückgreifen, die überwiegend die größeren Inseln anfahren. Aber auch hier bieten sich fantastische Möglichkeiten für Tages- oder Mehrtagesausflüge. Die weißen Schärenboote, die zum großen Teil vom Blasieholmskajen oder vom Nybroviken im Zentrum Stockholms auslaufen, haben in den Sommermonaten einen dichten Fahrplan. Auch spezielle Schiffe für das »Insel-Hopping« gibt es im Sommer. Eines der meist frequentierten Schärengartenziele ist die kleine Stadt Vaxholm, da sie sowohl mit Pkw oder Bus als auch mit dem Ausflugsdampfer ab Stockholm sehr gut erreichbar

Einfach gut!

BLICK IN DIE SCHÄRENWELT

Ein Picknickkorb und gute Laune – das sollte für einen schönen Tag am Strandvägen in Nynäshamn genügen. Egal, ob man zu Fuß, mit dem Fahrrad oder auf Inlinern unterwegs ist. Der am Strand verlaufende Weg ist seit rund 100 Jahren beliebt für einen Ausflug hinaus in die Schären. Damals baute man einen bequemen Zugang für die Zuschauer der Segelwettbewerbe im Rahmen der Olympischen Spiele in Stockholm. Heute geht es nur dann um Geschwindigkeit, wenn PS-starke Speedboote oder Wasser-Skooter über das Meer preschen. Aber das ist selten genug. Ansonsten ist am Ostseestrand nur das leise Plätschern der Wellen zu hören, vielleicht einmal eine Fahrradklingel oder ein fröhliches Lachen, das von einem der vorbeifahrenden Segelboote herüberschallt. Belohnt wird man mit fantastischen Ausblicken auf die Inselwelt und sogar auf die offene Ostsee.

Stockholm & Umgebung

Oben: Souvenirshops gibt es auch in den Schären.
Unten: Im Handwerksviertel von Fjäderholmarna

ist. Das war auch der Hauptgrund für die Entstehung des Ortes. Denn wer sich von der Seeseite her der Hauptstadt nähern will, hat nur zwei Möglichkeiten: Zum einen ist da die 200 Meter schmale Durchfahrt durch die Oxdjupet, an der rechts und links die dicken Mauern und Schanzen der Festung Oskar-Fredriksborg beeindrucken. Und zum anderen gibt es da eben Vaxholm. Als die Herren des schwedischen Reichstags im 16. Jahrhundert hier den Bau einer Festungsanlage in Auftrag gaben, hatten sie zwei Dinge im Kopf: Natürlich ging es darum, die Stadt gegen Angriffe von der See zu schützen. Man hoffte aber auch auf kräftige Einnahmen durch Zölle, die auf die Waren erhoben wurden. Die Hoffnung trog nicht. Vaxholm ist heute eine idyllische Kleinstadt mit bunten Häusern. Nicht zuletzt deshalb haben etliche gut Betuchte ihr Domizil auf der Schäreninsel aufgeschlagen und brausen im Sommer vorzugsweise mit dem eigenen Boot ins Zentrum der schwedischen Hauptstadt. Umgekehrt zieht es viele Stockholmer und Touristen hinaus nach Vaxholm. Ebenfalls sehr beliebt ist der Ausflug auf die Inselgruppe Fjäderholmarna, die von Stockholm aus nächstgelegenen Schärengarteninseln. Gerade einmal 25 Minuten dauert

GUT ZU WISSEN

VAXHOLM IN DER HAUPTSAISON MEIDEN
Im Juli und August – genau dann, wenn auch die Schweden Ferien haben – treten sich in Vaxholm die Besucher fast gegenseitig auf die Füße. Vor allem im Hafen und im Bereich der Haupteinkaufsstraße. Wer dennoch in dieser Zeit hierherkommt, sollte lieber die kleinen, verwinkelten Gassen in den umgebenden Wohnsiedlungen erkunden. Am schönsten ist Vaxholm im Mai und Juni, wenn überall der Flieder blüht und der kleine Ort noch nicht überfüllt ist.

Stockholm - Schärengarten

die Fahrt vom Stadtzentrum mit dem Boot auf die Hauptinsel, auf der sich mehrere Restaurants und Lokale sowie verschiedene Kunsthandwerker niedergelassen haben. Entsprechend lebhaft kann es hier im Sommer und vor allem an den Wochenenden zugehen. Wer es lieber etwas ruhiger mag, sollte eine Insel wählen, die weiter von der Stadt entfernt liegt.

Sonne, Wind und Wasser

Eine Bootsfahrt durch die Inselwelt ist ein Erlebnis. Um diese voll und ganz auskosten zu können, sollte man möglichst weit in den Schärengarten hinausfahren. Für die Stockholmer ist das schon seit über 100 Jahren ein fester Bestandteil ihrer Sommerfrische. Mehr als 20 Inseln werden von Linienbooten angelaufen. Schon nach weniger als zwei Stunden Fahrt kommt Grinda in Sicht, eine Insel, auf der schon im Mittelalter Gebäude entstanden. Heute sind hier zwei Restaurants, Badestrände, ein Campingplatz und ein Hotel zu finden. Grinda weist mit Nadelwäldern und Felsenflächen eine für die Innenschären typische Vegetation auf. Es gibt alte Anbauflächen, die heute als Weidegebiet für Schafe genutzt werden, und von der 35 Meter hohen Landzunge Klubbudden an der Südostspitze bietet sich ein fantastischer Ausblick über den Schärengarten. Von Norden nach Süden sind es weniger als zwei Kilometer, sodass bei einem Tagesausflug ausreichend Zeit zum Baden, Essen und für die Inselerkundung bleibt.

Ganz im Norden des Schärengartens ist der Leuchtturm der Insel Arholma schon seit Jahrhunderten ein Orientierungspunkt für Seeleute –, auch wenn das zwischen 1764 und 1768 errichtete Bauwerk heutzutage für andere Zwecke genutzt wird. Im Sommer dient der Turm, der angeblich aus Steinen der Schlossruine Lidö erbaut wurde, als stim-

Oben: Schifffahrtstradition im Schärengarten
Mitte: Bunte Heimtextilien aus den Schären
Unten: Dreimaster unter vollen Segeln vor Vaxholm

Oben: Ein Bollwerk – die Festung Vaxholm
Unten: Das Rathaus von Vaxholm aus dem 19. Jahrhundert

mungsvolles Ausstellungslokal für lokale Künstler. Offene und helle Landwirtschaftsflächen bilden hier einen effektvollen Kontrast zu den Waldgebieten und Felsenstränden der Insel. Und der Bull-Augusts Hof, in dem eine Jugendherberge untergebracht ist, dient als Beispiel für die typische Blockhausarchitektur der nördlichen Schären. Während sich die Menschen auf Arholma über Jahrhunderte durch Landwirtschaft und Fischerei versorgten, fing man auf der Insel Utö im südlichen Schärengarten bereits im 12. Jahrhundert damit an, Eisen zu gewinnen. Hier befindet sich das vielleicht älteste Eisenbergwerk Schwedens, das bis 1879 in Betrieb war. Davon berichtet das Bergwerksmuseum, das sich in der Nähe des Utö Värdshus befindet. Wer zwischen den alten Bergwerken spazieren geht, kann noch die mit Wasser gefüllten Schächte sehen, von denen der tiefste 215 Meter hinunter geht.

Zu Beginn des 20. Jahrhunderts fand man dann eine neue, lukrative Einkommensquelle: Utö wandelte sich zu einem Badeort für die Großstädter, die begannen, Zeit für Urlaub zu haben und ein wenig für diesen Zweck ausgeben zu können. Auch heute noch zählt Utö zu den beliebten Ausflugszielen im Schärengarten, nicht zuletzt aufgrund seiner guten Infrastruktur mit Hotel, Restaurant, Bäckerei, Café und sogar einem kleinen Supermarkt. Zudem bietet die Insel zahlreiche Möglichkeiten zu Wanderungen und einsame Buchten.

Stockholm – Schärengarten

Infos und Adressen

INFORMATION
Stockholm Visitor Center. Kulturhuset, Sergels Torg 5, 10327 Stockholm, Tel. 0046/8/50 82 85 08, touristinfo@stockholm.se, www.visitstockholm.com

ÜBERNACHTEN
Grinda Wärdshus. Gemütliches Schärengartenhotel in historischem Ambiente mit sehr gutem Restaurant. Ganzjährig geöffnet.
Södra Bryggan Grinda, 18599 Vaxholm,
Tel. 0046/8/54 24 94 91,
www.grindawardshus.se

Utö Värdshus. Die Hotelzimmer sind auf mehrere Gebäude verteilt, die früher als Unterkünfte von reichen Badegästen genutzt wurden. Sie befinden sich alle in der Nähe des Haupthauses, in dem sich auch das Restaurant befindet. Ganzjährig geöffnet. 13056 Gruvbryggan, Utö,
Tel. 0046/8/50 42 03 00, www.utovardshus.se

ESSEN UND TRINKEN
Fjäderholmarnas Krog. Das Restaurant wird als das zu Stockholm nächstgelegene Schärengartenrestaurant bezeichnet – obwohl es auf der Insel Stora Fjäderholmen gleich mehrere gastronomische Betriebe gibt. Geöffnet Mai bis September und in der Adventszeit. Dann wird hier ein riesiges Weihnachtsbuffet vor der stimmungsvollen Kulisse des verlassenen Schärengartens aufgetischt. Im Winter unbedingt vorab reservieren.
Stora Fjäderholmen, 10318 Stockholm,
Tel. 0046/8/718 33 55,
www.fjaderholmarnaskrog.se

Rökeriet Fjäderholmarna. Im Café der »Räucherei« stehen Fisch und Fischsandwiches im Mittelpunkt – perfekt zum Mitnehmen für ein Picknick zwischendurch. Natürlich gibt es auch gemütliche Sitzplätze vor Ort. Geöffnet Mai bis September 11–22 Uhr. Stora Fjäderholmen, 10005 Stockholm, Tel. 0046/8/716 50 88, www.rokeriet.nu

Schärenidyll Marieskär bei Ryssholmen

Stockholm & Umgebung

25 Stockholm – Schloss Drottningholm
Das Versailles des Nordens

Oben: Schloss Drottningholm wurde ursprünglich als Lustschloss erbaut.
Unten: Mehr Schein als Sein – sieht aus wie Marmor, ist es aber nicht.

Gold, Glanz und Gloria – Schloss Drottningholm kommt alles andere als bescheiden daher. »Nicht kleckern, sondern klotzen« muss das Motto für diesen Palast gewesen sein, in dem über Jahrhunderte meist die royalen Damen das Sagen hatten. Heute ist der größte Teil des Schlosses für Besucher geöffnet, während im südlichen Teil die königliche Familie residiert.

»Das Schlossgelände Drottningholm – mit Schloss, Theater, China-Schloss und Schlosspark – ist das am besten bewahrte Beispiel eines königlichen Schlosses aus dem 18. Jahrhundert in Schweden und zugleich repräsentativ für die europäische Architektur des Adels jener Zeit, inspiriert von und erbaut nach dem Vorbild Versailles.« So lautete die Begründung des Welterbekomitees, mit der Schloss Drottningholm vor rund 20 Jahren zum Welterbe ernannt wurde. Tatsächlich begann Nicodemus Tessin d. Ä. (1615–1681) aber bereits 1662 im Auftrag der Königswitwe Hedvig Eleonora (1636–1715) mit dem Neubau des Schlosses, während sich in Versailles die große Verwandlung zum prächtigen Residenzschloss erst ab den 1670er-Jahren bis in die 1690er-Jahre vollzog. So gesehen wurden beide Prunkschlösser mehr oder weniger parallel errichtet, Versailles konnte nicht wirklich als Vorbild dienen. Dennoch ist klar: Sowohl Tessin als auch sein Sohn Nicodemus Tessin d.J. (1654 bis 1728), der die Arbeit des Vaters nach dessen Tod 1681 fortführte, brachten Inspiration von Studienreisen nach Italien und Frankreich mit in den Norden.

Stockholm – Schloss Drottningholm

Die Schlossanlage im Überblick

A Drottningholm Schloss – Nachdem das erste Schloss an dieser Stelle im Winter 1661 abgebrannt war, wurde 1662 mit dem Bau dieses viel prächtigeren Barockschlosses begonnen.

B Drottningholms Schlosstheater – Im 1766 errichteten Schlosstheater werden noch heute Repliken der originalen, handgemalten Bühnenbilder mit der faszinierenden manuellen Bühnentechnik aus dem 18. Jh. eingesetzt.

C Barockgarten – Der in den 1670er-Jahren angelegte Lustgarten ist Schwedens herausragendste Barockanlage.

D Englischer Park – Nördlich des Barockgartens ließ Gustav III. nach 1777 einen Landschaftspark nach englischem Vorbild anlegen.

E Karussellplatz – Der von Bosketten umgebene Karussellplatz war als Turnierplatz für Ritterspiele geplant worden. Heute ist er Parkplatz.

F Monumentholmen – Die Insel sollte eine Gedenkstätte für Gustav III. werden.

G Gotischer Turm – Der Gotische Turm wurde 1792 in einer Mischung aus nordischem und romantischem Mittelalterstil errichtet.

H China-Schloss – Kleines Sommerschloss.

I Wachzelt – 1781 für die Leibwache erbaut.

J Kanton – Lovisa Ulrika ließ zwischen 1753 und 1765 eine Reihe Häuser für die Seidenraupenzucht und die Seidenherstellung errichten. Heute sind es private Wohnhäuser.

Stockholm & Umgebung

OPERN UND BALLET À LA GUSTAV

Geheimtipp

Jedes Jahr im Sommer lässt das Schlosstheater Drottningholm den Glanz längst vergangener Tage wieder auferstehen. Mit Repliken der originalen, 200 Jahre alten Bühnenbilder und den entsprechenden Bühnenstücken aus der damaligen Zeit. Vor allem Oper und Ballett stehen hier auf dem Programm. Und selbst wenn man der schwedischen Sprache nicht mächtig ist, tut das diesem Erlebnis keinen Abbruch. Denn schon allein die Atmosphäre und Ausstattung des Barocktheaters ist so faszinierend, dass die Worte nicht unbedingt verstanden werden müssen. Wer sich für Bühnentechnik interessiert, wird von den historischen Bühnenbildern, den Fallluken und anderen kleinen historischen Details begeistert sein. Einziges Manko: Die Eintrittskarten sind oft schon nach wenigen Wochen ausverkauft, sodass der Besuch lange im Vorhinein geplant werden muss. Tickets können online unter www.dtm.se erworben werden. Der Vorverkauf für das Opernfestival startet in der Regel im März des jeweiligen Jahres.

Der zunächst als Barockschloss angelegte Prachtbau wurde Mitte des 18. Jahrhunderts durch modernere Rokokosäle erweitert und später nahm Gustav III. (1746–1792) Veränderungen nach seinem eigenen, dem gustavianischen Stil vor. Diese Stilrichtungen springen auch dem heutigen Schlossbesucher ins Auge: Schon das große Treppenhaus im Eingangsbereich beeindruckt durch illusionistische Perspektivmalereien, in Hedvig Eleonoras Schlafzimmer ist die wohl prachtvollste Barockeinrichtung Schwedens zu finden, und die Bibliothek glänzt in vergoldetem Rokoko. Auch der stilbewusst angelegte Park präsentiert die unterschiedlichen Geschmäcker über die Jahrhunderte: angefangen bei einem streng geformten Barockgarten vom Ende des 17. Jahrhunderts über einen englischen Park vom Ende des 18. Jahrhunderts bis hin zu einem intimen Boskett-Teil aus den 1760er-Jahren. Er gehört zu dem kleinen China-Schloss, das Anfang der 1750er-Jahre als Lustschloss am Ende des Parks entstanden ist. Das in den 1990er-Jahren mustergültig restaurierte Gebäude spiegelt die Chinamode des 18. Jahrhunderts wider. Absolutes Kleinod ist aber das Schlosstheater von Drottningholm, das 1766 eingeweiht wurde und seine Glanzzeit unter dem »Theaterkönig« Gustav III. erlebte. Nach dessen Tod geriet das kleine Theater in Vergessenheit.

Mehr als 100 Jahre lang diente es lediglich als Lager- und Abstellraum – bis es 1921 aus purem Zufall wiederentdeckt wurde. Die Sensation war perfekt, als man feststellte, dass nicht nur die Räumlichkeiten noch brauchbar waren, sondern dass darüber hinaus an die 30 komplette Bühnenbilder aus dem 18. Jahrhundert erhalten geblieben waren, und auch die Bühnentechnik sorgte für Begeisterung. Beides ist heute übrigens wieder in Benutzung.

Stockholm – Schloss Drottningholm

Infos und Adressen

SEHENSWÜRDIGKEITEN

Drottningholm Schloss. Von Mai bis September täglich geöffnet 10–16.30 Uhr (Sept. 11–15.30 Uhr), Oktober bis April nur am Wochenende geöffnet, Mitte bis Ende Dezember geschlossen. Zu festen Zeiten werden Führungen in schwedischer und englischer Sprache angeboten.
China-Schloss. Geöffnet Mai bis August täglich 11–16.30 Uhr, September täglich 12–15.30 Uhr. Führungen, die im Eintrittsgeld enthalten sind, werden jeweils in englischer und schwedischer Sprache von Juni bis September täglich um 12, 14 und 16 Uhr (Sept.: 12 und 14 Uhr) angeboten, im Mai am Wochenende um 12, 14 und 16 Uhr.
Drottningholms Schlosstheater. Das Schlosstheater ist – mit Ausnahme der Vorstellungen – ausschließlich im Rahmen einer Führung zugänglich. Infos unter www.dtm.se
Drottningsholms Schlosspark. Ganzjährig geöffnet.

Der prunkvolle Eingang des Schlossparks Drottningholm

ESSEN UND TRINKEN

Drottningholms slottskafé. Das Schlosscafé ist parallel zu den Öffnungszeiten des Schlosses in Betrieb.

INFORMATION

Drottningholms Slott. 17802 Drottningholm, Tel. 0046/8/402 62 80, www.kungahuset.se

Drottningholm sollte beeindrucken – auch der Blick vom Park ist »nicht von schlechten Eltern«.

Stockholm & Umgebung

26 Birka
Handelszentrum der Wikinger

Wer sich für schwedische Kulturgeschichte interessiert, kommt an einem Besuch der ehemaligen Handelsstadt Birka auf der Insel Björkö nicht vorbei. Die Welterbestätte stellt das Leben der Wikinger, die hier ungefähr zwischen 800 und 1000 n. Chr. gelebt haben, in den Mittelpunkt.

Gerade einmal 3,5 Kilometer lang und 1,7 Kilometer breit ist die Insel im See Mälaren, die zwischen dem 9. und 10. Jahrhundert n. Chr. den wichtigsten Handelsplatz Skandinaviens beherbergt haben soll: Etwa 700 Menschen lebten zur Blütezeit in dieser Ansiedlung, die um 790 n. Chr. gegründet wurde und daher auch nicht selten als Schwedens erste richtige Stadt bezeichnet wird – von der allerdings oberirdisch nicht das Geringste übrig geblieben ist. Dafür scheint aber unter der Erde umso mehr Interessantes auf die Archäologen zu warten. Erste Ausgrabungen wurden auf der etwa 30 Kilometer westlich von Stockholm gelegenen Insel Björkö bereits im 19. Jahrhundert vorgenommen. Seit 1993 zählt Birka gemeinsam mit dem ehemaligen Königssitz Hovgården auf der Insel Adelsö zum Welterbe.

Lebendige Geschichte

Oben: Rekonstruierte Wikingerboote – schlicht geteert oder farbig verziert
Unten: Im kleinen Museum wird die Geschichte von Birka erzählt.

Überreste der Bebauung aus damaliger Zeit gibt es aber weder in Birka noch in Hovgården zu sehen. Geblieben sind lediglich Grabhügel und -felder, einzelne Schiffssetzungen und ein halbkreisförmiger Wall, der den ehemaligen Burgberg umgibt. Hinzu kommen diverse Ausgrabungsstellen, die im Rahmen von archäologischen Führun-

Birka

gen erkundet werden können. In der Nähe der Landungsbrücke und des ehemaligen Hafens befindet sich ein kleines Museum, dessen feste Ausstellung einerseits aus Modellen besteht, die verschiedene Szenen aus dem täglichen Leben in Birka illustrieren, und andererseits einer Reihe von Fundstücken, die nicht nur vom Reichtum der Stadt berichten, sondern auch von ihren internationalen Beziehungen: angefangen bei arabischem Silberschmuck und Silbermünzen über Seide und Keramik aus Friesland bis hin zu fränkischem Glas und auch einheimischen Bronze- und Eisenstücken. Im Rahmen der experimentellen Archäologie entsteht zudem unweit des Museums nach und nach ein rekonstruiertes Wikingerdorf, und auch Mittelaltermärkte und Wikingeraktivitäten zählen seit Kurzem zu bestimmten Zeiten zum Programm.

Ungeklärtes Ende

Als Birka gegründet wurde, war der heutige See Mälaren noch eine Bucht der Ostsee, sodass hier wichtige Handelsrouten vorbeiführten. Im Jahr 830 n. Chr. kam auch der norddeutsche Benediktinermönch Ansgar in diese blühende Region. Sein Ziel: die Christianisierung der Heiden. Sehr erfolgreich war er jedoch nicht. Zwar ließen sich einzelne Einwohner zum Glauben bekehren, aber wirklich christlich wurde Birka nie. Die Wikinger gaben die Insel und ihre Handelsstadt aus bislang nicht geklärten Gründen um 975 n. Chr. auf. Eine Ursache hierfür könnte die Landhebung und der damit verbundene niedrigere Wasserstand gewesen sein, die den Mälaren nach und nach von der Ostsee trennten. Danach hat es mit Ausnahme einzelner Landwirte auf Björkö nie wieder eine größere Ansiedlung gegeben, sodass die Landschaft noch recht urtümlich erhalten geblieben ist.

Infos und Adressen

INFORMATION
Svensksundsvägen 17,
11149 Stockholm,
Tel. 0046/8/12 00 40 00,
birka@stromma.se,
www.stromma.se/birka

Birka ist von ca. Mitte Mai bis Mitte September geöffnet, in der Vor- und Nachsaison zu etwas eingeschränkten Öffnungszeiten. Detaillierte Zeiten für das jeweils aktuelle Jahr werden in der Regel ab April unter www.stromma.se mitgeteilt.
Durch die Insellage ist Birka nur per Schiff erreichbar. Die Reederei Strömma Kanalbolaget bietet Verbindungen ab Stockholm, Strängnäs und anderen Zwischenstationen an, während der Hauptsaison auch ab Hovgården auf der Insel Adelsö. Diese wiederum ist ab Stockholm mit dem Pkw erreichbar. Wer die klassische Schiffsverbindung von Stockholm (Stadshusbron) nach Birka wählt, muss einen kompletten Tagesausflug einplanen, ab Adelsö/Hovgården lässt sich das Welterbe auch kürzer besichtigen. Alternativ fährt ein kleines Wassertaxi zu bestimmten Zeiten ab Hovgården nach Birka. Interessenten sollten die genauen Zeiten vorab telefonisch unter 0046/72 32 84 56 75 erfragen und sich einen Platz vorbestellen.

Artefakte im Birka-Museum

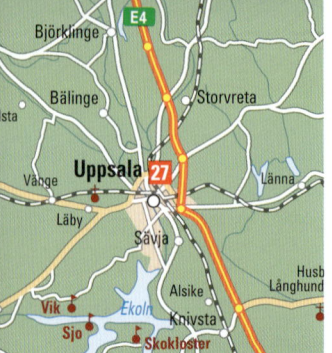

Stockholm & Umgebung

27 Historisches Uppsala
Alte Stadt, junge Leute

Uppsala war einst eines der wichtigsten Zentren Skandinaviens. Hier wurde die erste Universität gegründet, hier steht die größte Kirche Nordeuropas. Und ganz in der Nähe wurden die Herrscher des für Schweden namensgebenden Geschlechts der Svear begraben. Die Bedeutung der Stadt hat im Laufe der Jahrhunderte jedoch abgenommen – andere Städte liefen ihr den Rang ab. Gleichwohl lohnt sich ein Besuch in dem umtriebigen Studentenstädtchen.

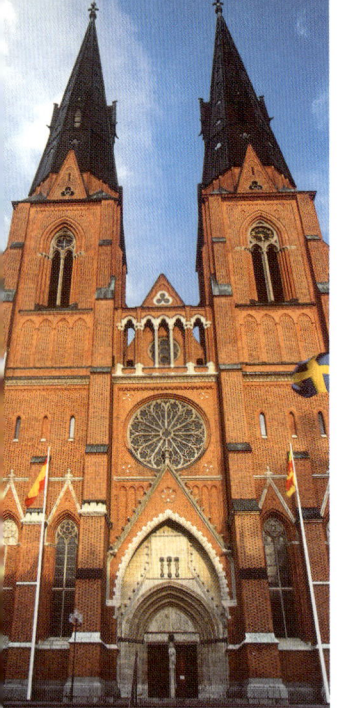

Der gotische Dom St. Erik in Uppsala ist 118,7 Meter hoch und damit das höchste Kirchengebäude von Skandinavien.

»Ein Student aus Uppsala-lalala ...« So heißt ein Schlager aus dem Jahr 1969, mit dem sich die Norwegerin Kirsti Sparboe an die Spitze der deutschen Charts sang. Der Tiefgang des Songs hält sich in Grenzen. Immerhin erfährt man jedoch eines: In Uppsala gibt es Studenten. Und das schon seit rund 550 Jahren. Die Universität Uppsala wurde 1477 auf Drängen des Erzbischofs Jacob Ulfsson gegründet und ist somit die erste Universität Skandinaviens. Heute sind rund 40 000 Studenten an ihr immatrikuliert. Die lange Historie wird im Museum Gustavianum dargestellt, das in einem prächtigen Gebäude aus dem 17. Jahrhundert beheimatet ist. In dessen Kuppel ist auch das einzigartige Anatomische Theater zu finden, das einst für Lehroperationen gebaut worden war. Einer der berühmtesten Studenten war der schwedische Naturforscher Carl von Linné. Der hatte sich 1727 für ein Medizinstudium an der Universität in Lund eingeschrieben, war aber dann bereits nach einem Jahr an die Universität in Uppsala gewechselt. »Lund ist zu klein für ein Genie wie mich«, soll seine Begründung gelautet haben.

Historisches Uppsala

Kirchlicher Höhepunkt

Hauptattraktion für Touristen ist jedoch der Dom, Skandinaviens größte und höchste Kirche, mit deren Bau um 1270 begonnen wurde. Eingeweiht wurde das Reichsheiligtum der schwedischen Kirche jedoch erst 1435. Hier befinden sich der Schrein mit den Reliquien von Erik dem Heiligen, die Kanzel aus dem Barock und moderne Wandtextilien. Bestattet wurden in der Kirche unter anderem Gustav I. Wasa und Johan III. sowie der Naturforscher Carl von Linné – was zeigt, welche Bedeutung der Sakralbau hat.

Abgesehen von diesen Sehenswürdigkeiten sollte man sich das lebendige Städtchen am Fyri-Fluss anschauen. An einem schönen Sommertag werden die sonnigen Ufer des Gewässers zum Treffpunkt der Studenten und Touristen, die auf Mauern oder in Cafés Platz nehmen. Und auch die zahlreichen Grünanlagen, allen voran der Botanische Garten und der Linnégarten, haben ihren Reiz.

Die Gräber der Könige

Warum heißt Schweden eigentlich Schweden? Die Antwort auf diese Frage gibt ein Volk, das vom römischen Schreiber Tacitus im Jahr 98 nach Christus als Sviones, als Sveavolk beschrieben wird, und das seine Könige in der Nähe von Uppsala beerdigte. Vieles rund um dieses germanische Volk ist im Dunkel der Geschichte verborgen. Funde von Archäologen in der Provinz Uppland bringen jedoch ein wenig Licht in die Sache. Bei Ausgrabungen wurde in Gräbern die Asche von Toten gefunden, dazu wertvolle Grabbeigaben sowie die Überreste von Gebeinen. Bestattet wurden die Toten etwa 500 n. Chr. Vermutlich waren es Könige der Svear aus dem Herrschergeschlecht der Ynglingar, die hier in Gamla Uppsala ihre letzte Ruhe gefunden haben.

Infos und Adressen

INFORMATION
Kungsgatan 59, 75321 Uppsala,
Tel. 018/727 48 00,
info@destinationuppsala.se,
www.destinationuppsala.se

ESSEN UND TRINKEN
Villa Anna. Vor allem schwedische Klassiker werden in diesem preisgekrönten Restaurant in Uppsala serviert. Dabei werden jedoch mit Neukreationen Akzente gesetzt.
Villa Anna, Odinslund 3, 75310 Uppsala, Tel. 018/580 20 00,
www.villaanna.se, info@villaanna.se

ÜBERNACHTEN
Das **First Hotel Linné** liegt mitten im Zentrum von Uppsala direkt neben dem Botanischen Garten. Es wartet mit modernem, individuellem Ambiente auf.
First Hotel Linné, Skolgatan 45, 75002 Uppsala, Tel. 018/10 20 00,
linne@firsthotels.se,
www.firsthotels.com/sv/linne

Grabhügel der Svear-Könige

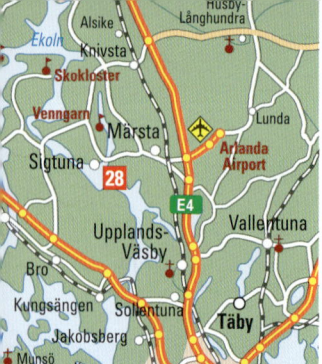

Stockholm & Umgebung

28 Sigtuna
Zurück zu Schwedens Anfängen

Ein Idyll aus verwinkelten Gassen und Holzhäusern am Ufer des Sees Mälaren – das ist Sigtuna. Hier stolpern die Besucher sprichwörtlich an jeder Ecke über historische Überbleibsel aus dem Mittelalter. Runensteine und Kirchenruinen zeugen von der Zeit, in der das heutige Schweden langsam Gestalt annahm. Man sagt: Sigtuna ist die Stadt, in der alles begann.

Schwedens älteste noch existierende Stadt. Schwedens erste christliche Stadt. Schwedens erste Münzprägestätte. Und Schwedens Wiege: Sigtuna trägt viele Beinamen. Gegründet wurde die kleine Stadt nach derzeitiger Forschung um 970 n. Chr., also ungefähr zu der Zeit, als Birka im Mälaren aufgegeben wurde. Ihr Gründer soll Erik Segersäll (ca. 945 – ca. 995) gewesen sein, der lange Zeit als der König galt, der als Erster das gesamte mittelalterliche Schweden unter sich vereinte. In der jüngeren Forschung wird dieses Verdienst aber häufig erst seinem Sohn, Olof Skötkonung (ca. 980 – ca. 1022), zugeschrieben. Sicher ist immerhin, dass unter Eriks Regierung in Sigtuna die ersten schwedischen Münzen geschlagen wurden. Der älteste Fund, der dies belegt, stammt aus dem Jahr 995 und ist im Sigtuna-Museum zu sehen. Ebenso sicher ist aber auch, dass es zur Zeit Olof Skötkonungs noch nicht weit her war mit dem Christentum in Sigtuna – auch wenn er selbst sich hat taufen lassen und mit einer Christin verheiratet war. Im Gegenteil. Gerade deshalb soll er kurz vor seinem Tod vertrieben worden sein, weil die Svear sich einem christlichen König nicht unterwerfen wollten. Auch der vermutlich

Oben: Das kleinste Rathaus Schwedens
Unten: In den mittelalterlichen Gassen von Sigtuna taucht immer wieder Historisches auf.

Sigtuna

Durch das mittelalterliche Sigtuna

Ⓐ Sigtuna vom Wasser aus – Dieser Blick mag sich dem mittelalterlichen Betrachter eröffnet haben, der sich vor etwa 1000 Jahren Sigtuna vom Wasser aus genähert hat.

Ⓑ Königshof – Früher eröffnete sich von dieser Stelle aus der Blick auf den Königshof, der sich ein Stück den Hügel hinauf befand. Heute ist der Blick durch die Bebauung ein wenig verstellt.

Ⓒ Hauptstraße im Mittelalter – Direkt vor dem ehemaligen Königshof, an dessen Stelle sich heute das Sigtuna-Museum befindet, eröffnet sich der Blick auf die Hauptstraße der Fußgängerzone.

Ⓓ Sankt-Pers-Kirchenruine – Wo heute nur noch eine Ruine zu sehen ist, stand zwischen dem 12. und 17. Jahrhundert die Sankt-Pers-Kirche.

Ⓔ Ting-Berg – Von der Anhöhe aus eröffnet sich heute wie damals ein Rundblick über die Stadt und den See Mälaren. Von hier aus, wo auch Volks- und Gerichtsverhandlungen abgehalten wurden, hatte man einen guten Blick auf sich nähernde Schiffe.

Ⓕ Prozessionsweg – Hier konnte ein Besucher im Mittelalter auf sechs von sieben Kirchen der Stadt sehen. An kirchlichen Festtagen führten hier die Prozessionen entlang.

Ⓖ Sankt-Olofs-Kirchenruine – Direkt gegenüber der Maria-Kirche befindet sich die Ruine der Sankt-Olofs-Kirche. Die ehemalige Domkirche hat ihre Anfänge vermutlich im 12. Jahrhundert und wurde später erweitert.

Ⓗ Dominikanerkloster – Bis auf den Friedhof und die Maria-Kirche ist heute vom mächtigen Dominikanerkloster nichts mehr zu sehen. Die Rekonstruktion zeigt sein damaliges Aussehen.

Ⓘ Sigtuna – Hier gibt es weitere Informationen zum mittelalterlichen Sigtuna.

Stockholm & Umgebung

SCHLOSS SKOKLOSTER

Nicht weit von Sigtuna entfernt ließ sich Graf Carl Gustaf Wrangel (1613–1676) den größten und vielleicht auch prächtigsten Privatpalast errichten, der je in Schweden gebaut wurde. Der mächtige Barockbau ist reich ausgestattet mit luxuriösen Möbeln, Wandbehängen, Kunst, Büchern, Werkzeug, Waffen und anderen Gegenständen aus ganz Europa. Etwa 50 000 Sammlungsstücke aus der damaligen Zeit sind bis heute im Schloss Skokloster erhalten geblieben, und auch das Gebäude selbst präsentiert sich noch nahezu im Urzustand. Selbst der im Innenausbau nicht vollendete Festsaal im Westflügel steht noch heute unvollendet da, als wären die Handwerker nur mal eben in der Mittagspause. Geöffnet im Mai und September an den Wochenenden, im Sommer täglich. Führungen werden im Sommer täglich angeboten.

www.skoklossersslott.se

Nicht verpassen

in den 1060er-Jahren gegründete Bischofssitz in Sigtuna blieb lange Zeit verwaist.

Runensteine & Ruinen im Kleinstadtidyll

Wann Sigtuna und Schweden letztlich wirklich als christianisiert anzusehen waren, wird wohl ungeklärt bleiben. Fest steht aber, dass Sigtuna während seiner Blütezeit vom Ende des 10. Jahrhunderts bis Mitte des 13. Jahrhunderts nicht nur politisches Machtzentrum und ein wichtiger Handelsplatz war. Nach und nach entwickelte sich die Stadt auch zu Schwedens kirchlichem Zentrum: Sieben mächtige Steinkirchen wurden hier im frühen Mittelalter gebaut, von denen drei heute noch als Ruinen zu sehen sind. Im 13. Jahrhundert kam dann ein Dominikanerkloster hinzu, das 1255 mit der Mariakyrkan eine eigene Kirche erhielt. Auch zahlreiche Runensteine zeugen von der christlichen Vergangenheit der Stadt. Wobei die Bezeichnung »Stadt« für die heutige Ansiedlung ein wenig übertrieben scheinen mag. Der kleine Ort verlor im späten 13. Jahrhundert seine Machtposition an das schnell wachsende Stockholm und führt heute ein eher beschauliches Dasein. Das Straßennetz im historischen Ortskern ist nahezu identisch mit dem aus dem frühen 11. Jahrhundert.

Wie das mittelalterliche Sigtuna ausgesehen hat, kann anhand einer Vielzahl an archäologischen Ausgrabungen mittlerweile recht genau rekonstruiert werden. Ein Bild davon können sich Besucher sowohl im Sigtuna-Museum als auch bei einem Rundgang durch den alten Ortskern machen: Hier wurden an verschiedenen Stellen Informationstafeln aufgestellt, die nicht nur erzählen, was sich an dieser Stelle im Mittelalter befand, sondern es auch bildlich zeigen.

Sigtuna

Infos und Adressen

INFORMATION
Destination Sigtuna AB, Stora gatan 33
19323 Sigtuna, Tel. 0046/859 48 06 50,
info@destinationsigtuna.se,
www.destinationsigtuna.se

ÜBERNACHTEN
32 rum och kök. Gemütliches Hotel in der Nähe des Hafens. Das historische Gebäude aus dem 19. Jahrhundert bietet insgesamt 26 Zimmer und ein gutes Restaurant. Ganzjährig geöffnet.
Stora Gatan 79, 19339 Sigtuna,
Tel. 0046/859 25 66 95, www.32rok.se

ESSEN UND TRINKEN
Tant Bruns Kaffestuga. Uriges kleines Café in einer Seitenstraße der Storgatan. Im Sommer schmecken die selbst gebackenen Kuchen, Gebäckstücke und Baguettes im lauschigen Innenhof noch mal so gut. Ganzjährig täglich geöffnet von 10 bis 18 Uhr, im Sommer bis 19 Uhr.
Laurentii gränd 3, 19330 Sigtuna,
Tel. 0046/859 25 09 34, www.tantbrun-sigtuna.se

Sankt Olofs Kirchenruine in Sigtuna

Båthuset Krog & Bar. Gutes Restaurant mit Fisch- und Fleischgerichten in ungewöhnlicher Lage direkt auf dem Wasser. Geöffnet dienstags bis samstags 18–22 Uhr. Bootshafen (Hamnen), 19321 Sigtuna, Tel. 0046/859 25 67 80, www.bathuset.com

SEHENSWÜRDIGKEITEN
Sigtuna-Museum. Ganzjährig dienstags bis sonntags von 12 bis 16 Uhr geöffnet, im Juni, Juli und August auch montags. Audioguides stehen in schwedischer und englischer Sprache zur Verfügung. Führungen müssen im Voraus gebucht werden, auch Stadtführungen werden angeboten.
Sigtuna Rådhus. Das kleine Rathaus aus den 1740er-Jahren besteht aus lediglich zwei Räumen und wird als das kleinste Rathaus Schwedens – und vielleicht sogar Europas – bezeichnet. Es ist in den Sommermonaten für Besichtigungen geöffnet.

Relief im Bankettsaal von Schloss Skokloster

Stockholm & Umgebung

29 Schloss Gripsholm & Mariefred
Postkartenidylle am Mälaren

Mehr als 400 Schlösser und Herrenhäuser prägen den besonderen Charakter der Provinz Sörmland – der Countryside von Stockholm. Das bekannteste ist Schloss Gripsholm in Mariefred – eines der zehn königlichen Schlösser Schwedens. Hier schrieb Kurt Tucholsky seinen berühmten Roman Schloss Gripsholm und hier – auf dem Kirchhof in Mariefred – befindet sich auch das Grab des Schriftstellers.

In der Sonne glitzerndes Wasser, pittoreske rot-weiße Häuschen, eine Insel mit einem Schloss, dazu weiß-blauer Himmel: Schloss Gripsholm und der kleine Ort Mariefred gleichen einer Postkartenidylle. Ob die Menschen, die vor gut 600 Jahren an den Ufern des Mälaren lebten und arbeiteten, einen Blick für diesen Augenschmaus hatten? Damals ließ der Adlige Bo Jonsson Grip (ca. 1330–1386) auf ebenjener Insel eine Festung bauen und benannte sie nach seiner Familie. Grips Insel, wie Gripsholm übersetzt heißt, lag geschützt, aber trotzdem verkehrsgünstig am südlichen Ende des Sees Mälaren. Das Meer war, je nach Witterung, nicht einmal eine Tagesreise entfernt. Und damit auch Stockholm. Das könnte auch ausschlaggebend gewesen sein, als Gustav I. Wasa (vermutlich 1496–1560) just diese Insel als sichere Rückzugsmöglichkeit auswählte, um ein neues Schloss zu errichten. Um 1540 war dann jene Residenz fertig, die Kurt Tucholsky (1890–1935) in seinem Roman *Schloss Gripsholm* so beschreibt: »Ich weiß nichts vom Stil dieses Schlosses – ich weiß nur: wenn ich mir eins baute, so eins baute ich mir.« Wehrhaft wirkt es mit sei-

Oben: Schloss Gripsholm liegt idyllisch am Mälaren.
Unten: Gedenkstein am Grab von Kurt Tucholsky

Der Hafen von Strängnäs

nen dicken, roten Mauern und Türmen. Schließlich herrschten damals unruhige Zeiten. Gustav I. Wasa wollte sich und seine Familie schützen – auch und vor allem gegen andere Adlige, die nach seiner Krone trachteten.

Ahnengalerie der schwedischen Geschichte

Heute ist der Gang durch das Schloss auch ein Gang durch die Geschichte der schwedischen Monarchie. Eine Porträtsammlung mit rund 4000 Bildern versammelt hier die wichtigen Personen der schwedischen Geschichte von damals bis heute. Historische Namen erhalten ein Gesicht. Ebenjener Gustav I. Wasa zum Beispiel, der mit scharfem Blick aus dem Bild hinausschaut. Oder Sigismund, der hoch zu Ross dargestellt ist. Und so hängen an den Mauern des Schlosses die Bildnisse der Herrscher, zeigen, wie diese aussahen oder wie diese sich gern präsentieren wollten. Inwiefern dies mit der Realität übereinstimmte, sei dahingestellt. Herrscherbilder waren eindeutig Teil der Imagepflege. Die Porträtsammlung verdeutlicht aber auch die Probleme, die Gustav I. Wasa mit seiner Idee der – in der Realität immer wieder un-

Nicht verpassen

STRÄNGNÄS – VOM OPFERPLATZ ZUM BISCHOFSDOM

Mitten in einem Mosaik aus Wasser und Land liegt am südlichen Ufer des Sees Mälaren die Stadt Strängnäs. Direkt am Hafen erhebt sich der Kvarnberget, den eine rote Windmühle ziert. An der gegenüberliegenden Seite der Landzunge ragt der Turm des Doms in den Himmel. Und der ist die wichtigste Sehenswürdigkeit des Ortes. Der Beginn der christlichen Zeit in Strängnäs soll blutig gewesen sein. Die Menschen huldigten noch ihren alten Göttern, als der englische Missionar St. Eskil an den Mälaren kam. Er soll der Sage nach im Jahr 1080 just auf dem damaligen Opferplatz gesteinigt worden sein, auf dem heute der Dom steht. Wenige Jahre später wurde Strängnäs jedenfalls Bischofssitz. Dies erklärt auch die stattliche Größe des Doms, mit dessen Bau bereits im 13. Jahrhundert begonnen wurde und der bis heute mit seinen gotischen Stilelementen und den Übergängen von Ziegelgemäuer und Deckenmalereien eine Besonderheit ist.

Stockholm & Umgebung

Oben: Gripsholms Värdshus mit Wurzeln aus dem 17. Jahrhundert
Mitte: Museumszug im Bahnhof von Mariefred
Unten: Das Rathaus von Mariefred

terbrochenen – Erbmonarchie geschaffen hat. Insgesamt 23 Regenten hat das Land bis heute gehabt. Sechsmal mussten die Herrscher mehr oder weniger freiwillig abtreten, andere starben keines natürlichen Todes.

Holzhausidyll Mariefred

Ein wenig im Schatten des Schlosses liegt Mariefred. Das Zentrum des hübschen Städtchens stimmt immer noch mit dem einer Karte aus dem Jahr 1759 überein. Den Namen hat Mariefred von einem Kartäuserkloster, das genau so hieß: Marias fred – Friede Marias. Anno 1493 wurde es gegründet, 1526 schon wieder geschlossen. Von dem alten Gebäude ist heute nicht mehr viel übrig. Gustav I. Wasa nutzte das Klostergemäuer als Steinbruch, um sich sein Schloss Gripsholm bauen zu lassen. Die Mönche waren aber längst nicht die ersten Bewohner der malerischen Bucht am Mälaren. Irgendwann um das Jahr 1000 wurden zwei Runensteine vor Gripsholm aufgestellt, um die Verwandtschaft und ihre Taten zu ehren. In späteren Jahrhunderten schien Mariefred aber eher am Rand der Geschehnisse zu liegen. Während in anderen Städten der Umgebung Fabriken und Werkstätten entstanden, ging diese Entwicklung an Mariefred weitgehend vorbei. Vielleicht ist das der Grund, warum in dem kleinen Ort noch so viele schöne Holzhäuser erhalten geblieben sind.

Herausragend sind dabei das Rathaus mit seiner prächtigen Fassade und dem grünen Türmchen und der zurückhaltender gestaltete Bellmangården. Auch der Bahnhof mit seiner leuchtend gelben Holzfassade ist eine Sehenswürdigkeit. Hier startet die rund drei Kilometer lange Schmalspurstrecke zwischen Mariefred und Läggesta, auf der im Sommer Dampflokomotiven historische Waggons ziehen.

Schloss Gripsholm & Mariefred

Infos und Adressen

INFORMATION
Marifreds Turistbyrå, Rådhuset
64730 Mariefred, Tel. 0046/15 92 97 90,
turism@strangnas.se, www.strangnas.se

ÜBERNACHTEN
Gripsholms Värdshus Hotell & Konferens.
Details siehe unter »Essen und Trinken«.

ESSEN UND TRINKEN
Gripsholms Värdshus Hotell & Konferens.
Geboten wird gehobene schwedische Küche aus meist biologisch angebauten Zutaten.
Ganzjährig täglich durchgehend geöffnet.
Gripsholms Värdshus, 64730 Mariefred,
0046/15 93 47 50, www.gripsholms-vardshus.se
Gripsholms Slottspaviljong. Von Mai bis August werden in dem Holzpavillon täglich gute und günstige Mittagsgerichte angeboten.
Lottenlund, 64730 Mariefred,
Tel. 0046/15 91 00 23, www.slottspaviljongen.se

SEHENSWÜRDIGKEITEN
Schloss Gripsholm. Geöffnet täglich von 10 bis 16 Uhr, 15. Mai bis 15. September, erste Maihälfte und bis Ende November an den Wochenenden 12 bis 15 Uhr, übriges Jahr nur an gesonderten Terminen. Führungen gibt es in schwedischer und engli-

Runenstein bei Gripsholm

scher Sprache. Gripsholms Slott, 64731 Mariefred,
Tel. 0046/15 91 01 94, www.gripsholmsslott.se
Grafikens Hus. In einem Nebengebäude des Schlosses konzentriert sich die Kunsthalle ausschließlich auf zeitgenössische Grafiken. Im Sommer täglich geöffnet, eingeschränkte Öffnungszeiten während der übrigen Jahreszeiten.
Gripsholms Kungsladugård, 64731 Mariefred,
Tel. 0046/15 92 31 60, www.grafikenshus.se

Bahnhof Mariefred

Stockholm & Umgebung

30 Trosa & Stendörren
Noch schöner als im TV

Regelmäßig flimmern seit einigen Jahren idyllische Bilder der Stadt Trosa und des Naturreservats Stendörren über deutsche Mattscheiben. Denn beide dienten den Machern der »Inga Lindström«-Fernsehfilme schon mehrfach als Kulisse. In der Realität ist dieses Postkartenidyll aber noch viel schöner – nicht zuletzt dank der Möglichkeiten zu Wanderungen, Kajaktouren und Bademöglichkeiten in Stendörren.

Kopie des Rathauses aus dem Jahr 1725 – hier ist das Tourismusbüro ansässig.

Einfach nur malerisch! Das ist der Eindruck, den wohl jeder Besucher erhält, wenn er durch den kleinen Ort Trosa spaziert. Der abseits gelegene Flecken an der Schärenküste südlich von Stockholm zählt zu den ältesten Städten Schwedens, spielte sogar einmal eine Rolle als bedeutender Handelsplatz, dann als Fischerdorf. Doch die Schönheit des abgeschiedenen Städtchens lockte seit dem 19. Jahrhundert immer mehr reiche Stockholmer in den Schärenort. Das spiegelt sich auch im Stadtbild wider: Kleine, enge Gassen zwischen den alten Holzhäusern im typischen Rot führen zum Fluss Trosaån, der gesäumt ist von den Hotels und Pensionaten der Jahrhundertwende. Hier feierte die noble Sommergesellschaft Maskenbälle, kam zu festlichen Diners zusammen oder traf sich zum Tanz. Sogar eine Spa-Anlage wurde gebaut, obwohl man diesen Begriff damals noch nicht kannte. Heute erwarten die Besucher hübsche Vorgärten, in denen unterstützt von Liebe, etwas Dünger und Wasser Rosen an den Holzfassaden emporklettern. Gelbe, weiße und rote Häuschen spiegeln sich im Wasser des Kanals, und in den Fenstern führen Buddelschiffe und Katzen ein

Idyllische Uferpromenade am Fluss Trosaån

geruhsames Leben. Verschnörkelte, altmodische Bänke im Schatten dicht belaubter Bäume laden zum Verweilen ein, um den kleinen Booten zuzusehen, die über den schmalen Fluss durch den Ort schippern. Boutiquen und Galerien präsentieren modernes Kunsthandwerk, gemütliche Gartencafés locken mit leckeren Backwaren. Kein Wunder also, dass dieser Ort immer wieder als Filmkulisse gewählt wird. Besonders das alte Rathaus am Marktplatz, den Fluss und Antons Krog werden aufmerksame Zuschauer der »Inga Lindström«-TV-Reihe wiedererkennen. Nicht zu vergessen den Hafen, in dem von Mai bis September reges Treiben herrscht: Hier machen im Sommer nicht nur die Skipper der Freizeitboote fest, sondern auch die nostalgischen Ausflugsschiffe der Götakanal-Flotte. Jedes Mal, wenn die »Juno« oder die »Diana« am Kai anlegen, ertönt hier Akkordeonmusik, welche die aus der ganzen Welt angereisten Gäste mit schwedischen Liedern begrüßt, die von den Seen und Wäldern, vom Meer und natürlich auch von der Liebe erzählen. Nach einigen Stunden legen die Götakanal-Schiffe wieder ab. Und für Freizeitskipper haben die Schären weitere interessante Ausflugsziele zu bieten – wie das Naturreservat Stendörren ein paar Seemeilen weiter südlich.

Nicht verpassen

KÖNIGLICHE RESIDENZ IN NATURIDYLL

Nur eine zehnminütige Autofahrt von Trosa entfernt thront das Schloss Tullgarn an der Spitze einer Landzunge, die in die Ostsee ragt. Eine sowohl idyllische als auch strategisch günstige Lage nicht weit von Stockholm entfernt. Das hat sich wohl nicht erst der schwedische Graf Magnus Julius de la Gardie (1669–1741) gedacht, der den Prachtbau in seiner heutigen Form in den 1720er-Jahren bauen ließ. Denn schon seit dem 15. Jahrhundert hatten sich hier betuchte Schweden niedergelassen und gemäß ihren Verhältnissen und ihrer Zeit gebaut. Anno 1772 übernahm dann die schwedische Krone das herrlich gelegene Anwesen, das bis heute in ihrem Besitz ist. Mit seiner überwiegend originalen Einrichtung aus dem 18. und 19. Jahrhundert zählt das Lustschloss zu den beliebtesten Ausflugszielen der Stockholmer – nicht zuletzt durch seine Nähe zum Naturreservat Tullgarn, das eine überaus vielfältige Landschaft umfasst.

Stockholm & Umgebung

Tür aus Stein

Das Tor zum Meer. So wird Stendörren in alten Seebeschreibungen genannt. Vielleicht stammt daher auch der Name, der wörtlich übersetzt so viel wie »die Tür aus Stein« bedeutet. Viele Segler und Motorboote nutzen diesen engen Durchschlupf zwischen einer grasbewachsenen Halbinsel und einer felsigen Schäreninsel. Dort wacht am Ufer ein rotes Schwedenhäuschen, über dem die blau-gelbe Flagge weht. Eine Idylle! Diesen Eindruck müssen auch die Macher der »Inga Lindström«-Filme bekommen haben, die immer wieder hierher zurückzukommen scheinen. Das Naturreservat ist nicht groß, gerade einmal 900 Hektar umfasst es. Gleichwohl ist Stendörren ein Kaleidoskop verschiedener Landschaftstypen. Man findet hier Wiesen mit bunten Blumen, über die schnarrende Gänse gemächlich schreiten, schroffe Felsen, die mit Flechten bewachsen sind, kleine Wäldchen, in deren Schatten Farne gedeihen.

Hängebrücken in den Schären

Die absolute Besonderheit: Einige Schären von Stendörren sind mit Hängebrücken verbunden, sodass Besucher auch ohne Boot über schmale Wanderwege bis auf die äußersten Schären gelangen können. Das ist bisweilen eine ziemlich wackelige Angelegenheit, doch wer nicht schwimmen will, muss eben den abenteuerlichen Weg über die Brücke nehmen. Neben der fantastischen Landschaft, die trotz »Inga Lindström« immer noch ein Geheimtipp ist, bieten sich hier beste Voraussetzungen für einen schönen Sommertag. Im ganzen Gebiet wurden Grillplätze mit Holzvorräten, Mülltonnen, Toiletten und Windschutzhütten eingerichtet, ein Aussichtsturm eröffnet den Blick über einen großen Teil der Schärenlandschaft, und für die Orientierung gibt es markierte Wanderwege unterschiedlicher Länge.

Oben: Historische Telefonzelle – ob sie noch in Betrieb ist?
Unten: Trosa – Holzhausromantik in kleinen Gassen

Trosa & Stendörren

Infos und Adressen

INFORMATION
Trosa Turism, Rådstugan, Torget,
61930 Trosa, Tel. 0046/15 65 22 22,
info@trosa.com, www.trosa.com

ÜBERNACHTEN
Trosa Stadshotell. Historisches Hotel aus dem 19. Jahrhundert mit teils verwinkelten Zimmern, einem sehr schön erneuerten Spa-Bereich und gutem Restaurant. Ganzjährig geöffnet.
Västra Långgatan 19, 61935 Trosa,
Tel. 0046/15 61 70 70, www.trosastadshotell.se
Bomans Hotell. Individuelles Boutiquehotel mit sehr gutem Restaurant direkt am Hafen. Ganzjährig geöffnet.
Hamnen (Hafen), 61930 Trosa,
Tel. 0046/15 65 25 00, www.bomans.se

ESSEN UND TRINKEN
Antons Krog. Gemütliches Restaurant im Gebäude einer ehemaligen Polizei- und Feuerwehrstation aus dem Jahr 1883. Zubereitet werden die klassisch schwedischen Gerichte im ehemaligen Gefängnis und gespeist wird dort, wo früher das Feuerwehrauto des Orts untergebracht war. Eine wirklich interessante »Location«. Geöffnet montags bis samstags Mittagstisch, im Sommer freitagabends Grillbuffet.
Västra Långgatan 9, 61935 Trosa,
Tel. 0046/15 61 27 49, www.antonskrog.se
Trosa Stadshotell. Details siehe »Übernachten«.
Bomans Hotell & Restaurant. Details siehe »Übernachten«.

SEHENSWÜRDIGKEITEN
Schloss Tullgarn. Vom 1. Juni bis 31. August dienstags bis sonntags geöffnet, im Mai und September an den Wochenenden. Das Schloss ist ausschließlich im Rahmen von ca. 45-minütigen Führungen zugänglich, die zwischen 11 und 16 Uhr jeweils zur vollen Stunde auf Schwedisch angeboten werden, Führungen in englischer Sprache gibt es jeweils um 15 Uhr.
Tullgarns slott, 61074 Vagnhärad,
Tel. 0046/855 17 20 11, www.kungahuset.se

Gut erreichbar – die Schären im Naturreservat Stendörren

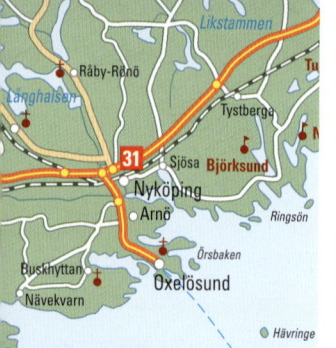

Stockholm & Umgebung

31 Nyköping
Blutige Geschichte am Meer

Die kleine Ostseestadt hat viel aus ihrer über 1000-jährigen Geschichte zu erzählen – von blutigen Machtkämpfen, Königen, Herrschern und Hochzeitsfeiern. In der Nähe befindet sich mit dem Tierpark Kolmården ein beliebtes Ausflugsziel.

Oben: Die geschichtsträchtige Burg Nyköpingshus
Unten: Das alte Hafenkontor in Nyköping beherbergt heute einen Pub.

Zu einem Adventsgelage im Zeichen der Versöhnung lud König Birger Magnusson (1280–1321) im Dezember 1317 seine Brüder Erik und Valdemar auf die Burg Nyköpingshus ein. Keiner von beiden ahnte, dass sie dort in eine tödliche Falle tappten, die als »Nyköpings Gästabud« (Nyköpings Gastmahl) in die Geschichte einging. Denn der König war alles andere als versöhnlich gegenüber seinen Brüdern eingestellt, die über Jahre hinweg gegen ihn intrigiert und ihn zwei Jahre lang im Nyköpingshus eingekerkert hatten. Nach dem Festmahl am 10. Dezember 1317 begaben sich die beiden jüngeren Brüder satt zu Bett. Noch in derselben Nacht ließ der König sie gefangen nehmen und in den Kerker sperren, wo sie elendig verhungerten. So beschreibt die *Erikskrönikan*, die vermutlich in der ersten Hälfte des 14. Jahrhunderts entstanden ist, die Geschehnisse.

Was sich bei dieser Gelegenheit alles ereignete und welche Geschichten die Burg und das spätere Schloss noch zu erzählen haben, können Besucher im Sommer beispielsweise im Rahmen von dramatisierten Führungen im Nyköpingshus erleben. Alternativ geht es auf eigene Faust mit Audioguide durch die historischen Gemäuer, von denen der Königsturm »Kungstornet« das sichtbarste Überbleibsel ist. Auch die unterirdischen Geheimgänge und der dunkle Kerker können erkundet werden.

In den alten Speicherhäusern haben sich Kunsthandwerk und Cafés etabliert.

Lohnend ist ein Spaziergang entlang des Flusses Nyköpingsån. An 35 Stationen, die durch Fahnen gekennzeichnet sind, erzählen Schautafeln Geschichten über die Menschen, Machtspiele und wirtschaftlichen Veränderungen Nyköpings. Dazu zählt auch das Brauereigelände, das Ende des 19. Jahrhunderts hier entstand und heute in seinen Gebäuden ein Kulturzentrum mit interessanten Geschäften sowie Treffpunkt für Kunsthandwerker, Künstler, Musiker und Studenten ist. Schön ist auch der kleine Freizeithafen, in dem sich im Sommer auf den Außenterrassen der vielen Restaurants, Clubs und Cafés die Menschen tummeln.

Auf Safari in Kolmården

Für Familien ist auch Kolmårdens Tierpark ein beliebtes Ausflugsziel. Er befindet sich etwa 50 Kilometer südwestlich von Nyköping und ist mit einer Fläche von 200 Hektar der größte seiner Art in Skandinavien. Der Park wurde mit seinen Gehegen, dem Delfinarium und dem Safaripark in eine herrlich wilde Landschaft mit knorrigen Fichten und gewaltigen Felsblöcken oberhalb der Ostseebucht Bråviken integriert. Im Jahr 2011 wurde hier eine rund 2,5 Kilometer lange Seilbahn eingeweiht, die direkt durch den Safaribereich mit seinen Löwen, Bären, Wölfen und anderen wilden Tieren führt.

Infos und Adressen

INFORMATION
Nyköpings Turistbyrå, Rådhuset, Stora Torget, 61183 Nyköping, Tel. 0046/155 24 82 00, turism@nykoping.se, www.nykopingsguiden.se

ÜBERNACHTEN
Clarion Collection Hotel Kompaniet. Hotel am Wasser. Folkungavagen 1, 61134 Nyköping, Tel. 0046/155 28 80 20, www.clarionhotels.com

ESSEN UND TRINKEN
Café Hellmans. Ganzjährig geöffnet montags bis freitags 8–18 Uhr, samstags 9–17 Uhr, sonntags 11–16 Uhr. Hellmanska Gården, Västra Trädgårdsgatan 24, 61132 Nyköping, Tel. 0046/155 21 00 41, www.hellmanskagarden.se

SEHENSWÜRDIGKEITEN
Nyköpingshus. Geöffnet Mitte Juni bis Mitte August täglich 10–17 Uhr, in der übrigen Zeit dienstags bis sonntags 11–17 Uhr
Kolmårdens Djurpark. Von Anfang Mai bis Ende August täglich ab 10 bis 17 Uhr geöffnet, Anfang Juli bis Mitte August bis 19 Uhr. Im September nur am Wochenende. 61892 Kolmården, Tel. 0046/107 08 70 00, www.kolmarden.com

Stockholm & Umgebung

32 Schärenwelt von Gryt & Tjust
Action & Entspannung

Weniger bekannt als die Schären vor Stockholm und Göteborg ist die südlichere Inselwelt an der schwedischen Ostküste. Ganz alleine kann man im Sommer zwar auch hier nicht sein, aber immerhin ist etwas weniger los als vor den Toren der Großstädte. Darüber hinaus lädt das Inselgewirr, das viele zu den schönsten der Welt zählen, zu zahlreichen Aktivitäten am und auf dem Wasser ein.

Oben: Die innere Schärenwelt von Gryt ist durch verhältnismäßig dicht bewachsene Inseln geprägt.
Unten: Gemütlich liegt der kleine Hafen von Valdemarsvik.

Die kleine Gemeinde Valdemarsvik gilt als Ausgangspunkt zu einer der schönsten Küstenlandschaften Schwedens: den Schärengärten von Gryt und Tjust. Der Ort liegt am Ende einer etwa 16 Kilometer langen, fjordähnlichen Bucht und hat sich über die Jahrhunderte zu einem Umschlaghafen entwickelt. Schon um 1630 soll Valdemarsvik ein geschäftiger Marktplatz gewesen sein. Mitte des 19. Jahrhunderts siedelte sich hier mit einem Kupferwerk die erste Industrie an, und später kamen viele kleine Gerbereien hinzu, von denen sich eine zu einem Großunternehmen entwickelte. Im Jahr 1960 war aber Schluss mit der Lederverarbeitung, was insbesondere der Natur rings umher guttat. Heute beheimatet Valdemarsvik hauptsächlich mechanische Industrie und verschiedene Unternehmen der Dienstleistungsbranche – zu sehen gibt es hier nicht wirklich viel. Wer aber hinaus in die Schären möchte, kann sich im kleinen Ort den Picknickkorb oder die Kühltasche füllen, denn einige Läden verkaufen hier vorzugsweise Produkte aus der Region wie Ziegenkäse, Käsekuchen, frisches Gemüse sowie Fleisch vom Wildschwein, Reh oder Elch aus den heimischen Wäldern.

Schärenwelt von Gryt & Tjust

Wer heute die idyllische Schärenlandschaft von Gryt und Tjust betrachtet, kann sich kaum vorstellen, wie blutig und tragisch die Geschichte dieser Küstenregion einst war: Schiffe liefen bei Sturm und Unwetter auf Riffe auf und gingen unter. Die Wikinger verteidigten hier das Land in blutigen Kämpfen gegen ihre Feinde. Bei Baresund, im Schärengarten von Gryt, trafen sich um 1027 nach der Schlacht von Helgeå der schwedische König Anund Jakob (1007–1050) und der norwegische König Olav Haraldsson (995–1030). An der gleichen Stelle legte im Jahr 1598 König Sigismund III. Wasa (1566–1632) mit 27 Schiffen und ungarischen, deutschen und schottischen Soldaten an, um sein Recht auf die schwedische Krone zu verteidigen.

Heute tummeln sich in der Sommerzeit nur noch Freizeit-, Ausflugs- und Linienboote in den Schären und lassen die kriegerische Vergangenheit schnell vergessen. Kennzeichnend für die hiesige Inselwelt sind die grünen, dicht belaubten Eilande des inneren Schärengartens – je weiter es in den äußeren Bereich der Archipele geht, werden sie von karg bewachsenen Felseninseln abgelöst. So manch einer behauptet, dass die Schärenwelt von Gryt und Tjust die schönste und inselreichste in ganz Schweden sei. Fest steht zumindest, dass die kleinen Eilande bisweilen sehr dicht beieinander liegen, sodass sich die Region ideal für Paddeltouren mit dem Kajak eignet. Es gibt auch in Valdemarsvik und weiteren Orten zahlreiche Verleihstellen von Kajaks. Wer es lieber etwas weniger aktiv mag, geht einfach an Bord eines der im Sommer regelmäßig verkehrenden Schiffe der Skärgårdslinie, die das Inselhopping im gesamten Östgöta-Schärengarten ermöglichen. Auch Taxi- und Charterboote werden angeboten. Mit dem Pkw kann man bis Gryt und Fyrudden fahren – dorthin, wo der äußere Schärengarten anfängt.

Infos und Adressen

INFORMATION
Valdemarsviks Turistbyrå.
Storgatan 16, 61530 Valdemarsvik,
Tel. 0046/12 31 22 00,
turistbyran@tb.valdemarsvik.se,
www.valdemarsvik.se

ÜBERNACHTEN
Gryts Skärgårdspensionat. Nettes Bed & Breakfast in schöner Lage. Rågeterdalsvägen 5, 61042 Gryt, Tel. 0046/12 34 07 00, www.grytspensionat.se

ESSEN UND TRINKEN
Ida på Udden. Gemütliches Restaurant mit Abend- und Mittagstisch im Hafen von Fyrudden. Nur im Sommer geöffnet. Fyrudden, 61042 Gryt, Tel. 0046/12 34 02 10, www.fyrudden.se
Restaurang Loftet. Schärengartenrestaurant im Hafen von Harstena, das sich auf Seevogel- und Fischgerichte spezialisiert hat. Geöffnet Mitte Juni bis Mitte August.

SEHENSWÜRDIGKEITEN
Kupfermine auf der Insel Fångö
Kulturhistorische Insel Harstena, die heute noch Einblicke in das Inselleben vergangener Tage gewährt.
Gubbö kupa bietet einen fantastischen Blick über den ganzen Schärengarten von Gryt.
Dalaröset. Etwa 5 km nördlich von Gryt, bei Daláudden, befindet sich Dalaröset, das Grab eines mit großer Wahrscheinlichkeit hochstehenden Mannes aus der Bronzezeit.
Leuchtturm. Der 30 Meter hohe Leuchtturm auf der Insel Häradsskär.

DAS LANDES-INNERE

33	Auf dem Götakanal	194
34	Linköping & Umgebung	200
35	Vadstena	202
36	Rund um den Vättern	204
37	Nationalpark Tiveden	210
38	Örebro	214
39	Rund um den Vänern	216
40	Durch Västergötland	224
41	Kranichtanz am Hornborgasjön	228
42	Skulpturenstadt Borås	230
43	Aquädukt von Håverud	232
44	Wandern im Naturreservat Glaskogen	234

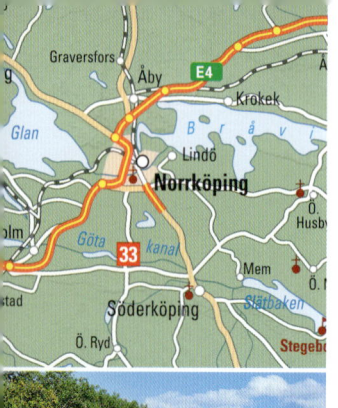

Seite 192/193: Götakanal bei Motala am Vättern See
Oben: Über eine siebenstufige Schleusentreppe gelangen die Schiffe vom See Roxen zum Yachthafen von Berg.
Unten: Dampfschiff »Wilhelm Tham« auf dem Götakanal

Das Landesinnere

33 Auf dem Götakanal
Durch das Herz Schwedens

Wer eine der populärsten schwedischen Sehenswürdigkeiten erleben will, muss an Bord eines Schiffes gehen. Der Götakanal verläuft auf einer Strecke von rund 190 Kilometern zwischen Stockholm und Göteborg. An Bord der nostalgischen Götakanalboote erlebt man die liebliche schwedische Landschaft völlig entschleunigt und genießt trotz der Enge an Bord ein stilvolles Ambiente.

Natürlich kann man auf dem Götakanal auch mit seinem eigenen Boot unterwegs sein. Man bezahlt die Schleusengebühren und steigt, von der Ost- oder der Nordsee kommend, Meter für Meter hinauf in das Landesinnere, durchquert das komplette Südschweden – und das auf dem Wasser. Ein faszinierendes Erlebnis. Wer kein eigenes Boot hat oder sich lieber fahren lässt, kann eine Kabine auf einem der drei nostalgischen Götakanal-Schiffe »Juno«, »Diana« und »Wilhelm Tham« beziehen. Hier bekommt man nicht den Luxus der Kreuzfahrtschiffe geboten, dafür herrscht an Bord eine ganz eigene, intime und gemütliche Atmosphäre. Die Schiffe sind klein und nehmen nur einige Dutzend Passagiere auf. Bereits nach ein paar Kilometern kennt man seine Mitfahrer und kommt an der Reling oder im Speisesaal ins Gespräch.

Direkt durch die Stockholmer Vororte führt die Fahrt nach dem Ablegen vor der prächtigen Kulisse der Altstadt. Die Wohnhäuser am Ufer mit ihrer modernen Architektur stehen in krassem Gegensatz zu den mehr als 100 Jahre alten Schiffen. Dann passiert man das am östlichen Stadtrand

Auf dem Götakanal

von Stockholm gelegene Schloss Drottningholm. Bei Södertälje greift die Besatzung zum ersten Mal zu den Stangen, mit denen sie das Schiff von der Schleusenwand fernhält. Doch diese erste Stufe des Södertälje-Kanals ist mit ihren 30 Zentimetern Hubhöhe nur ein Warmlaufen für das, was im Lauf der Fahrt kommen wird. Denn die Götakanal-Schiffe werden auf 190,5 Kilometer Länge in 58 Schleusen auf ziemlich genau 91,8 Meter über dem Meeresspiegel angehoben – und anschließend wieder auf Nullniveau abgelassen.

Herkulesaufgabe

Nach etlichen Seemeilen Fahrt durch die von Schären durchsetzte Ostsee ist der erste Halt am Anleger von Trosa. Einige Stunden bleiben für einen Rundgang durch den pittoresken Ort, dann tuckern die Schiffe weiter über das Meer und machen schließlich abends vor einer Schleuse fest. Am nächsten Morgen gleitet man in die erste Schleuse dieses Kanalstücks ein. Mit leichtem Quietschen schließt sich das Tor, erst langsam, dann mit gewaltiger Wucht schießt das Wasser aus dem oberen Schleusentor in die Kammer. Das Schiff hebt sich, Zentimeter für Zentimeter. Nur wenige Minuten später fährt es zur nächsten Stufe. Das Schauspiel wiederholt sich.

Hier im kleinen Städtchen Mem wurde 1832 der Götakanal feierlich eingeweiht, und König Karl XIV. Johan ehrte den Erbauer Baltzar von Platen für dessen Lebenswerk. Allerdings posthum. Denn der geniale Tausendsassa, der diese 300 Jahre alte Idee in die Tat umgesetzt hatte, war drei Jahre zuvor gestorben. Unter seiner Regie hatten 58 000 Soldaten insgesamt 87 Kanalkilometer ausgehoben. Und das nur mit Schaufeln, Sprengstoff und etlichen Sonderrationen Branntwein. Mit dem Ka-

Nicht verpassen

MOBILE GESCHICHTE
Historische Autos und Motorräder, Elektrogeräte, Ersatzteile, Motoren, Feuerwehrausrüstungen, ... die Aufzählung der Ausstellungsstücke würde den Rahmen dieses Kapitels sprengen. Ohnehin ist es viel beeindruckender, durch das direkt am Hafen von Motala gelegene Museum zu schlendern und eigene Entdeckungen zu machen. Was das Museum so sehenswert macht, sind nicht nur die Details der liebevoll restaurierten Fahrzeuge. Es ist vielmehr der historische Kontext, in den sie gestellt werden. Zum Beispiel eine Zeltplatzszene mit Wohnwagen und Klapptisch oder eine alte Tankstelle aus einer Zeit, als der Liter Benzin noch 68 Öre kostete.

Motala Motormuseum. Täglich von 8–20 Uhr (sonntags 10–20 Uhr) geöffnet. Platensgatan 2, Hamnen, 59135 Motala, Tel. 0141/588 88, motormuseum@telia.com
www.motormuseum.se

LECKERE ABKÜHLUNG

Wer nach Söderköping kommt, sollte sich nicht nur den Sehenswürdigkeiten der Stadt widmen. Eiskalt erwischt es einen im »Glassrestaurant Smultronstället«, einer der beliebtesten Eisdielen des ganzen Landes. Die Kreationen sind dabei so kreativ wie deren Namen: So kann man einen Vesuvius mit Haselnuss und Wiener Nugat verspeisen oder Rock'n'Roll tanzen mit Sahne, Schokolade und Stracciatella. Rund 35 verschiedene Eissorten sind im Angebot. In jeder Saison kommen neue hinzu, und das kann durchaus einmal exotisch werden. An heißen Sommertagen stehen Besucher vor der Eisdiele Schlange, doch ein wenig Geduld lohnt sich: Das Eis – auf Schwedisch »glass« – schmeckt sehr lecker!

Glassrestaurangen Smultronstället. Slussplan, 61434 Söderköping, Tel. 0121/216 11, info@smultronstallet.se, www.smultronstallet.se

Einfach gut!

Das Landesinnere

nal wurde das Landesinnere Südschwedens auch für Schiffe erreichbar, zudem sparte man sich auf dem Weg von der Nord- oder Ostsee den Weg durch den Öresund – und somit auch den an Dänemark zu zahlenden Sundzoll. Allerdings verlor der Kanal schon wenige Jahrzehnte später seine Bedeutung, da Eisenbahnlinien gebaut wurden.

Gesang an der Schleuse

Dem Touristen kann es jedoch nur recht sein. Höhepunkt einer jeden Fahrt sind die Schleusen. Bei Berg steigen »Juno« & Co. über 20 Meter nach oben. Sieben hintereinander gebaute Kammern sind nötig, um diesen Höhenunterschied zu bewältigen! Anschließend passiert man hinter dem See Boren die Stadt Motala mit einem tollen Automobilmuseum (siehe S. 195), bevor es auf die 30 Kilometer lange Strecke quer über den bisweilen rauen Vätternsee geht. Ruhigeres Fahrwasser erreichen die Kanalboote, sobald die Festung Karlsborg in Sichtweite kommt und man dort für einen Rundgang das Schiff verlässt (siehe S. 204). Nun beginnen die schönsten Kilometer der Kanalfahrt. Die Schleusenpassage von Forsvik beeindruckt nicht nur durch ihre Höhe, sondern auch durch Gesang. Seit vielen Jahren empfängt eine Gruppe streng religiöser Schweden hier jeden der Götakanal-Dampfer mit einem Lied und gedruckten Bibelversen, bevor es auf den prächtigen Viken-See hinausgeht. Die Fahrrinne ist bisweilen so schmal, dass die Matrosen mit Stangen nachhelfen müssen, um das Schiff um die Ecke zu bugsieren. Wer sich nach dem guten Essen bewegen will, kann manchmal neben dem Kanal laufen oder sich das Bordfahrrad ausleihen. Im Schnitt tuckern die Schiffe mit sechs Stundenkilometern durchs Land. Die Fahrt auf dem Götakanal ist eben eine Fahrt in einer anderen Zeit, in der das

Die alte Klostermühle von Söderköping

Auf dem Götakanal

Götakanal

Auf der insgesamt mehr als 500 Kilometer langen Fahrt gelangt man von Stockholm nach Göteborg, auch kürzere Etappen sind möglich. Der eigentliche Götakanal zwischen Mem an der Ostsee und Sjötorp am Vänern ist 190 Kilometer lang und verläuft zu mehr als der Hälfte über natürliche Gewässer. Die tatsächliche Kanalstrecke ist 87,3 Kilometer lang.

Bei der Fahrt über die offene Ostsee oder die beiden großen Seen Vättern und Vänern kann bei stärkerem Wind das Schiff auch einmal schwanken. Ansonsten kommt man der schwedischen Landschaft mit ihren stillen Seen, dichten Wäldern, grünen Wiesen und rot-weißen Schwedenhäuschen in ruhigem Fahrwasser sehr nahe.

Grandios – und sicherlich ein Grund für die große Popularität dieser Schiffsfahrt – sind die insgesamt 58 unterhaltsamen Schleusenpassagen. Mit etwas Glück erwischt man einen Schleusenwärter (übrigens ein beliebter Job bei Studenten), der die Wartezeit in der Schleusenkammer mit einem Lied auf der Gitarre verkürzt oder mit netten Geschichten aus der Vergangenheit unterhält.

Dass man dabei bald 100 Meter über den Meeresspiegel steigt, wird einem erst bewusst, wenn man sich mit der spannenden Historie des Kanals beschäftigt. Dazu hat man im Aufenthaltsraum der Schiffe genügend Zeit.

Dass mit Stockholm und Göteborg zwei äußerst lebendige und sehenswerte Städte am Anfang und Ende einer Tour stehen können, wertet die Reise auf dem Götakanal noch weiter auf. Sie gehört ganz sicher zu den unvergesslichen Höhepunkten eines Skandinavienurlaubs.

Die Schleusen von Berg sind auch für Touristen eine Attraktion.

Das Landesinnere

Tempo des Alltags seine Bedeutung verliert, während die Landschaft langsam an den Fahrgästen vorbeigleitet.

Über den Vänern nach Göteborg

Nach der Fahrt durch die Wald- und Wiesenlandschaft geht es vor Sjötorp über eine Schleusentreppe hinunter zum Vänern. Nun liegt eine mehr als 100 Kilometer lange Strecke quer über den größten See Schwedens vor den Schiffen. Erst in Vänersborg kommt wieder Land in Reichweite. An Industrieanlagen vorbei erreicht man auf dem Fluss Götaälv die berühmten Schleusen von Trollhättan, wo das grandiose Finale der Reise durch die Waldlandschaft Westschwedens beginnt – einer Gegend, die in der Vergangenheit bei den Auseinandersetzungen zwischen Schweden und Dänen eine große Rolle spielte. Symbol dafür ist die Bohus-Festung, die wenige Kilometer vor der Einfahrt in den Hafen von Göteborg am rechten Ufer auftaucht. In der westschwedischen Metropole verlässt man das in den vergangenen Tagen zum vertrauten Heim gewordene Schiff. Nach Tagen der Ruhe kann man sich nun in das Leben der Küstenstadt stürzen (siehe S. 240 und 248).

Oben: Vom See Roxen führt eine siebenstufige Schleusentreppe hinauf zum Yachthafen von Berg (Carl-Johans-Schleusen), gefolgt von zwei weiteren Doppelschleusen.
Unten: Altes Holzhaus in Alt-Söderköping

GUT ZU WISSEN

KEINE LANGEWEILE
Eine Reise auf einem Kreuzfahrtschiff gilt bei manchen als zu langweilig. Man sitzt im Liegestuhl auf Deck und starrt auf das blaue Meer. Ganz sicher gilt das nicht für die Fahrt über den Götakanal. Ist man nicht gerade auf einem größeren See unterwegs, so kommt man der schönen schwedischen Landschaft ganz nahe. Wer nicht auf seinen Sport verzichten will, kann während der Kanalpassagen neben dem Schiff herlaufen oder das Fahrrad nutzen.

Auf dem Götakanal

Infos und Adressen

Die historische Fahrt auf dem Götakanal ist entweder komplett oder in Teilstücken möglich. Üppiger Luxus darf auf den an den Kanal angepassten Booten nicht erwartet werden. Dafür bieten die drei Oldtimerschiffe »Juno«, »Diana« und »Wilhelm Tham« ein stilvolles Ambiente. Die Atmosphäre an Bord ist entspannt, besondere Kleidervorschriften gibt es nicht.
Rederi AB Göta Kanal. Tel. 031/80 63 15, bookings@gotacanal.se, www.gotacanal.se, Buchung auch in Reisebüros über diverse Veranstalter

SEHENSWÜRDIGKEITEN

Trosa. Pittoreskes kleines Städtchen mit kleinen Gassen und hübschen Holzhäuschen. Trosa Turism, Rådstugan, Torget, 61930 Trosa, Tel. 0156/522 22, turism@trosa.com, www.trosa.com
Bergs Slussar. Lohnend ist ein kurzer Spaziergang zu den Ruinen des Klosters von Vreta.
Karlsborg Fästning. Die Festung von Karlsborg am Westufer des Vättern wurde im 19. Jahrhundert gebaut. Karlsborgs Turism, Storgatan 65, 54632 Karlsborg, Tel. 0505/173 50, info@karlsborgsturism.se, www.karlsborg.se

Die Kirche von Drotthemså ist ein imposanter Anblick

Trollhättan. Trollhättan ist eine Industriestadt am Südende des Vänern und vor allem durch den Automobilbauer Saab bekannt (Museum). Während die Schiffe über etliche Schleusenstufen nach unten bugsiert werden, können die Passagiere in einem schönen Park bei den alten Schleusenvorgängern flanieren. Visit Trollhättan Vänersborg, Åkerssjövägen 10, 46153 Trollhättan, Tel. 0520/135 09, info@vicittv.co, www.vicittv.co

Die Schlossruine von Stegeborg am schmalen Sund Slätbaken

Das Landesinnere

34 Linköping und Umgebung
Lebendige Geschichte

Linköping ist die siebtgrößte Stadt des Landes. Touristen besuchen jedoch vor allem Gamla Linköping, das »alte« Linköping. Das hat zwar nie wirklich existiert. Doch zwischen Holzhäusern und Steinbauten wird das Leben der Menschen in der guten alten Zeit auf beeindruckende Weise näher gebracht. Dazu kommen ein prächtiger Dom und die Nähe zum Götakanal mit seinen Schleusen.

Gamla Linköping heißt nichts anderes als »Altes Linköping« und ist ein Freilichtmuseum, ja, ein eigener Stadtteil in Linköping. Und was für einer! Man muss den Stadtvätern von Linköping Respekt zollen. Als die Stadt in den 1940er-Jahren wuchs und man Platz für neue Häuser brauchte, wurden viele der alten Gebäude nicht einfach abgerissen. Man zerlegte vielmehr fein säuberlich Bank, Post & Co., transportierte sie an den Stadtrand und baute sie dort wieder auf. Läuft man dort über das Kopfsteinpflaster, dann fühlt man sich um Jahrzehnte zurückversetzt.

Waschmittel & Waffeln

Da ist das Postamt mit Posthorn und Krone auf der Fahne. Königlich ist es natürlich. Und es strahlt den Stolz und die Würde aus, die auch die Polizisten mit ihren stählernen Pickelhauben vermitteln. In der Handelsbod, dem Dorfladen, werden auf Metallschildern »Solo-Kaffee« und »Zenith-Margarine« angepriesen. Marken, die man in keinem Supermarktregal mehr findet. Dann um die Ecke die Apotheke, die mit Tiegeln und Töpfen

Oben: Liebevoll restaurierte Altstadthäuser in Gamla Linköping
Unten: Ein Schubkarren aus der »guten alten Zeit«

Linköping und Umgebung

und genauen Balkenwaagen so aussieht wie vor 100 Jahren. Hinzu kommen etliche Wohnhäuser und Höfe. Der des Barons von Lingen zum Beispiel, der nach dem Stand von 1820 rekonstruiert wurde. Die Villa der Bildhauerin Carin Nilson. Oder, als Kontrast dazu, Solliden, eine Arbeiterwohnung aus den Zwanzigerjahren des letzten Jahrhunderts, in der eine Holzfällerfamilie wohnte. Dann das alte Schulhaus, wo noch mit Kreide auf Schiefertafeln geschrieben wurde. In Dahlbergs Café am Hauptplatz werden am Nachmittag frische Waffeln mit Marmelade und viel Schlagsahne serviert. Schwedischer geht es kaum.

Domkirche

Über Gamla Linköping sollte man jedoch die anderen Sehenswürdigkeiten der Stadt nicht vergessen. Den altehrwürdigen und beeindruckenden Dom zum Beispiel, der zu den größten Kirchen des Landes gehört und außergewöhnlich gut erhalten ist. Mitte des 13. Jahrhunderts fingen die Handwerker mit dem Bau des Gotteshauses an, das im Laufe der Jahrhunderte mehrfach umgebaut und erweitert wurde.

Und die Stadt, das heutige Linköping selbst? An alter Bausubstanz ist nicht mehr sehr viel vorhanden. Bei einem Großbrand im Jahr 1700 brannten viele Holzhäuser nieder. Und was aus dem 18. und 19. Jahrhundert übrig geblieben ist, ja, das steht heute zu großen Teilen in Gamla Linköping. Im Zentrum flaniert man jedoch gemütlich im Schatten schöner, sehenswerter Häuserfassaden. Und dann sind da noch die bekannten Schleusen von Berg einige wenige Kilometer nördlich von Linköping. In Sichtweite des alten Benediktinerklosters von Vreta steigen die Schiffe auf dem Götakanal knapp 19 Meter in die Höhe, um ihre Fahrt in Richtung Vättern fortzusetzen.

Infos und Adressen

INFORMATION
Turistbyrån, Visit Linköping.
Storgatan 15 (St. Larsparken),
58223 Linköping,
Tel. 013/19 00 07 0,
info@visitlinkoping.se,
www.visitlinkoping.se

SEHENSWÜRDIGKEITEN
Eindeutiges Highlight von Linköping ist Gamla Linköping, das »alte Linköping« rund drei Kilometer von der Innenstadt entfernt. Das Freilichtmuseum ist das ganze Jahr über geöffnet, der Eintritt ist frei. Weitere interessante Museen sind das Schloss- und Dommuseum sowie das Östergötlands-Museum mit kulturhistorischen Ausstellungen und einer Kunstsammlung. Empfehlenswert ist noch ein Ausflug zu den »Bergs Slussar«, einer Schleusentreppe des Götakanals.

ÜBERNACHTEN
Hotel du Nord. Das Hotel ist traditionsreich in einem unter Denkmalschutz stehenden Gebäude untergebracht.
Repslagaregatan 5, 58222 Linköping,
Tel. 013/12 98 95,
hotell.du.nord@swipnet.se,
www.hotelldunord.se

ESSEN UND TRINKEN
Hier setzt man vor allem auf Gerichte aus dem Mittelmeerraum.
Restaurang ModMed. Gamla Tanneforsvägen 51, 58115 Linköping – Östergötland, Tel. 013/495 54 00,
linkopingcity@scandichotels.com
www.modmed.se

Das Landesinnere

35 Vadstena
Kleinstadt am Vättern

Eine idyllische Kleinstadt mit beschaulichen Gässchen, historisch bedeutenden Klostermauern und einem trutzigen Renaissanceschloss – das ist Vadstena. Ruhig und wie von der Zeit vergessen liegt die kleine Stadt am Nordostufer des großen Vättern. Hier treffen Besucher auf den faszinierenden Kontrast von sakraler und weltlicher Macht des späten Mittelalters – als sei es so und nicht anders geplant.

Gerade einmal 13 Birgittaschwestern leben heute noch in Vadstena nach den Vorgaben der hl. Birgitta (um 1303–1373), genau an dem Ort, an dem die Heilige selbst die Errichtung eines Mutterklosters für ihren neuen Orden plante. Eingeweiht wurde dieses zwar erst 1384, elf Jahre nach dem Tod Birgittas, aber ihre Anweisungen für die Ausgestaltung von Kloster und Klosterkirche wurden strikt befolgt. Schlicht, einfach und ohne Schmuck lauteten ihre Vorgaben. Und so wirkt die 1430 eingeweihte Klosterkirche, die ein dreischiffiger gotischer Bau aus blaugrauem Kalkstein ist und daher auch Blå Kyrkan, blaue Kirche, genannt wird, trotz ihrer Größe von außen eher unscheinbar. Im Inneren trifft man jedoch auf einige Besonderheiten: Als erste Kirche des Birgittinenordens erhielten die Ordensschwestern ihren Platz in einem Chor im Osten, während den Mönchen der Chor im Westen zugeteilt wurde. Der meiste Platz unter den 15 mächtigen Kreuzgewölben war jedoch für Gläubige und Pilger reserviert, sodass im Mittelalter hier ein ständiges Kommen und Gehen herrschte. Aus dieser Zeit sind noch einzelne Inventarstücke erhalten geblieben, beispielsweise der Lübecker Birgittenaltar aus dem 15. Jahrhun-

Oben: Das Renaissanceschloss in Vadstena sollte ursprünglich eine Festung werden.
Unten: Vadstena Klosterhotel im ehemaligen Birgittinenkloster

Vadstena

dert, der in Brüssel gefertigte Marienaltar vom Anfang des 16. Jahrhunderts, zwei berühmte Birgitta-Skulpturen und der Reliquienschrein, der sowohl die sterblichen Überreste der hl. Birgitta als auch die ihrer Tochter Katarina enthält. Die Klosterkirche wurde damals direkt neben dem mittelalterlichen Bjälboättens-Palast errichtet, den Birger Jarl (um 1210–1266) für seinen Sohn Valdemar (um 1240–1302) errichten ließ, als dieser 1250 zum König erhoben wurde. Zwei Generationen später spendete König Magnus Eriksson (1316–1374) den Prachtbau mit all den umliegenden Gebäuden an Birgitta für ihren geplanten Klosterbau.

Schloss am See

Wie ein weltliches Gegengewicht wirkt das mächtige Renaissanceschloss, das nur einen kurzen Bummel durch die Kleinstadt entfernt liegt, die im Mittelalter rund um das Klostergelände gebaut wurde. Der Stadtkern folgt noch heute dem mittelalterlichen Stadtplan, und viele der historischen Häuser sind eine Sehenswürdigkeit für sich. Dazu zählt beispielsweise das weiß gekalkte Rathaus mit seinem Turm aus dem frühen 16. Jahrhundert. Nur wenige Jahre später, 1545, begann Gustav I. Wasa (1496–1560) mit dem Bau einer mächtigen Verteidigungsanlage direkt am Ufer des Vättern, um Stockholm vor potenziellen dänischen und småländischen Angreifern zu schützen. Schon nach kurzer Zeit wurden diese Pläne aber verworfen, und statt einer Festung entstand nun ein Renaissancepalast für seinen Sohn Herzog Magnus (1542–1595). Komplett fertiggestellt wurde der Prachtbau jedoch erst im Jahr 1620. Für die Neubauten musste ein ganzes Stadtviertel weichen, wovon noch heute im Untergeschoss des Schlosses ein freigelegtes Stück Straßenpflaster aus dem Mittelalter zeugt.

Infos und Adressen

INFORMATION
Vadstena Turistbyrå.
Rödtornet, Storgatan 31,
59230 Vadstena,
Tel. 0046/143/315 70 oder 71,
info@vadstena.se,
www.visitostergotland.se

ÜBERNACHTEN
Vadstena Klosterhotel. Komfortable Unterkunft im ehemaligen Birgittinen-Kloster, einem der ältesten Gebäude Schwedens.
Lasarettsgatan, Klosterområdet,
59224 Vadstena,
Tel. 0046/143/130 00,
www.klosterhotel.se

ESSEN UND TRINKEN
Restaurant Munkklostret. Speisen im alten Schlafsaal der Mönche.
Lasarettsgatan, Klosterområdet,
59224 Vadstena,
Tel. 0046/143/130 00,
www.klosterhotel.se

SEHENSWÜRDIGKEITEN
Vadstena Klosterkirche. Ganzjährig täglich geöffnet, im Sommer 8–19 Uhr (Wochenende 9–19 Uhr), im Herbst, Winter und Frühjahr meist nur bis 15.30 Uhr. Lasarettsgatan, 59230 Vadstena,
www.visitostergotland.se
Vadstena Schloss. Von Mitte Mai bis ca. Mitte September täglich zu saisonal variierenden Zeiten geöffnet. Hamngatan 4, Nya Slottsbron, 59230 Vadstena,
Tel. 0046/143/62 16 00,
www.visitostergotland.se

Oben: Romantischer Sonnenuntergang am Vätternsee bei Hästholmen
Unten: Die rot-weißen Zuckerstangen – Polkagrisar genannt – sind die Spezialität von Gränna.

Das Landesinnere

36 Rund um den Vättern
Vielfalt mit Seeblick

Der Vättern ist ein See mit zwei Gesichtern. An seinem Süd- und vor allem Ostufer liegen so umtriebige Städtchen wie Jönköping oder Gränna sowie Huskvarna oder Motala mit einer langen Industriegeschichte. Eher beschaulich dagegen präsentiert sich die Westseite. Hier dominieren neben kleinen Orten vor allem Wälder und Hügel und eine Festungsstadt mit einer kuriosen Historie.

Beinahe zusammengewachsen sind die beiden Städte Jönköping und Huskvarna am Südufer des Vättern. Während Erstere eng verwoben ist mit der schwedischen Zündholzindustrie, ist Letztere Namenspate für Motorsägen, Geländemaschinen und Küchengeräte. Der Ort selbst wird mit »k« geschrieben, während das Unternehmen das »q« für Husqvarna im Namen führt. Das überaus sehenswerte Husqvarna-Fabrikmuseum ist ein Spiegel der Zeit und auch ein Symbol der Vergänglichkeit, in dem so ziemlich alles gezeigt wird, was je am Huskvarna-Wasserfall produziert wurde. Der hatte einst den Maschinen die nötige Energie geliefert, um 1689 das erste Produkt zu produzieren: ein Gewehr. Doch es blieb nicht bei der Waffenschmiede. 1874 kam die erste Eisengießerei dazu, in der später Küchenherde fabriziert wurden. Und wo wir schon in der Küche sind: Auch Haushaltsgegenstände, Elektrogeräte und Mikrowellenherde trugen das Emblem mit dem H in der Mitte. Nähmaschinen und Fahrräder wurden ebenso produziert wie deren motorisierte Verwandte, die Motorräder. Die Marke hatte bei Zweiradfahrern einen hervorragenden Ruf, mehrere Weltmeisterschaften wurden mit den »Mühlen« – der Name

Rund um den Vättern

Husqvarna geht auf eine Mühle an der nahen Festung zurück – erfahren. Heute sind Motorsägen und Rasenmäher, Garten- und Forstgeräte von Husqvarna der »Rest« einer langen Industriegeschichte. Alles andere wurde verkauft oder die Produktion eingestellt.

Gränna rot-weiß

Die weiß-roten Zuckerstangen aus Gränna sind ein wenig zu einem Symbol Schwedens geworden. Polkagrisar heißen diese Süßigkeiten, die eine Witwe aus Gränna vor der Armut bewahrten. Denn als sie 1859 die Erlaubnis erhielt, die Zuckerstangen herzustellen, schuf sie sich damit ein einträgliches Einkommen. Auch heute noch werden von zahlreichen Zuckerbäckern in dem Ort am Ostufer des Vättern die Polkagrisar aus Zucker, Wasser und Pfefferminze hergestellt. Und dabei kann man sogar zusehen.

Der Ort brachte nicht nur die Polkagrisar hervor, sondern sogar einen Polarforscher. Salomon August Andrée kam 1854 in Gränna zur Welt und starb 37 Jahre später – auf einer kleinen Insel bei Spitzbergen. Auf der Dansköya im Nordosten Spitzbergens waren er und seine beiden Begleiter mit einem Heißluftballon gestartet. Weit kamen sie jedoch nicht: Nach einem Drittel der Strecke und 60-stündiger Ballonfahrt prallte das Luftgefährt auf das Eis. Andrée und seine zwei Begleiter machten sich zu Fuß auf den Rückweg nach Spitzbergen. Dort kamen sie nie an. 33 Jahre später wurden die Hinterlassenschaften der Expedition gefunden. Die Stadt Gränna erinnert in einem überaus sehenswerten Museum an ihren berühmten Sohn.

Eine kurze Schiffsfahrt ist nötig, um von Gränna auf die Insel Visingsö zu kommen. Dort geht es

Geheimtipp

BOOTSTOUR INS REICH VON JOHN BAUER

Wenn die Schweden von einem »Bauerwald« sprechen, dann meinen sie damit keinen Wald für Landwirte. Es ist vielmehr eine anerkennende Bezeichnung für ein Gebiet mit knorrigen Bäumen, von Moosen und Flechten überwucherten Felsen und kleinen Seen und Flüssen. Und auch dem einen oder anderen Troll. Der in Jönköping geborene und bei einem Schiffsunglück auf dem Vätternsee ums Leben gekommene Maler John Bauer (siehe S. 106) lebte etliche Jahre in den Wäldern am Bunn-See ein paar Kilometer östlich von Gränna. Dunkle Wälder und kleine, vom Menschen geschaffene Kanäle prägen die Gegend und prägten auch den Künstler – so sehr, dass diese Sagenwelt in den Werken des berühmten Malers auftaucht. Bei einer überaus lohnenden Bootstour kann man diese Welt aus Seen und Kanälen kennenlernen und dabei auch einiges über den eigenwilligen Maler und sein Leben erfahren.

Trolska Båturer AB. Stora Roten 14
S-563 92 Gränna, Tel. 070/791 78 10,
postmaster@trolska.se,
www.trolska.se

Blühendes Rapsfeld bei Sänna

INSELREICH AM NORDENDE DES VÄTTERN

Rund um den Vättern gibt es viel Geschichte zu entdecken. Doch auch die Natur am See ist fantastisch. Einer der landschaftlichen Höhepunkte ist der Schärengarten an seinem Nordende. Das Inselreich mit seinen Laub- und Nadelwäldern, einsamen Buchten und Felsen ist wie geschaffen für einen Ausflug zu Fuß oder mit dem Boot. In Askersund beginnt eine 15 Kilometer lange Kanustrecke, bei der man den Schärengarten durchquert und schließlich in Olshammar an Land geht. Vor wenigen Jahren wurden im Schärengarten Wanderwege eingerichtet. Auf 25 Kilometern kann man die Stora Aspön auf markierten Pfaden entdecken. Hier gibt es außerdem einige Grillplätze und Aussichtspunkte. Auf der Nachbarinsel Lilla Aspön sind fünf Kilometer Wanderwege markiert. Wer eine oder zwei Nächte in dieser schönen Umgebung im Zelt verbringen will, kann dies auf Björkholmen, Stora Krokholmen, Stora Aspön, Stora und Lilla Hjortholmen.

Nicht verpassen

dann mit einem Remmalag weiter, einer für das Eiland typischen Pferdekutsche. Die Insel war vor 800 Jahren ein wichtiges Machtzentrum. Aus dieser Zeit übrig geblieben sind jedoch nur die Ruinen zweier Burgen, schöne Kirchen, hübsche Dörfer und das Flair einer vom Klima begünstigten Insel, auf der man ein paar geruhsame Tage verbringen kann.

Klostergeschichte

Ein Stück nördlich von Gränna erreicht man die Stadt Vadstena. Hier dreht – oder besser: drehte sich – alles um die Heilige Birgitta und das nach deren Tod im 14. Jahrhundert gegründete Birgittinenkloster. Es galt für viele Jahre als das geistige Zentrum Schwedens und war zeitweise der größte schwedische Grundbesitzer. Doch dann kam die Reformation, und das Kloster verlor seine beherrschende Stellung. In Vadstena wurde eine der Reichsburgen errichtet, was die politische Bedeutung der Stadt stärkte.

Aus der großen mittelalterlichen Zeit von Vadstena sind noch der Grundriss der Stadt sowie einige prächtige Gebäude erhalten. Die schön am Vättern gelegene Wasa-Burg ist genauso sehenswert

Rund um den Vättern

wie die Reste der Klosteranlage mitsamt einem Museum. So wird in Vadstena die mittelalterliche schwedische Geschichte wieder lebendig. Und die schöne Landschaft am Vättern gibt es als Dreingabe. Ganz im Norden des Vättern, wo sich der See in einer Vielzahl kleiner Seen und Flüsse auflöst, liegt die alte Handelsstadt Askersund mit ihren zwei markanten Kirchen. Im Zentrum des gemütlichen Ortes sind einige Häuser aus dem 18. Jahrhundert erhalten geblieben. Überall zu spüren ist die Nähe zum Wasser, was dem Städtchen ein schon fast maritimes Flair verleiht.

Wehrlose Festung

Am Westufer des Vättern, da, wo die Götakanal-Schiffe die Strecke durch das Landesinnere in Richtung Vänern fortsetzen, wacht eines der größten Bauwerke – und auch eine der größten Kuriositäten – Schwedens über den Vättern. 1819 wurden die ersten Mauern der Festung Karlsborg errichtet. Zehn Jahre, so dachte man damals, würde es dauern, um dem in Stockholm lebenden König, der Regierung und den Goldreserven des Landes ein neues Heim zu bieten, falls die Russen plötzlich die Hauptstadt einnehmen würden. Denn nach dem Verlust Finnlands war die Metropole an der Ostsee plötzlich zur gefährdeten Grenzstadt geworden. 50 Jahre nach Baubeginn wurde die Anlage eingeweiht, die allerdings zu diesem Zeitpunkt den Anforderungen an einen sicheren Militärstützpunkt schon nicht mehr genügte. Also baute man weiter und wurde 1909 fertig – 90 Jahre nach Baubeginn. Eine mächtige Verspätung. Noch dazu war die Festung zumindest für den ursprünglich gedachten Zweck sinnlos, denn mit moderner Artillerie hätten die Mauern geknackt werden können. Ganz nutzlos war die riesige Festungsstadt jedoch nicht. Im Zweiten Weltkrieg lagerte man hier die Goldreserven des Landes ein,

Oben: Spaß an Mittsommer in Gränna für Groß und Klein ...
Mitte: ... aber nicht für diesen Hund
Unten: Pippi und Polkagrisar sind ein beliebtes Souvenir.

Oben: Der Mittsommerbaum ist ein Teil der Tradition.
Mitte: Gewitterstimmung an einem Sommertag am Vättern
Unten: Beim Mittsommerfest gehört der Regenschirm manchmal zur Grundausrüstung.

Das Landesinnere

und als Militärstandort für einige Tausend Soldaten taugte die »Karlsborg Fästning« allemal.

Heute flaniert man auf, neben und unter dicken Mauern, kann alte Militärgebäude besichtigen und sich im Museum über die Historie der Festungsstadt informieren, bevor man auf den friedlichen Vättern hinausblickt und beobachtet, wie die Schiffe Kurs nehmen auf den Götakanal.

Kirche von Habo

Freunde von Kirchenkunst finden am Westufer ein Stück nördlich von Jönköping ein Ziel. Die Kirche von Habo gehört zu den Holzkirchen des Landes. Der gesamte Raum des 1680 gebauten und 1723 erweiterten Gotteshauses ist bemalt. Dargestellt ist unter anderem der Katechismus von Martin Luther: das Glaubensbekenntnis, das Vaterunser und die Zehn Gebote. Fünf Maler waren von 1741 bis 1743 beschäftigt, die Kirche zu dekorieren. Sie haben eines der Highlights am Vättern geschaffen.

GUT ZU WISSEN

FUSS VOM GAS
Bei der Fahrt rund um den Vätternsee sollte man die Langsamkeit entdecken. Und das gilt für das ganze Land. Wer trotzdem der Meinung ist, auf einer einsamen Straße das Tempo eines Rallyefahrers erreichen zu müssen, könnte auch in der einsamsten Ecke bald durch ein Auto mit der Aufschrift »Politi« gestoppt werden. Liegt man mehr als 20 km/h über der erlaubten Geschwindigkeit, fehlen anschließend in der Urlaubskasse mindestens 260 Euro. Und auch auf das Bierchen in der Mittagspause sollte man verzichten. Die Promillegrenze von 0,2 entspricht de facto einem Alkoholverbot. Wer sich nicht daran hält, ist mindestens 180 Euro los.

Rund um den Vättern

Infos und Adressen

INFORMATION
Smålands Turism AB. Box 1027, Västra Storgatan 18 A, 55111 Jönköping, Tel. 036/35 12 70, info@visitsmaland.se, www.visitsmaland.se
Visit Östergötland. Drottninggatan 26, 60224 Norrköping, Tel. 013/26 27 28, info@visitostergotland.se, visitostergotland.se
Västsvenska Turistrådet. Kungsportsavenyn 31–35, Box 53199, 40015 Göteborg, Tel. 031/81 83 00, info@vastsverige.com, www.vastsverige.com

Bei einer Fahrt um den Vätternsee sollte man unbedingt das Husqvarna-Museum in Huskvarna (www.husqvarnamuseum.se, Eintritt SEK 60) und das Gränna-Museum mit der Polarausstellung (www.grennamuseum.se, Eintritt SEK 50) im Zentrum von Gränna besuchen. In einigen Geschäften kann man bei der Herstellung der berühmten Polkagrisar zusehen. Infos dazu bei der örtlichen Touristeninformation. Auch ein Besuch auf der Visingsö mitten im See ist zu empfehlen. Auf das Eiland fahren von Gränna aus regelmäßig Fährschiffe. Traditionell ist man hier mit der Pferdekutsche oder dem Fahrrad (Vermietung vor Ort) unterwegs. Für die Festung Karlsborg werden im Sommer täglich Führungen angeboten.
Infos unter Tel. 0505/173 50 oder www.karlsborgsturism.se, Preis: SEK 130

ÜBERNACHTEN/ESSEN UND TRINKEN
Trotz seines Aussehens ist das Hotel Gyllene Uttern hoch über dem Vättern keine historische Burg. Dennoch ist eine Übernachtung in dem nur scheinbar alten Gemäuer ein Erlebnis. Und das Essen ist außerdem hervorragend.
Hotel Gyllene Uttern. 563 92 Gränna, Tel. 0390/108 00, info@gylleneuttern.se, www.gylleneuttern.se

Feuerwerk am Trollhättan-Kanal

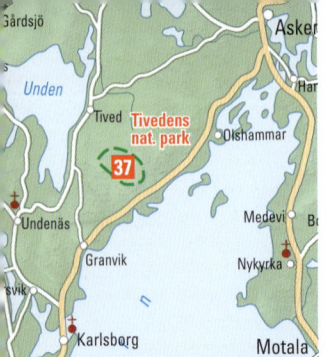

Das Landesinnere

37 Nationalpark Tiveden
Trolle & Sandstrände

Einst raubten Räuberbanden die Reisenden aus, die sich durch den dichten Wald des Tiveden wagten. Heute kann man sich bedenkenlos in das Gebiet wagen und muss nichts anderes fürchten als Trolle, die hinter moosbewachsenen Steinen und im Wind knarzenden Bäumen hervorlugen. Der Tiveden ist nicht einfach ein ausgedehntes Wandergebiet, sondern ein Traum für Wanderer, die die Schönheit der Landschaft im Detail suchen und Muße haben.

Ein warmer, weißer Sandstrand, glitzernde Sonne auf dem Wasser. Und dazu ein leichter Wind, der der durch die Kronen der Kiefern weht. Der See Stora Trehörningen im Nationalpark Tiveden ist ein echtes Kleinod. Und wer einmal am Vitstrand in der Sonne liegt oder im klaren, leicht braun gefärbten und warmen Wasser des Sees badet, der will eigentlich gar nicht mehr in die Wanderschuhe schlüpfen. Doch das wäre ein Fehler! Denn der Tiveden-Nationalpark ist mit seinen Seen, Mooren und Wäldern eine Art Schweden en miniature. Der Wanderweg gleicht einer Achterbahn. Es geht hinauf auf einen Hügel, dann wieder hinunter in eine Moorsenke, manchmal auch zu einem See. Und wieder hinauf auf einen riesigen Felsen, in dessen schmalen Ritzen sich die Wurzeln einiger weniger Kiefern festkrallen und dort auf Nährstoffe und etwas Wasser hoffen. Geschaffen haben diese einzigartige Landschaft die Gletscher, die sich vor 11 000 Jahren aus diesem Gebiet zurückzogen und nichts hinterließen außer Felsblöcken und einigen Gewässern. Die Bodenkrume ist mittlerweile vom Schmelzwasser des Eises weggeschwemmt worden. Auf dem Boden um

Oben: Paddeltour über den See Stora Trehörningen
Unten: Die roten Seerosen von Fagertärn sind eine botanische Besonderheit.

In Tiveden findet man noch wilde Natur.

den Steinblock, auf dem man sitzt, wachsen Pilze, Blaubeersträucher gibt es sowieso in Hülle und Fülle, Preiselbeeren auch, in einer Baumkrone klopft ein Specht ein Insekt aus seinem scheinbar sichereren Versteck. Zwischen den spärlich benadelten Zweigen einer Kiefer schimmert das sanfte Blau eines Sees hindurch.

Die Sonne fällt langsam in die Baumkronen, als nach ein paar Kilometern Marsch der Fernwanderweg Bergslagsleden erreicht wird, der hier mitten durch den Nationalpark führt. Der Tiveden ist keine Gegend für Schnellläufer. Es gibt einfach zu viel zu sehen, zu viele kleine Details zu entdecken. Daher sollte man genügend Zeit mitbringen. Ein sogenannter Windschutz, eine kleine, nach einer Seite offene Hütte wird später zum Nachtlager. Hier ist man vor Wind und Regen geschützt. Bald schon lodert ein Feuer, und aus dem Inneren des an einer Seite offenen Windschutzes blickt man auf einen See. Als das Licht des Feuers heller wird als das am Himmel, brutzeln die – gewöhnungsbedürftigen – schwedischen Würstchen über der Glut. Es wird dunkel. Früher haben sich die Menschen, die den Tiveden-Wald durchqueren mussten, gefürchtet – nicht nur in der Nacht. Vor

Nicht verpassen

ASKERSUND

Nach so viel wilder Natur im Tiveden ist der kleine Ort Askersund am See Alsen eine richtige Abwechslung. Nicht zu groß, damit die Eindrücke des Nationalparks nicht gleich überdeckt werden, aber schon so, dass man am Seeufer oder in der Stadt ein wenig bummeln kann. Es gibt ein paar Holzhäuschen und einen hübschen Marktplatz. Nicht zu vergessen sind die Badestrände, die bei schönem Wetter gut besucht, aber nie überfüllt sind. Skipper, die auf dem Vättern unterwegs sind, nutzen die Bootsanleger im Ort gern für eine Übernachtung. Und das, obwohl zwischen dem zweitgrößten schwedischen See und Askersund einige Kilometer Distanz sind. Eine Fahrrinne ermöglicht es jedoch den Bootsführern, zwischen Wald und Feldern Kurs auf das Städtchen zu nehmen. Kaum verwunderlich, dass an schönen Sommerabenden sich das Leben an den Bootsstegen abspielt. Dann verspürt man schon fast mediterranes Flair – und das mitten in Schweden.

Oben: Auf den Seen im Tiveden brüten auch Schwäne und Kraniche.
Mitte: Am Stigmannspasset mit seinen über zehn Meter hohen Felsen
Unten: Moose und Flechten überziehen die Felsblöcke im Tiveden.

Das Landesinnere

Trollen und manchen anderen Fabelwesen vielleicht auch, aber sicherlich vor den Räuberhorden, die hier hausten und das Gebiet unsicher machten.

Erst im 16. und 17. Jahrhundert ermunterte Gustav Wasa einige Finnen, Waldstücke zu roden und sich im Tiveden niederzulassen. Ihnen folgten Köhler und Bergmänner, die aus dem erzhaltigen Gestein das Eisen herausholten. Und in den Zeiten der religiösen Erweckung im 19. Jahrhundert hielten die Freikirchen ihre Treffen unter den Felsen der Trollkirche ab. Das Gebiet war immer noch so unzugänglich, dass man unliebsame Gesellschaft nicht fürchten musste.

Die Nacht im Wald

An solche Umtriebe ist heute nicht mehr zu denken. Die Nacht ist ruhig. Nur das Plätschern der Wellen im nahe gelegenen See ist zu hören. Oder sind es die alten Sagen über den dunkel-geheimnisvollen Tiveden, Geschichten über den Gott Ti, nach dem das Waldland hier genannt ist, die an das Ohr dringen? Beim Morgengrauen bezwitschern einige Vögel zaghaft den neuen Tag. Das Tierleben ist hier ebenso karg wie das Pflanzenleben. Der feuchte Atem der Nacht hat sich an Grashalmen und Spinnennetzen niedergeschlagen; die Sonne inszeniert daraus ein wunderschön glitzerndes Schauspiel, das einen fast den knurrenden Magen vergessen lässt. Gestärkt mit den am Vorabend übrig gebliebenen Würstchen und einem am Lagerfeuer zubereiteten Kaffee tritt man den Rückweg an, läuft über Felsen und Moospolster, passiert Steine, stolpert über Wurzeln, erreicht schließlich wieder den Strand Vitsand. Klar, die Tour wäre auch gut an einem Tag zu bewältigen gewesen. Aber eine Nacht im Wald ist die ungleich schönere Alternative!

Nationalpark Tiveden

Infos und Adressen

INFORMATION
Turistinformation Tiveden. Askersunds Turism- & Evenemangsbyrå Torget, Askersund, 69630 Askersund, Tel. 0583/810 88, info@visitaskersund.se, www.visitaskersund.se, www.tiveden.se

ÜBERNACHTEN
Pensionat Tiveden. Häggeboda, 69597 Tived, Tel. 0584/47 41 42, Mobil 0707/17 17 98
Camping Tiveden. Baggekärr 2, 69597 Tived, Tel. 0584/47 40 83, Fax: 0584/47 40 44, info@campingtiveden.se, www.campingtiveden.se
Aspa Herrgård. 69693 Aspa bruk, Tel. 0583/502 10, info@aspaherrgard.se, www.aspaherrgard.se

ESSEN UND TRINKEN
Tivedens Mat. Källdalen, 54695 Karlsborg, Tel. 0505/220 66, info@tivedensmat.se, www.tivedensmat.se

Forsviks Mat & Café. 4673 Forsvik, Tel. 0505/414 44, info@forsvikscafe.se, www.forsvikscafe.se

WANDERN
Durch den Tiveden-Nationalpark führen insgesamt 25 Kilometer Wanderwege. Es sind Rundtouren zwischen 1,5 und 15 Kilometer Länge möglich. Die Wege sind gut markiert, das Terrain ist hügelig, besondere Schwierigkeiten sind aber keine zu meistern. Das Pensionat Tiveden bietet Wanderpakete im Nationalpark an.

ANDERE AKTIVITÄTEN
Für Paddeltouren und weitere Aktivitäten im Tiveden können Boote gemietet werden:
Ösjönäs. 69597 Tived, Tel. 0505/250 22, vildmark@osjonas.se, www.osjonas.se
Rund um den Tiveden-Nationalpark führt außerdem eine 230 Kilometer lange Radrunde. Auch Reitmöglichkeiten sind vorhanden. Infos dazu bei der Touristeninformation.

Nach der Einsamkeit im Tiveden ist das hübsche Städtchen Askersund eine gute Abwechslung.

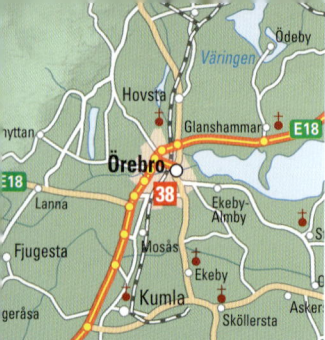

Das Landesinnere

38 Örebro
Im Herzen der Geschichte

Geografisch befindet sich die Stadt Örebro etwa auf halbem Weg zwischen Stockholm und Göteborg – im Herzen Schwedens. Vielleicht ist das der Grund, warum heute viele Urlauber einfach an diesem Ort vorbeifahren. Über Jahrhunderte war Örebro aber ein wichtiger Treffpunkt für Machthaber und Handelsleute, wovon nicht nur das Schloss im Stadtzentrum zeugt.

Oben: Das Schloss Örebro war lange Zeit schwedisches Machtzentrum.
Unten: Die »Allehandaborgen« wurde 1891 ursprünglich als Bankhaus errichtet.

In der Geschichte Schwedens hat Örebro eine wichtige Rolle eingenommen. Die Stadt befand sich aufgrund ihrer Lage mitten im Zentrum des Geschehens: 200 Kilometer sind es bis Stockholm, 300 nach Oslo und ebenfalls 300 nach Göteborg. Über den Vänern und den Götakanal ist die Stadt mit Göteborg verbunden, über den Fluss Arbogaån und den See Mälaren mit Stockholm – kein Wunder also, dass Örebro gemäß seines Namens sozusagen als Brückenstadt diente und im Mittelalter zu einer Hafenstadt für den Eisenhandel wurde. Und natürlich mussten auch Mauern zur Verteidigung her: Ganze drei Meter dick sollen die Mauern der Festung Örebro im 14. Jahrhundert gewesen sein, die auf einer kleinen Insel im Fluss Svartån errichtet wurde. Im Lauf der Jahrhunderte wurde sie immer weiter ausgebaut und diente Herrschern wie Gustav I. Wasa (1496–1560) als Reichsburg und Treffpunkt für politische Treffen. Gut 700 Jahre lang hat die mächtige Burg, die Karl IX. (1550–1611) ab 1573 in ein Renaissanceschloss umbauen ließ, Belagerungen, Reichstage und Begegnungen von streitbaren und friedfertigen Zeitgenossen miterlebt. Im Königinnenturm können Besucher heute die Geschichte Örebros

Örebro

anhand von Modellen und Computeranimationen verfolgen, und bei den dramatisierten Führungen »Geheimnisse der Wasaburg« treffen sie sogar auf historische Persönlichkeiten.

Sehenswertes in und um Örebro

Noch mehr Geschichte gibt es in Wadköping zu entdecken, einer Art Freilichtmuseum am Ufer des Svartån. Mit seinen Original-Holzhäusern aus dem 17., 18. und frühen 19. Jahrhundert präsentiert Wadköping das ältere Örebro. Das Freilichtmuseum beherbergt sowohl Wohnungen und Theater- beziehungsweise Ausstellungsräume als auch Museen, Werkstätten, Konditorei, Kaufläden und vieles mehr. Sehenswert ist auch der Stortorget, an dem seit dem Mittelalter die St.-Nikolai-Kirche ihre Türme in den Himmel ragt. Hier wurde 1810 Jean Baptiste Bernadotte zum schwedischen Thronfolger gekürt. Ebenfalls am Stortorget befindet sich das neugotische Rathaus, das nicht nur wegen seines Glockenspiels bekannt ist, sondern im Winter auch den größten Adventskalender Schwedens darstellt. Ein kulturelles Highlight ist der Besuch des Opernhauses Skäret, das etwas außerhalb von Örebro in einer ehemaligen Bergwerksiedlung im alten Sägewerk am See Ljusnaren untergebracht ist. Die Idee hierzu stammt von dem schwedischen Opernsänger Sten Niclasson, der Skäret 1996 erstmals besuchte und die Nutzung des Sägewerks als Opernbühne seither vorangetrieben hat. Seit 2004 findet hier alljährlich im Sommer ein hochkarätiges Opernfestival unter seiner künstlerischen Leitung statt. Aber auch Aktivitäten im, am und auf dem Wasser stehen in der Region Örebro hoch im Kurs. Denn durch die direkte Lage am Binnensee Hjälmaren – Schwedens viertgrößtem See – gibt es ideale Bedingungen für Boots- und Kanutouren oder Wanderungen sowie Fahrradtouren.

Infos und Adressen

INFORMATION
Örebrokompaniet turistbyrå.
Olof Palmes torg 3, 70222 Örebro,
Tel. 0046/19 21 21 21,
info@orebrokompaniet.se,
www.visitorebro.se

SEHENSWÜRDIGKEITEN
Schloss Örebro. Ganzjährig täglich geöffnet, Juni–August 11–18 Uhr (Wochenende 11–17 Uhr), September–Mai 12–18 Uhr (Wochenende 12–17 Uhr). Führungen auch auf Englisch, Kansligatan 1, 70361 Örebro, Tel. 0046/19 21 21 21, www.visitorebro.se
Wadköping. Ganzjährig täglich geöffnet, Mai–August 11–17 Uhr, September–April 11–16 Uhr. An Feiertagen eingeschränkte Öffnungszeiten. Bertil Waldéns gata, 70215 Örebro, Tel. 0046/19 21 10 00, www.orebro.se

Schlossführung in stilechter Kleidung

Das Landesinnere

39 Rund um den Vänern
Natur & Kultur am größten schwedischen See

Steht man am Ufer des Vänern, so fällt angesichts der enormen Größe des Gewässers die Vorstellung schwer, nur einen See vor sich zu haben. Dies ist nicht der einzige Superlativ. 22 000 Inseln und Schären gibt es hier, am Ufer brüten 140 000 Vögel. Zudem ist der Vänern ein wichtiger Transportweg. Diese Fakten verdeutlichen die Bedeutung des Sees für die Natur und auch den Menschen.

Der Vänern ist mit einer Fläche von 5648 Quadratkilometern der größte See Schwedens und der drittgrößte Europas. Während der Eiszeit stand er mit dem Meer in Verbindung. Als sich das Land hob, wurde aus der Meeresbucht ein Süßwassersee. Mehrere Inseln befinden sich im See und können auch besucht werden, beispielsweise Torsö und Brommö auf der Ostseite. Nur per Boot erreichbar ist die Djurö inmitten des Vänern. Hinzu kommen mehrere Schärengärten mit insgesamt 22 000 Inseln im Norden des Sees zwischen Grums und Kristinehamn sowie rund um die Värmlandsnäs am Westufer. Der Vänern war und ist immer noch ein wichtiger Transportweg für die Handelsboote. Zusammen mit dem Trollhätte-Kanal nach Göteborg und dem Götakanal nach Stockholm verbindet er die Nord- mit der Ostsee.

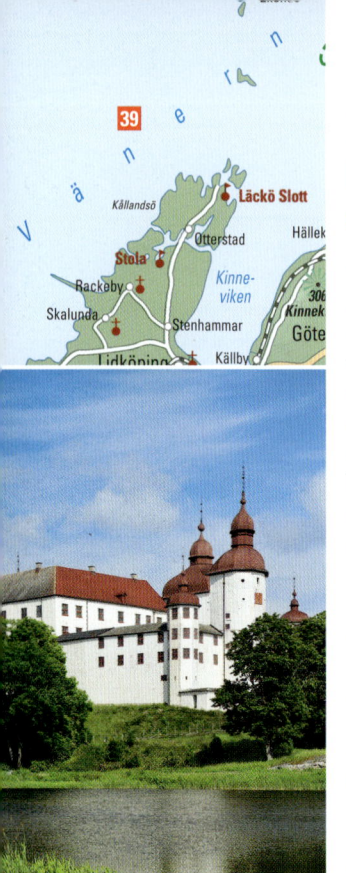

Das auf einer Halbinsel im Vänernsee gelegene Schloss Läckö ist unbedingt einen Besuch wert.

Alte Handelsstadt Karlstad

Ganz im Norden liegt auf einer Landzunge die Hafenstadt Karlstad. Hier fließt der Klarälven in den See und verbindet Südschweden mit den Wäldern und Fjälls im mittleren Teil des Landes.

Ein Paradies für Wasservögel

Im Flussdelta siedelten schon zeitig Menschen, sodass sich ein Handels- und Gerichtsplatz entwickelte. Karl IX. verlieh der Siedlung 1548 Stadtrechte und gab ihr seinen Namen, 1865 zerstörte ein Großbrand weite Teile der Bausubstanz. Die Stadt liegt am Beginn der Värmlandsnäs mit dem Lurö-Schärengarten. Der 600 Hektar große Archipel ist aufgrund seiner besonderen Flora und Fauna ein Eldorado für Naturfreunde und kann von Ekenäs aus mit dem Schiff erkundet werden.

Schären, Elche & Automobile

Ungemein abwechslungsreich ist der Küstenabschnitt zwischen Säffle und Mellerud. Ein Mosaik aus großen und kleinen Seen, Wäldern und Inseln bildet die Kulisse für ausgedehnte Wander- oder Paddeltouren. Ganz im Süden des Sees liegen die beiden Städte Vänersborg und Trollhättan. Letztere ist als ehemalige Produktionsstätte des schwedischen Rüstungs- und Automobilkonzerns Saab bekannt, dessen Geschichte im Saab-Museum aufgearbeitet ist. Ein berauschendes Erlebnis ist es, wenn der umgeleitete Göta-Fluss im Zentrum von Trollhättan in sein altes Bett gelassen wird und über eine Felsstufe hinunterschäumt (Juli und August täglich 15 Uhr, Mai, Juni und September samstags 15 Uhr). Sehenswert sind außerdem die mehr als 200 Jahre alten historischen Schleusenanlagen, wo die Schiffe auf dem Trollhätte-Kanal einen Hö-

Einfach gut!

RAUS AUS ÅMÅL

Fucking Åmål heißt einer der größten kommerziellen Filmerfolge Schwedens, der im Oktober 1998 in die Kinos kam. Binnen eines halben Jahres sahen 860 000 Schweden den preisgekrönten Jugendfilm – fast jeder Zehnte. Dabei handelt es sich nicht um leichte Kost. Vielmehr geht es um die beiden Teenager Agnes und Elin aus Åmål, die unterschiedlicher nicht sein könnten und nach vielen Wirrungen und Enttäuschungen ihre homosexuelle Liebe der Öffentlichkeit zeigen. Die schwedisch-dänische Co-Produktion von Regisseur Lukas Moodysson beschreibt nicht nur das wallende Gefühlsleben zweier junger Mädchen, sondern gibt auch Einblicke in das Leben in einer typisch schwedischen Kleinstadt und ist als Reisevorbereitung für einen Schwedenurlaub unbedingt zu empfehlen (ist in deutscher Sprache auf DVD erschienen). Allerdings wird man die Kulisse für den Film in Åmål vergeblich suchen: Drehort war Trollhättan am Südende des Vänern.

henunterschied von rund 30 Metern überwinden. Für Naturfreunde ist das Gebiet von Halle- und Hunneberg lohnend. Die beiden Berge bestehen zu großen Teilen aus hartem Diabas, einem Vulkangestein, das ein reiches Pflanzenleben erlaubt. Bemerkenswert sind die vielen Elche, über die man sich im Museum Älgens Berg informieren kann.

Schloss Läckö: Prachtbau am Vänernsee

Auf einer Landzunge am Südende des Sees ragen die weißen Mauern des Läckö-Schlosses in den blauen Himmel. Sein Ursprung geht auf den Bischof der Provinz Skara zurück, der im Jahr 1298 an dieser Stelle den Grundstein für eine erste Burg legte. Sie wurde von Magnus Gabriel de la Gardie in das heutige Barockschloss umgebaut. Das Gebäude hat den Charme eines alten Gemäuers bewahrt, geizt aber nicht mit mondänem Reichtum. Die Herrschaft lebte gut in einer Zeit, in der das nordische Land zur Großmacht aufgestiegen war, was auch im hübschen Städtchen Lidköping im Rörstrand-Porzellanmuseum zu sehen ist. Am Ostufer des Vänern ragt mit dem Kinnekulle ein weiterer Plateauberg mit vielen Kilometern Wanderwegen aus dem ansonsten eher flachen Land. Auch die direkt am See gelegene ehemalige Bischofs- und Residenzstadt Mariestad ist einen Besuch wert. Sehenswert sind etliche gut erhaltene Gebäude im Zentrum rund um die Kungsgatan.

Das Schloss Läckö begeistert mit seiner Architektur und den Interieurs sowohl außen als auch innen.

Rund um den Vänern

Infos und Adressen

INFORMATION
Västsvenska Turistrådet. Kungsportsavenyn 31–37, Box 53199, 40015 Göteborg, Tel. 031/81 83 00, info@vastsverige.com, www.vastsverige.com

ÜBERNACHTEN
Elite Stadshotellet Karlstad. Im mondänen Elite Stadshotellet Karlstad gibt es sogar ein Beatles-Zimmer. Die Pilzköpfe hatten ihren ersten schwedischen Auftritt in Karlstad.
Kungsgatan 22, 65108 Karlstad, Tel. 054/29 30 00, www.elite.se, karlstad@elite.se

ESSEN UND TRINKEN
Falkholts Dalslandskrog. In einer ehemaligen Dorfschule hat der Falkholts Dalslandskrog seinen Platz gefunden. Neben gutem Essen bietet das Lokal auch eine herrliche Aussicht über den Grann-See. Norebyn 7, 66010 Dals Långed, Tel. 0531/350 70, www.falkholt.com

SEHENSWÜRDIGKEITEN
Vänermuseet. Im Vänern-Museum in Lidköping erfährt man alles Wissenswerte über Schwedens größten See.
Framnäsvägen 2, 53154 Lidköping,
Tel. 0510/77 00 95, vanermuseet@lidkoping.se, www.vanermuseet.se

Innovatum Science Center. Technik zum Anfassen (besonders für große und kleine Kinder). Das Center befindet sich auf dem alten NOAHB-Industriegelände, dort wurden u.a. Lokomotiven gebaut.
Åkerssjövägen 16, 46129 Trollhättan,
Tel: 0520/28 94 00, info@innovatum.se,
www.innovatum.se

Rörstrand Museum. Liebhaber edler Tischkultur werden im Museum des berühmten Porzellanherstellers ins Schwelgen kommen.
Fabriksgatan 4, 53130 Lidköping,
Tel. 0510/250 80, www.rorstrand-museum.se

Abendstimmung am Vänernsee bei Askeviksbadet

ABENTEUER AUF
dem Wasser

Ein Paddler bei Lenungshammar zwischen Övre und Stora Gla

Beim Blick auf die Landkarte wird klar: Südschweden ist mit seinen unzähligen Seen und Flüssen ein Eldorado für Paddler. Wer sich für einen oder mehrere Tage in ein Boot setzt, erlebt nicht nur die Landschaft aus einem völlig neuen Blickwinkel, sondern genießt auch die Ruhe auf dem Wasser.

Ideales Revier auch für Anfänger sind die vielen kleinen und größeren Seen im Landesinneren. Hier ist man stets nahe des Ufers unterwegs und kann sich auch bei einem aufziehenden Gewitter an Land in Sicherheit bringen. Eine der beliebtesten Kanuregionen ist Dalsland. Schon der Blick auf die Landkarte ist vielversprechend: Man sieht ein Mosaik aus Blau und Grün, also aus Wäldern und Seen, die bisweilen durch Bäche und kleine Flüsse miteinander verbunden sind. Es gibt kaum etwas Entspannenderes, als einige Tage mit dem Boot lautlos durch die Landschaft zu gleiten. Ab und an wird man Enten und Schwäne sehen, mit etwas Glück am Ufer auch einen Biberbau, den man an den gefällten Bäumen erkennt. Und besonders in der Dämmerung ist die Chance groß, auch einmal einen Elch zu erspähen.

Dank des Jedermannsrechtes kann man sein Zelt in der freien Natur aufstellen oder nutzt vorhandene Lagerstellen. Allerdings sollte man die Tagesetappen nicht zu sehr ausdehnen. Gerade bei ungeübten Paddlern wird die Kraft in den Armen im Laufe des Tages nachlassen. Außerdem ist das Wasser im Sommer vergleichsweise warm, sodass man jederzeit eine Pause an einem glatt gewaschenen Felsen oder einem einsamen Sandstrand einlegen kann. Was gibt es Schöneres als ein Picknick mit anschließendem Bad in der Sommersonne? Tolle Kanuerlebnisse kann man auch in anderen Regionen Südschwedens erwarten, beispielsweise zwischen den beiden großen Seen Vättern und Vänern, überall in Småland und sogar in der Hauptstadt Stockholm.

Schärenkurs im Seekajak

Erfahrenere Paddler wagen sich mit einem Seekajak hinaus aufs Meer. Im Unterschied zu den oben offenen Kanus ist der Bootskörper der Seekajaks rundum geschlossen. Die Einstiegsluke wird am Körper des Paddlers mit einer Spritzdecke abgeschlossen, sodass auch bei höherem Wellengang kein Wasser eindringen kann. Die Ladeluken der Boote sind ebenso hermetisch abgedichtet. Als Paddelrevier eignen sich vor allem die West-

Die roten Seerosen von Fagertärn

Abenteuer auf dem Wasser

küste sowie die Ostküste, beispielsweise im Sankt-Anna-Schärengarten.

Besonders die Küste zwischen Göteborg und dem Oslofjord ist bei Wassersportlern beliebt. Und das hat mehrere Gründe. Da ist zum einen die fantastische Landschaft mit kargen Felsen, zwischen die sich kleine Fischerdörfer mit den typisch rot-weißen Häuschen schmiegen. Wer ein wenig Trubel mag, geht nach einem Paddeltag an Land und genießt am Abend in einem der vielen Lokale frischen Fisch und Meeresfrüchte. Die vielen kleineren und größeren Inseln, aus denen sich dieser Küstenabschnitt zusammensetzt, haben für Paddler jedoch noch andere Vorteile. Sie sorgen immer wieder für Abwechslung, denn nichts ist langweiliger als stundenlang über ein Gewässer zu paddeln, das keinerlei Überraschungen bereithält. Die Eilande bieten außerdem Schutz vor Wind und Wellen, denn in den Schären ist das Meer deutlich ruhiger als auf der offenen See. Außerdem wird der Wind abgeschwächt, was für zusätzliche Sicherheit sorgt. Und sollte man trotzdem einmal von einem Unwetter überrascht werden, so kann man sich auf einer der Inseln in Sicherheit bringen und warten, bis es wieder schöner wird.

Wo man letztlich sein Boot ins Wasser lässt, ist relativ egal. Schon allein die Gewässer der Großstadt Göteborg mit den vielen umliegenden Inseln werden gern befahren. Weiter im Norden schließen sich Marstrand sowie das Paddelrevier um Kungshamn an. Guter Ausgangspunkt für Seekajaktouren sind außerdem Fjällbacka und Havstensund sowie der weiter nördlich gelegene Nationalpark Kosterhavet, wo man im Schutz der Schären weit hinaus in den Skagerrak paddeln kann. Wer lediglich eine Tagestour plant, muss sich nur ein Boot besorgen und einen Blick auf die Wettervorhersage werfen. Ist man mehrere Tage unterwegs, so müssen Proviant

Gemeinsam auf dem Wasser die Ruhe genießen

Vom Klarastrandsleden hat man einen guten Blick auf die moderne Stockholmer Stadtarchitektur.

und gegebenenfalls auch Wasser im Boot verstaut werden. Das zusätzliche Gewicht sorgt in diesem Fall für mehr Stabilität, aber auch für mehr Tiefgang. Eine Karte sowie Kompass und GPS-Gerät sollten unbedingt zur Ausrüstung gehören. Sonnenhut und -brille sind unentbehrlich, manche bevorzugen auch Handschuhe, um Blasen zu vermeiden.

Geführte Tour für Anfänger

Unerfahrene Paddler sollten sich für ihr kleines Paddelabenteuer jedoch erst einmal einer geführten Tour anschließen, bei der man nicht nur die Technik lernt, sondern auch über mögliche Gefahren aufgeklärt wird. Wer lediglich ein Boot braucht, kann sich an einen der vielen Bootsverleiher wenden (Infos dazu bei den örtlichen Touristenbüros). Sie vermieten nicht nur die Boote, sondern die nötige Ausrüstung wie Zelte, Kocher und wasserdichte Tonnen. Natürlich sind sie mit Tipps und Kartenmaterial für die besten Routen behilflich und holen einen auch wieder am Endpunkt der Tour ab. So kann man auch lang gestreckte Seen oder Flüsse befahren.

Ein Blick in endlose Weiten

Das Landesinnere

40 Durch Västergötland
Tradition & Moderne

Viele bezeichnen die Gegend zwischen dem Vänern- und dem Vättern-See als die Wiege Schwedens. Der schwedische Krimiautor Jan Guillou hat den Menschen und der Landschaft mit dem Romanhelden Arn ein literarisches Denkmal gesetzt. Doch Västergötland lebt nicht nur im Gestern, sondern auch im Heute.

Schweine werden über den Platz getrieben, Ziegen auf ihre Qualität geprüft, Brot und Wurst verkauft. Kein Zweifel: Skara ist eine lebendige Marktstadt. Doch dies ist nicht das Skara von heute – es ist ein Bild, das das Leben in längst vergangenen Tagen veranschaulicht. Skara gehört zu den ältesten Städten des Landes, war im frühen Mittelalter das Zentrum der Christianisierung Schwedens. Sogar der erste Bischof des Landes hatte sein Quartier in der Stadt zwischen dem Vänern und dem Vättern. Die Stadt ist seitdem gewachsen. Und das nicht nur in die Breite, sondern auch in der Höhe. Der Untergrund von Skara besteht aus den Hinterlassenschaften vieler Generationen, die innerhalb der Stadtgrenzen siedelten. Dreieinhalb Meter mächtig ist diese Schicht. Das, was der Boden freigegeben hat, ist anschaulich im Västergötland-Museum ausgestellt. Und dann ist da noch die mächtige, äußerst sehenswerte Domkirche, deren Sandsteinmauern und -pfeiler einst auf der höchsten Erhebung in den schwedischen Himmel ragten.

Die Kirche von Husaby bei Lidköping ist mehr als 900 Jahre alt.

Im Schatten der Kirche

Von dem einstigen 1150 gegründeten Zisterzienserkloster Varnhem, gut zehn Kilometer östlich

Durch Västergötland

von Skara, stehen heute nur noch die Grundmauern, in deren Ritzen Blumen und Moose wachsen. Doch es lässt sich erahnen (eine Beschilderung hilft dabei), wo die Menschen hier früher speisten, wo sie schliefen, wo gebetet, gekocht und gearbeitet wurde. In dem Kräutergarten des Klosters duftet es heute noch nach den verschiedenen Pflanzen, mit denen bereits früher – manchmal verbotenerweise – geheilt wurde. Die Klosterkirche selbst ist in einem prächtigen Zustand – und sieht im Wesentlichen noch so aus wie der Bau, der im 13. Jahrhundert anstelle der abgebrannten Vorgängerkirche errichtet wurde und damals das größte Kirchengebäude Schwedens war. Wie wichtig die Anlage einst war, welche religiöse, aber auch wirtschaftliche, kulturelle und politische Macht hier versammelt war, verdeutlicht unter anderem ein Grab im zentralen Bereich des Gotteshauses: das von Birger Jarl, dem Gründer Stockholms – zumindest war er das laut *Erichssaga*. Durch das Innere der behutsam renovierten Kirche weht noch der Hauch des Mittelalters, man meint, Arn und den anderen Charakteren der Guillou-Trilogie zu begegnen, die Gesänge und Gebete der Mönche zu hören. Zu deren kargem Leben mögen die leckeren Waffeln dann so gar nicht passen, die im Café neben der Kirche angeboten werden.

Zisterzienserkloster und Schatz von Gudhem

Gudhem ist ein weiterer, für die schwedische Geschichte wichtiger Platz. In dem sieben Kilometer nördlich von Falköping gelegenen Ort wurde ein Goldschatz gefunden. Weitaus wichtiger ist – oder besser war – das dortige Nonnenkloster, das zum Zisterzienserorden gehörte. Gegründet wurde es Mitte des 12. Jahrhunderts und vom Kloster Varnhem geleitet. Bedeutung bekam es jedoch erst, als

Einfach gut!

LITERARISCHE REISE AUF ARNS SPUREN
Der schwedische Krimi-Schriftsteller Jan Guillou hat eine spannende Trilogie über die Gegend zwischen Vänern- und Vättern-See geschrieben. Im Mittelpunkt des dreiteiligen, im 12. Jahrhundert angesiedelten Historienromans steht der Kreuzritter Arn Magnusson. Der Romanheld Arn kommt in Varnhem zur Welt und wird dort aufgezogen. Von den Mönchen wird er in Theologie und Philosophie, aber auch in praktischen Dingen wie Bautechnik und Heilkunst unterrichtet. In Gudhem verbüßt Arns Braut Cecilia eine 20 Jahre währende Strafe, während er selbst als Tempelritter im Nahen Osten unterwegs ist. Wer sich ein wenig mit der schwedischen Geschichte beschäftigen oder eine Reise nach Västergötland vorbereiten will, ist mit den Büchern Guillous bestens bedient. Die Romane sind auch auf Deutsch erschienen. Die einzelnen Titel lauten: *Die Frauen von Götaland, Die Büßerin von Gudhem, Die Krone von Götaland*.

Das Zisterzienserkloster Varnhem gehört zu den bedeutendsten Sakralbauten Südschwedens.

Das Landesinnere

Katarina aus dem Bjälno-Geschlecht, die Witwe des Königs Erik der Lispelnde und Lahme, Mitte des 13. Jahrhunderts in das Kloster ging. Es wurde in den Folgejahren umgebaut und vergrößert, bis es nach der Reformation aufgegeben wurde und 1529 niederbrannte. Heute sind von diesem Bau nur noch Ruinen zu sehen. Zwischen 1928 und 1939 wurden diese ausgegraben und konserviert.

Erste Bischofskirche

Husaby ist in ganz Schweden bekannt für seine außerordentlich gut erhaltene und unbedingt sehenswerte, mehr als 800 Jahre alte Kirche, außerdem für seine wichtige Rolle in der schwedischen Geschichte. Hier wurde im 11. Jahrhundert Schwedens erste Bischofskirche errichtet. In dem Gotteshaus sind noch die Einflüsse der Missionare aus Deutschland und England zu sehen. Ältester Bestandteil der Kirche ist der im 11. Jahrhundert errichtete Turm. Das Kruzifix stammt wie der Bischofsstuhl aus dem 13. Jahrhundert, womit dieser zu den ältesten Möbelstücken Schwedens gehört. Sehenswert sind außerdem die Deckenmalereien des Gotteshauses.

Oben: Mittelalterlicher Wegestein zwischen Husaby und Skara
Mitte: Das Kirchenschiff von Husaby
Unten: Den kunstvoll behauenen Steinen in der Husaby-Kirche ist ihr Alter anzusehen.

GUT ZU WISSEN

WELTGESCHICHTE STATT WÄLDER
Das Gebiet zwischen Vänern und Vättern gilt in Schweden nicht gerade als bevorzugtes Touristenziel. Und wer wegen der typisch schwedischen Landschaft in die Region rund um Skara kommt, wird vermutlich ein wenig enttäuscht weiterziehen. Hier dominieren nicht Wälder, sondern Felder. Entschädigt wird man aber durch eine ungemein spannende Geschichte, die viele Jahrhunderte zurückgeht. Diese wird anschaulich durch die Kirchen und Museen dargestellt.

Durch Västergötland

Infos und Adressen

INFORMATION
Västsvenska Turistrådet. Kungsportsavenyn 31–35, Box 53199, 40015 Göteborg, Tel. 031/81 83 00, info@vastsverige.com, www.vastsverige.com

ÜBERNACHTEN
Skara Stadshotell. Das Skara Stadshotell ist ein stilvolles Hotel, nur einen Steinwurf vom Dom von Skara entfernt. Järnvägsgatan 5, 53222 Skara, Tel. 0511/240 50, info@rosers.se, www.rosers.se
Hotel Andrum. Etwas Besonderes ist die Übernachtung in einem komfortablen Zimmer, einem rot-weißen Häuschen in einem Baum in 6,5 m Höhe. Das Frühstück wird im Korb nach oben gezogen. Ugglum, Islanna, 52194 Falköping, Tel. 0515/72 03 84, www.islanna.com

ESSEN UND TRINKEN
Glädje Restaurang & Bar. Glädje – »Freude« heißt das Restaurant mitten im Zentrum von Skövde. In der Tat ist es eine Freude, hier zu speisen. In der Küche werden dabei vor allem Zutaten aus der Region verwendet. S:T Sigfridsgatan 8, 54130 Skövde, Tel. 0500/48 65 48, info@restauranggladje.se, www.restauranggladje.se

SEHENSWÜRDIGKEITEN
Västergötlands Museum Stadsträdgården. Rund um Skara kann man tief in die lange und für Schweden wichtige Geschichte dieser Region eintauchen. Der Eintritt ist frei. 53223 Skara, Tel. 0511/260 00, kansliet.skaramus@vgregion.se, www.vastergotlandsmuseum.se
Kirchenanlage von Varnhem. Der Besuch kostet SEK 40. Die Gemeinde von Gudhem (7 km nördlich von Falköping) bittet für den Besuch der Klosterruine und des Klostermuseums um eine Spende.

Auf der historischen Eisenbahnlinie zwischen Skara und Lundsbrunn sind im Sommer Touristen unterwegs.

Das Landesinnere

41 Kranichtanz am Hornborgasjön
»Lärm« aus Vogelkehlen

Der Tanz der Kraniche ist immer wieder faszinierend. Und einer der weltweit besten Orte, um dieses Schauspiel zu erleben, befindet sich im Frühjahr am See Hornborgasjön in Westschweden. Hier rasten dann täglich mehr als 15 000 Kraniche auf ihrem Weg zu den Brutplätzen im Norden.

Die Luft ist erfüllt vom Trompeten aus Tausenden Vogelkehlen, unzählige Kraniche säumen die beschilften Ufer des Sees Hornborgasjön, und dazwischen tummeln sich Gruppen von Schwänen, Enten, Gänsen und zahlreichen anderen Vogelarten. Überall ist Bewegung. Auf der Suche nach der besten Futterstelle oder einem willigen Paarungspartner springen die Kraniche scheinbar wild umher, und inmitten dieses Getummels ist immer wieder der faszinierende Paarungstanz dieser majestätischen Vögel zu sehen – mit Verbeugungen, Sprüngen und viel Flattern. Einige von ihnen zeigen sogar spektakuläre Flugmanöver. Ein Anblick, der nicht nur professionelle und Hobby-Ornithologen nicht mehr loslässt. Der Hornborgasjön ist bereits seit Jahrhunderten ein Fixpunkt für die Kraniche auf ihrem Weg nach Norden. Davon berichtet schon die mittelalterliche nordische Literatur, in der der Kranichzug nicht selten als ein mächtiges Rauschen beschrieben wird, bei dem sich gleichzeitig der Himmel verdunkelt. Und auch heute noch halten sich an manchen Tagen im Frühjahr mehr als 15 000 Kraniche gleichzeitig an diesem einzigartigen Biotop auf – und das allein im südlichen Teil des etwa 35 Quadratkilometer großen Sees. Wann genau die meisten Tiere hier

Oben: Schon bei den alten Griechen wurde der Kranich als »Vogel des Glücks« betrachtet.
Unten und rechte Seite: Das Feuchtgebiet am Hornborgasjön ist ein Paradies für zahlreiche Vogelarten.

zu sehen sind, kann aber niemand sagen, da dies stark temperatur- und wetterabhängig ist. Kommt der Frühling schon zeitig mit wärmeren Temperaturen daher, machen sich auch die Kraniche früher auf ihren Weg in den Norden – und umgekehrt. Die Kranichstatistik des Hornborgasjön zeigt aber, dass von der letzten Märzwoche bis zur zweiten Aprilwoche die besten Chancen bestehen, dieses Schauspiel zu erleben.

Kranichzug im Herbst

Im Durchschnitt verweilen die gefiederten Frühlingsboten ein bis zwei Wochen an diesem Flachsee, der östlich des Tafelbergs Billingen liegt und eines der wichtigsten europäischen Brutgebiete für verschiedene Wasservögel ist. Aber nicht nur der Kranichtanz ist ein unvergessliches Erlebnis, sondern auch der Kranichzug. Dieser ist auch im Herbst zu beobachten, wenn sich die Tiere auf ihren langen Weg in wärmere Gefilde begeben. Am Hornborgasjön rasten sie dann meist zwischen Ende August bis Anfang Oktober. Im September wurden in den vergangenen Jahren die meisten Tiere pro Tag gezählt. Mit etwa 2000 bis 7000 Kranichen pro Tag liegt die Anzahl der Vögel im Herbst allerdings deutlich unter der im Frühjahr zu beobachtenden. Um nicht nur die Kraniche, sondern auch die etwa 290 weiteren Vogelarten der Umgebung in aller Ruhe studieren und beobachten zu können, gibt es am Hornborgasjön zwei Informationszentren, Wanderwege, Vogeltürme, versteckte Beobachtungsposten und zwei Cafés.

Infos und Adressen

ÜBERNACHTEN
Das Gebiet rund um den Hornborgasjön ist ein Naturreservat und daher nur dünn besiedelt. Übernachtungsmöglichkeiten gibt es in den nächstgelegenen Städten Skara, Skövde und Falköping. Da im Frühjahr bis zu 150 000 Besucher den Kranichtanz beobachten möchten, empfiehlt sich eine sehr frühe Hotelreservierung.

ESSEN UND TRINKEN
Sowohl im Naturum Hornborgasjön als auch im Naturum Trandansen gibt es jeweils ein Café mit Getränke- und Snackangebot.

INFORMATION
Naturum Hornborgasjön.
52198 Broddetorp,
Tel. 0046/500 49 14 50,
naturum.hornborgasjon@lansstyrelsen.se,
www.hornborga.com
Entlang des Hornborgasjön gibt es eine Anzahl Vogelbeobachtungstürme, die meisten befinden sich am Ostufer. Von der Straße aus sind diese aber leider nicht ausgeschildert. Die touristische braune Beschilderung »Hornborgasjön« führt zum Informationszentrum Naturum Hornborgasjön, das Informationszentrum Naturum Trandansen befindet sich am Südende des Sees. Hier lässt sich auch der Kranichtanz im Frühjahr am besten beobachten. Im Spätsommer und Herbst sind die Kraniche am besten abends bei Fåholmen am Nordostende des Sees zu sehen.

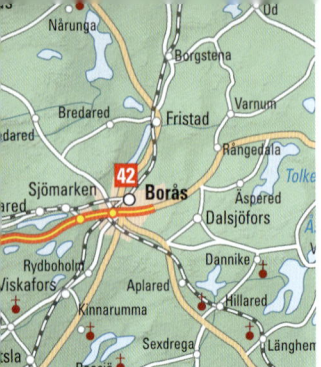

Das Landesinnere

42 Skulpturenstadt Borås
Pinocchio & Frösche

Borås gilt als traditionelle Textilstadt. In den letzten Jahren hat sich das Bild der südschwedischen Kommune jedoch gewandelt. Nach den regelmäßig stattfindenden Skulpturenfestivals verblieben immer wieder Arbeiten schwedischer und internationaler Künstler in der Stadt. Den Skulpturen kann man bei einem Stadtspaziergang begegnen.

Da steht er nun an einer der wichtigsten Straßen von Borås, dreht Autofahrern und Fußgängern eine lange Nase. Und die mögen das auch noch. Inzwischen zumindest. Denn Pinocchio – und um niemanden anders geht es – steht wie ein Symbol für die Skulpturenstadt Borås. An der entschlossen schreitenden, neun Meter hohen Holzfigur hatten sich vor einigen Jahren noch etliche Diskussionen entzündet. Heute sind Pinocchio & Co. allgemein akzeptiert. 1939 hatte man die erste Skulptur auf dem Marktplatz installiert, auf der die Geschichte der Stadt erzählt wurde. 1995 stellte der US-Amerikaner Richard Nonas zwölf steinerne Stühle dort auf. Proteste blieben dabei nicht aus – denn bis zu diesem Zeitpunkt fuhren Autos über den Platz, ab jetzt gehörte er den Fußgängern und Radfahrern.

»Walking to Borås« – Pinocchio-Skulptur von Jim Dine

Pinocchio als Symbol

Zur Initialzündung für das regelmäßig stattfindende Skulpturenfestival in Borås wurde aber Pinocchio. In den 1990er-Jahren gelang es, den bekannten US-Künstler Jim Dine für eine Pop-Art-Ausstellung in das Kunstmuseum der süd-

Skulpturenstadt Borås

schwedischen Kommune zu holen. »Walking to Borås«, so der Name des Werkes, ist zum Symbol der Skulpturenstadt und des Festivals geworden. Mittlerweile zieren rund 100 Skulpturen die Plätze, Straßen und Grünflächen der Stadt. Es sind Klassiker dabei, Denkmäler, die an berühmte Persönlichkeiten erinnern. Aber eben auch jene Darstellungen, die einen anderen, viel weiter gefassten Hintergrund haben. Dazu gehört die Pistole mit einem Knoten im Lauf, die oberhalb des Flusses Viskan im Anna-Lindhs-Park steht. Non Violence – keine Gewalt – hat der Künstler Carl Fredrik Reuterswärd darauf geschrieben.

Spaziergang zur Kunst

Beim Gang am Viskan entlang sind weitere reizvolle und sicherlich auch zu Gesprächen anregende Skulpturen der ständige Begleiter. Da steht ein kleines Mädchen aus Bronze am Busbahnhof, die Kleidung wurde von der Künstlerin Charlotte Gyllenhammar viel zu groß entworfen, aber trotzdem schützend. Das Kind ist die Lieblingsskulptur der Boråser geworden. Ein paar Meter weiter leuchtet eine knallgelbe Skulptur auf dem Sandwalls Plats. Manchmal regt Kunst jedoch auch zum Schmunzeln an. Die Metallskulptur von Antony Gromley auf einem Gebäude am Marktplatz hatte vor Jahren bereits die Polizei auf den Plan gerufen. Passanten hatten das Kunstwerk mit einem lebendigen Menschen verwechselt, der mit einem Sprung in die Tiefe Selbstmord begehen will – so ihre Befürchtung. Und ein anderes Kunstwerk macht besonders den Kindern Spaß. Sie nutzen die »Cloned Frogs on Gala-Dress« von William Sweetlove als Kletterfelsen. Das knallrote Ballkleid mit den darauf herumspringenden Fröschen ist als Kopie seit dem »Summer of Love« im Besitz von Kronprinzessin Victoria. Es war die Gabe der Stadt anlässlich ihrer Hochzeit.

Infos und Adressen

INFORMATION
Borås Turistbyrå. Sven Eriksonsplatsen 3, 50338 Borås, Tel. 033/35 70 90, tourist@boras.com

ÜBERNACHTEN
First Hotel Grand Borås. Günstig mitten im Zentrum am Park gelegenes Hotel. Hallbergsplatsen 2, 50305 Borås, Tel. 033/799 00 00, q.grand.boras@choice.se, www.nordicchoicehotels.com

ESSEN UND TRINKEN
Restaurang Svenerik. Sven Eriksonsplatsen 4, 50338 Borås, Tel. 033/430 20 20, hej@svenerik.nu, www.svenerik.nu

SEHENSWÜRDIGKEITEN UND AKTIVITÄTEN
Weitere Sehenswürdigkeiten sind das **Borås Kunstmuseum**, eines der führenden Häuser Schwedens für zeitgenössische Kunst, und der **Borås Tierpark**. Auf 38 Hektar leben hier über 60 verschiedene Tierarten. Der **Hochseilgarten Upzone** bietet für Groß und Klein Herausforderungen in schwindelerregender Höhe. Wer Lust auf Wasser bekommt, kann in das **Stadsparkbadet** im Zentrum von Borås gehen. Im **Textilmuseum** wird die lange und bedeutende Textiltradition der Stadt dargestellt. Im Sommer finden immer donnerstags kostenlose Open-Air-Konzerte mit renommierten Künstlern statt.

Das Landesinnere

43 Aquädukt von Håverud
Ingenieursleistung

Eine Eisenbahnbücke, ein Aquädukt und eine Straßenbrücke: In Håverud treffen verschiedene Verkehrswege auf engstem Raum zusammen, müssen hier gar eine Schlucht überqueren. Das ergibt sogar für diejenigen ein spannendes Bild, die sich ansonsten nicht so sehr für Technik interessieren.

Wasserstraßen waren früher und sind auch heute noch wichtige Transportwege. So sollte das Gebiet zwischen dem Köpmannebro und Norwegen an den Vänern-See und damit via Götakanal an das Meer angeschlossen werden. Landwege gab es damals im 19. Jahrhundert im abgelegenen Dalsland nicht sehr viele. Daher baute man in den Jahren zwischen 1864 und 1868 den Dalsland-Kanal – nicht zuletzt, um Eisenerz und Holz zu den Märkten zu bringen. Das gesamte System ist etwa 254 Kilometer lang.

Grandiose Ingenieursleistung

Glücklicherweise konnte man jedoch die vielen Seen und Flüsse für das Vorhaben nutzen, was die Kosten und die Dauer der Arbeiten erheblich reduzierte. Lediglich zwölf Kilometer Kanalstrecke mussten gegraben oder aus dem Fels gesprengt wurden. Doch da war jene Stelle, die heute der touristische Höhepunkt des Dalsland-Kanals ist: der Wasserfall bei Håverud, der zwei Seen miteinander verbindet. Oder eben nicht, denn zwischen dem Åklang und dem Upperudshöljen liegt ein Höhenunterschied von immerhin 13 Metern. Und daran führte kein (Wasser)-Weg vorbei.

Oben: Der Aquädukt von Håverud ist eine technische Meisterleistung.
Unten: Das Jahrhundertbauwerk bei der Eröffnung in den 1860er-Jahren

Aquädukt von Håverud

Nils Ericson hatte einen guten Ruf. Schließlich hatte der Ingenieur den Trollhätte-Kanal und die Schleusen in Stockholm gebaut, außerdem den Saimakanal in Finnland. Also beauftragte man den Ingenieur, nach einer Lösung zu suchen. Und er suchte sie nicht nur, er fand sie auch. Auf einem Aquädukt sollten die Schiffe den Wasserfall queren und anschließend auf einer Schleusentreppe auf das Niveau des Upperudshöljen gelangen. Doch die mit Eisenerz, Holz und anderen Waren beladenen Schiffe nutzten den Kanal nur für wenige Jahre.

Als eine Eisenbahnlinie durch Dalsland gebaut wurde, verlor der Kanal seine Bedeutung und fiel für viele Jahre in einen nur selten unterbrochenen Dornröschenschlaf. Doch dann entdeckten die Freizeitskipper den Kanal. Sie nutzten ihn, um zu den abgelegenen Seen in Dalsland zu kommen und dort in einer stillen Bucht zu ankern oder am Steg in einem der Orte anzulegen. Und man muss dazu nicht eine Motoryacht steuern oder ein Segelschiff. Auf dem Dalsland-Kanal kann man auch im Kanu oder Kajak unterwegs sein.

Für Landratten ist Håverud mit seinem Aquädukt ebenso ein überaus lohnendes Ziel. Das Besondere ist hier, dass eine Straßen- und eine Eisenbahnbrücke die Schlucht überbrücken, gleichzeitig aber auch jener Aquädukt, eine wassergefüllte Trogbrücke, über die die Schiffe zur Schleusentreppe gelangen. Direkt unterhalb des Aquädukts liegt das Kanalmuseum. Hier bekommt man interessante Informationen über Geschichte, Natur, Geologie, Kanalbau und Industrie der Region. Doch damit ist das touristische Angebot rund um den Dalsland-Kanal nicht erschöpft. In Upperud steht direkt am See Upperudshöljen ein Handwerkshaus. Hier bieten rund 100 Kunsthandwerker und Handwerker ihre Arbeiten an.

Infos und Adressen

INFORMATION
Melleruds Turistbyrå. Storgatan 13, 46422 Mellerud, Tel. 0530/189 00, medborgarkontoret@mellerud.se www.mellerud.se

ÜBERNACHTEN/ ESSEN UND TRINKEN
Skålleruds Gård. Im Grünen gelegene, familiär geführte Unterkunft mit Zimmern und Hütten sowie angeschlossenem Restaurant. Paketangebote u. a. mit Kanalreise. Skålleruds 10, 46440 Skållerud, nfo@skalleruds-gard.com, skalleruds-gard.com
Baldersnäs Herrgård. Der Baldersnäs Herrgård liegt in herrlicher Umgebung auf einer Halbinsel des Laxsjön nördlich von Dals Långed und verströmt die behagliche Atmosphäre eines alten Landsitzes. 66010 Dals Långed, Tel. 0531/412 13, info@baldersnas.com, www.baldersnas.eu

SEHENSWÜRDIGKEITEN
Kanalmuseet. Direkt am Aquädukt gelegenes Museum mit Informationen über den Dalsland-Kanal. Museivägen 3, S-46472 Håverud, Tel. 0530/306 24
Dalsland-Kanal. Nils Ericsons väg 1, Upperud, S-46472 Håverud, Tel. 0530/447 50, info@dalslandskanal.se, www.dalslandskanal.se

Das Landesinnere

44 Wandern im Naturreservat Glaskogen
Wo sich Reh & Elch »Gute Nacht« sagen

Wälder, Flüsse, Seen, wenig Menschen, dafür Elche: Das Naturreservat Glaskogen ist ein Wildnisgebiet mit nordischer Atmosphäre, bestens geeignet zum Wandern, Radeln oder Paddeln. Die Infrastruktur mit Wegen und zahlreichen Übernachtungsmöglichkeiten ist dank der Glaskogen-Stiftung, die sich um das Gebiet kümmert, hervorragend. Selbst unerfahrene Wanderer können hier bedenkenlos zu Mehrtagestouren aufbrechen.

Der Rucksack ist gepackt, die Stiefel sind geschnürt. Es kann losgehen! Das Naturreservat Glaskogen ist ein tolles Wanderrevier und von Oslo und Göteborg aus einfach und schnell zu erreichen. Trotzdem hat es einen hohen skandinavischen Einsamkeitsfaktor zu bieten. Nur in der Hochsaison, also von Ende Juni bis Mitte August, wird man das »Hej«, die in Schweden übliche Begrüßung, des Öfteren benötigen. Wer auf seiner Tour möglichst wenige andere Menschen sehen will, sollte diese Zeit meiden. Das Wegenetz ist hervorragend ausgebaut und markiert. Wanderer finden hier all das, was gemeinhin mit schwedischer Natur verbunden wird: weite Wälder mit Fichten, Kiefern und Birken, glucksende Bäche, kleine Teiche und große Seen, Moore und ein paar Felsen. Im Sommer tanzen Libellen über dem Wasser, und es zieht auch einmal ein Raubvogel am Himmel seine Bahnen. Wenn es zu warm wird, springt man in den nächsten See – das Wasser hat Trinkwasserqualität.

Oben: Einsames Haus bei Sigfridstorp
Unten: Blühende Wegwarte im Glaskogen-Naturreservat

Wandern im Naturreservat Glaskogen

Naturreservat Glaskogen

Durch das Naturreservat Glaskogen führen insgesamt rund 300 Kilometer markierte Wanderwege mit unterschiedlicher Länge. Unter einer Vielzahl von Routen kann man sich die für seine Ansprüche und zur Verfügung stehende Zeit passende Tour aussuchen. Dabei ist alles möglich zwischen einer mehrstündigen Rundwanderung oder einer Mehrtagestour, ohne den gleichen Weg zweimal gehen zu müssen. Die Wege sind mit orangefarbenen Zeichen markiert, an Kreuzungen stehen Hinweisschilder zu den jeweiligen Zielen. Für Wanderer stehen Windschutz, Hütten und Rastplätze für die Übernachtung zur Verfügung. In jedem Fall sollte man im Zelt mitnehmen, da Hütte oder Windschutz schon belegt sein könnten. Das gilt ganz besonders in der Hochsaison. Idealer Startpunkt für eine Tour ist Lenunghammar, eine kleine Siedlung zwischen den beiden großen Seen Stora Gla und Övre Gla. Von hier aus führen Wanderwege in alle vier Himmelsrichtungen. Beim Café Karl XII in Lenunghammar beginnt zudem ein schöner, fünf Kilometer langer Wanderweg, den man auch mit leichten Schuhen oder mit dem Kinderwagen begehen kann. Tafeln am Wegesrand informieren über Geologie, Tiere und Pflanzen sowie historische Sehenswürdigkeiten. Der Weg ist auf jeden Fall ein guter und informativer Einstieg in den Park. Generell ist das 1970 eingerichtete Naturreservat ein Wandergebiet ohne große Schwierigkeiten. Berge gibt es hier keine, nur Hügel mit Höhenunterschieden von nicht einmal 200 Metern. Dominiert wird das 28 000 Hektar große Gebiet von den beiden Seen Stora Gla und Övre Gla.

Krustenflechten wachsen sehr langsam.

235

Die Glaskogen-Region: bei Paddlern beliebt

MÜCKEN, WELCHE MÜCKEN?

Eines darf in einem Südschweden-Reiseführer nicht verschwiegen werden: das Thema Mücken. Gerade Wanderer werden den Plagegeistern des Nordens im Sommer mit großer Wahrscheinlichkeit begegnen. Dabei reicht die Spanne jedoch von »nervig« bis »nahezu nicht vorhanden«. Ob die Mücken in Schwärmen oder nur vereinzelt unterwegs sind, hängt vom Verlauf des Frühjahrs, vom aktuellen Wetter und von der Stelle ab, an der man sich befindet. Kommt Wind auf, verschwinden die Mücken im Allgemeinen. Insofern sind windexponierte Stellen bestens zum Übernachten geeignet. Man sollte sich vor Ort ein Mückenmittel kaufen (die Auswahl in Schweden ist größer). Ein Hut mit einem Mückennetz ist im Zweifelsfall genauso wenig ein Fehler wie Wanderhose sowie Hemd oder Jacke aus mückenstichfestem Stoff.

Geheimtipp

Finnische Ruinen

Interessant ist Glaskogen nicht nur aufgrund seiner abwechslungsreichen Natur, sondern auch aufgrund der Besiedlungsgeschichte. Hier siedelten sich im 16. und 17. Jahrhundert zahlreiche Finnen an. Sie bauten ihre Hütten in abgelegenen Regionen und dort mit Vorliebe auf den Hügeln, sie kamen dadurch den in den Tälern lebenden Schweden nicht ins Gehege. Bei Kalleboda, Gängene und Sigfridstorp sind noch die Reste ihrer aufgegebenen Häuser zu sehen. Wo die Ruinen kaum noch auszumachen sind, kann man sich an der Vegetation orientieren. Denn die Neusiedler rodeten den Nadelwald, sodass hier heute Laubbäume wachsen und sogar noch Wiesen zu sehen sind. Diese sind natürlich ideal, um den König der schwedischen Wälder zu beobachten. Im Glaskogen sind die Chancen recht gut, einen Elch zu sehen. Dazu muss man im Sommer früh aufstehen oder lange wach bleiben, denn die riesigen Tiere – Elche können bis zu drei Meter lang und 800 Kilogramm schwer werden – kommen mit Vorliebe in der Dämmerung auf ihre

Naturreservat Glaskogen

Mit etwas Glück lässt sich im Naturreservat auch der Elch beobachten.

Äsungsflächen und ziehen sich dann wieder ins dichte Unterholz zurück. Auch Hasen, Füchse, Rehe, Dachse und Luchse gibt es in diesem Gebiet. Mit etwas Glück kann man nachts sogar einen Wolf heulen hören. Begegnen wird man dem scheuen Tier aber wahrscheinlich genauso wenig wie einem Bären.

Kanu-Abenteuer

Das Glaskogen-Naturreservat lässt sich aber nicht nur zu Fuß erkunden. Knapp 80 große und kleine Seen liegen in dem Gebiet. Dazu kommen gemütlich vor sich hinschlängelnde Flüsschen. Etliche Inseln machen auch den größten See, den Stora Gla, zu einem interessanten Paddelrevier. Dabei können sich auch unerfahrene Paddler in das Gebiet wagen. Bei aufziehendem Wind sucht man einfach Schutz in der nächsten Bucht. Abends kann man am Lagerfeuer sitzen und den selbst gefangenen Fisch grillen, bevor man sich in das Zelt oder den Unterstand zurückzieht – oder gar im Freien unter dem Sternenhimmel einschläft. Mückenschutz nicht vergessen!

Infos und Adressen

INFORMATION
Zur Vorbereitung einer Wanderung im Naturreservat Glaskogen kann man sich an die Stiftung wenden, die das Gebiet verwaltet und betreut. Hier kann auch eine Karte mit allen Wanderwegen und Tourenvorschlägen bestellt werden.

Stiftelsen Glaskogens Naturreservat. Skolgatan 36, 67131 Arvika, Tel. 0570/440 70, glaskogen@arvika.se, www.glaskogen.se

Zudem gibt es in Lenunghammar eine Informationszentrale, die Tipps für die besten Touren gibt. Für Kanureisen und Trekkingtouren im Glaskogen-Naturreservat muss eine Besucherkarte für SEK 40 pro Person und Tag (Jahreskarte SEK 400,–/pro Pers., SEK 600,–/Familie) gekauft werden. Damit kann man Feuerstellen, Schutz- und Übernachtungshütten, Feuerholz, Mülltonnen und Trockentoiletten nutzen. Die Karte ist im Informationszentrum in Lenunghammar sowie in Touristenbüros, Supermärkten und weiteren Betrieben der Umgebung erhältlich.
In der Informationszentrale können Kanus ausgeliehen werden. Radfahrer finden im Glaskogen eine gute Zahl ansprechender Strecken. Tourenvorschläge gibt es in der Informationszentrale, wo auch Fahrräder ausgeliehen werden können.

ÜBERNACHTEN
Mitten im Naturreservat liegt der Campingplatz **Glaskogens Camping.** Lenunghammar, 67020 Glava, Tel. 0570/440 70

GÖTEBORG & WESTKÜSTE

45	Göteborg	240
46	Historisches Göteborg	248
47	Im Schärenreich von Göteborg	254
48	Smögen & Hamburgsund	262
49	Tanum & seine Felszeichnungen	266
50	Nationalpark Kosterhavet	268

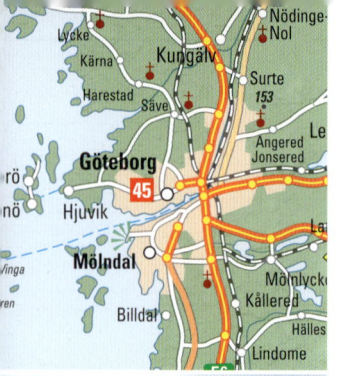

Göteborg & Westküste

45 Göteborg
Maritime Metropole der Westküste

Das Wasser ist in Schwedens zweitgrößter Stadt stets präsent: Ob in der Form des größten Seehafens in Skandinavien oder durch den Fluss Göta Älv, der Göteborg durchquert – vorbei an der Oper, dem internationalen Casino und dem Yachthafen. Die weltoffene Stadt bietet eine enorme Bandbreite an Beschäftigungsmöglichkeiten – von kulturellen und kulinarischen Highlights bis hin zum Shoppen.

Wie die Blutgefäße einen Organismus – so durchziehen Kanäle das Zentrum von Göteborg. Einst dienten sie dazu, die auf Sumpfland gebaute Hafenstadt an der Westküste zu entwässern. Heute sind sie ein beschaulicher Anblick im Stadtbild. Auch die Zickzackform des Wallgrabenkanals ist kein Zufall. Denn der Wassergraben schützte einst die Bastion vor Angriffen.

Besonders gut lässt sich Göteborg mit den Sightseeingbooten »Paddan« erkunden. Paddan, das heißt Schildkröte. Und ähnlich flach wie diese Tiere müssen die Boote sein, die unter den Brücken der Stadt hindurchfahren möchten. Manchmal ist so wenig Platz, dass man sich in aufrechter Haltung den Kopf an der Brücke anschlagen würde. Dafür gibt es aber vom Wasser aus ungewohnte Einblicke in die Stadt. Die Fahrt beginnt am blendend weiß gestrichenen Gebäude des großen Theaters, das kurz darauf wieder hinter dem Brückenpfeiler der Kungsportsavenyn verschwindet. Die Straße, die hier jeder nur kurz »Avenyn« nennt, ist der Prachtboulevard Göteborgs und führt aus dem Zentrum hinaus an Geschäften und Cafés

Seite 238/239: Der erste Meeresnationalpark Kosterhavet
Oben: Mit der »Schildkröte« auf Stadtrundfahrt
Unten: Frisch gebackene Abiturientinnen mit »Studentmössa«

Göteborg

vorbei direkt zum kulturellen Herz der Stadt mit Konzerthalle, Stadttheater und Bibliothek. Eine scharfe Linkskurve, dann gleitet das Boot über den Hauptkanal: Etliche prächtige Gebäude reihen sich hier zu beiden Seiten auf und symbolisieren den Reichtum, den der Handel der Seefahrerstadt gebracht hat. Auf dem Gustav-Adolf-Platz erinnert ein Denkmal an den Stadtgründer, und sobald die Schildkröte die Kristine-Kirche und das Stadtmuseum passiert hat, fährt sie auf den Fluss Göta Älv hinaus. Und der ist die eigentliche Lebensader der Stadt. Hier im Freihafen legten schon Schiffe an, als es das heutige Göteborg noch gar nicht gab. Schließlich war zur Zeit der dänischen Herrschaft in Südschweden der Göta Älv für die Schweden der einzige Zugang zum Meer. Der Hafen ist der Schlüssel zur Weltoffenheit der Stadt. Es gab Zeiten, da waren Schwedisch, Deutsch und Holländisch die offiziellen Sprachen in Göteborg. Die Segelschiffe der Ostindien-Kompanie legten hier genauso an wie die Boote der Hanse. Auch Schiffe wurden hier gebaut. Früher. Heute ist keine einzige Werft mehr in Betrieb.

Hoch auf dem Lippenstift

Einen guten Blick über die Stadt und vor allem den geschäftigen Hafen bietet aus 86 Metern Höhe die Aussichtsplattform des auffällig rot-weiß gestrichenen Hochhauses »Utkiken«, das bei den Göteborgern aufgrund seiner Form und Farbgebung einfach nur »läppstift« – Lippenstift – genannt wird. Von hier aus ist beispielsweise das Opernhaus zu sehen, das direkt hinter dem kleinen Freizeithafen Lilla Bommen in Sicht kommt. Es hat sich aber nicht nur aufgrund seiner außergewöhnlichen Architektur und Akustik einen Namen gemacht, sondern auch durch den modernen Spielplan sowie die zentrale Lage am Hafen.

Nicht verpassen

FISCH IN DER KIRCHE

Die Fischkirche. Ein Gotteshaus? Weit gefehlt! In einer der beliebtesten Sehenswürdigkeiten Göteborgs holen sich nicht die Fischer ihren Segen, bevor sie auf Fahrt gehen. In dem 1874 im gotischen Stil erbauten Gebäude kann man schlicht und einfach frischen Fisch kaufen. Früher brachten die Fischer ihren Fang auch zur Fischauktion hierher, aber seit 1910 werden die Auktionen im Fischereihafen bei Majnabbe abgehalten. Heute sind in der Feskekörka, wie die Fischkirche im Göteborger Dialekt heißt, zwei Fischrestaurants ansässig, und mehrere Händler bieten an ihren Ständen die verschiedensten Meeresdelikatessen an. Dorsch und Langfisch, Hummer und Schellfisch. Und natürlich bekommt man an den Ständen weitere nordische Spezialitäten wie Elch- oder Rentierfleisch. Den Namen hat die Feskekörka jedoch nicht wegen der Bedeutung bekommen, die dem Fisch beigemessen wird. Er geht vielmehr auf die kirchenähnliche Architektur mit Spitzgiebeln und der Dachkonstruktion zurück.

Weithin sichtbar – der »Lippenstift«

Einfach gut!

ALLE JAHRE WIEDER

Mit einer Kombination aus aktuellem schwedischen Design und liebevoll erhaltener Tradition sorgt Göteborg alljährlich in der Adventszeit für erhellende Weihnachtsstimmung. Eine 3,4 Kilometer lange »Lichterallee« führt die Besucher zu verschiedenen Lichtinstallationen der Stadt. Ein Highlight ist auch die eigens produzierte Multimediashow, die im Dezember zweimal am Abend auf die Fassade des Kunstmuseums projiziert wird – auf einer Fläche von 1500 Quadratmetern und mit Sound unterlegt. Am Harry Hjörnes Platz wird eine moderne Lichtshow geboten und im Winter Wonderland am Bältespännar Park warten eine Eislaufbahn, über dem offenen Feuer geröstete Maronen und eine Bühne für Chordarbietungen. Verschiedene Weihnachtsmärkte hat die Stadt außerdem zu bieten.

Direkt hinter der Oper erstreckt sich am Packhuskajen das Maritiman, das weltweit größte Wasserfahrzeugmuseum. Ganze 20 verschiedene Schiffe und Boote aus dem privaten und militärischen Bereich liegen hier vor Anker und können von den Besuchern erkundet werden – angefangen beim Zerstörer »Småland« über das Fischerboot »Gunhild« bis hin zum U-Boot »Nordkaparen«. Dieses Erlebnis ist allerdings alles andere als »barrierefrei«, und Nichtschwimmer sollten tatsächlich lieber Schwimmwesten anziehen, wenn sie zwischen den einzelnen Schiffen hin- und herturnen. Wer die Unterwasserwelt Schwedens und anderer Weltteile lieber trockenen Fußes erkunden möchte, sollte das Universeum, Schwedens nationales Wissenschaftszentrum, besuchen. In der Aquariumhalle befindet sich das weltweit größte System mit rezirkulierendem Kalt-, Warm-, Salz- und Süßwasser, insgesamt drei Millionen Liter Wasser, in denen sich Haie, Rochen, Moränen und viele andere Fischarten tummeln. In direkter Nachbarschaft widmet sich das Weltkulturmuseum seit einigen

Göteborg

Die Sehenswürdigkeiten der Innenstadt

A Utkiken/Läppstift – Vom Café »Götheborgs Utkiken« eröffnet sich das Panorama Göteborgs.

B Göteborgs Operan – Eine geführte Tour hinter die Kulissen der Oper eröffnet neue Perspektiven.

C Maritiman – Im Maritiman sind Schiffe vom späten 19. Jahrhundert bis hin zu modernen Fahrzeugen zu sehen.

D Feskekôrka – Ein architektonisches Experiment des Architekten Victor von Gegerfelt, der einen großen Raum ohne Pfeiler schaffen wollte.

E Röhsska Museet – Eine Besonderheit des Röhsska-Museums sind drei Säle, die chinesisches Kunsthandwerk zeigen.

F Göteborgs Konstmuseum – Einzigartige Sammlung nordischer Maler.

G Trädgårdsföreningen – Eine Anlage aus dem 19. Jahrhundert.

H Rådhus – Das ehemalige Rathaus stammt aus dem Jahr 1672 – abgesehen natürlich von dem eher hässlichen Anbau.

I Christinæ Kyrka – Die Christina-Kirche, auch Deutsche Kirche genannt, wurde 1748 eingeweiht. Seit 1961 erklingt täglich um 8, 12, 18 und 20 Uhr ein Glockenspiel, an dem 42 Glocken beteiligt sind.

J Ostindiska huset – Beherbergt das Göteborger Stadtmuseum, in dem u. a. Schwedens einziges Wikingerschiff ausgestellt wird.

K Kronhuset & Kronhusbodarna – Das Kronhuset ist eines der ältesten Gebäude der Stadt.

Göteborg & Westküste

SCHLEMMEN IM 23. HIMMEL

Gut 200 Gramm handgepulte Krabben, eine ganze Menge Mayonnaise, Eier, ein bisschen Salat und unten drunter eine Scheibe Brot. Gut für die Figur ist das King-Size-Krabbensandwich, für das das Göteborger Restaurant »Heaven 23« mittlerweile in fast ganz Schweden bekannt ist, sicher nicht. Dafür schmeckt es aber umso besser. Und obendrauf gibt es noch den tollen Blick aus dem 23. Stock des Hotels Gothia Towers über die Stadt. Und genau wie beim Krabbensandwich setzt das Restaurant auch bei seinen anderen Gerichten auf die klassische schwedische Küche in verfeinerter Form: Lachs, Muscheln, Pilze, Wild, Ente und Trüffel werden je nach Saison in der Küche verfeinert. Das Restaurant hat ganzjährig täglich ab 11.30 Uhr geöffnet, am Wochenende ab 12 Uhr. Tischreservierungen sind empfehlenswert. In der Bar nebenan geht es vor allem an den Wochenenden bis spät in die Nacht hoch her – und hier kann man sich auch ein King-Size-Krabbensandwich zum Mitnehmen bestellen.

Heaven 23. Mässans Gata 24, 40226 Göteborg, Tel. 0046/317 50 88 05, www.heaven23.se

Einfach gut!

Jahren mit immer neuen Wechselausstellungen der sich stetig verändernden Weltkultur.

Grüne Stadt

Göteborg ist aber nicht nur vom Wasser geprägt, sondern auch von viel Grün. Zahlreiche Grünflächen frischen das Bild der Innenstadt auf, allen voran der zentrale Park Trädgårdsföreningen und der Botanische Garten mit 13 000 verschiedenen Pflanzenarten und Schlosswald. Kulturell lockt beispielsweise das Kunstmuseum mit einer der schönsten Sammlungen nordischer Kunst aus dem 19. und 20. Jahrhundert. Auch die Klassiker der europäischen Kunstgeschichte fehlen hier nicht. Nebenan, im für seine hervorragende Akustik bekannten Konserthuset, ist das Göteborger Symphonieorchester zu Hause, das gleichzeitig Schwedens Nationalorchester ist und auf zahlreichen internationalen Tourneen bereits Weltgeltung erlangt hat. Nicht weit entfernt, ebenfalls im Stadtteil Vasastan, befindet sich Schwedens einziges Designmuseum, das Röhsska Museum. Zu sehen sind schwedisches und europäisches Kunsthandwerk, chinesische Exponate und zeitgenössisches Industriedesign. Großbürgerliche Fassaden aus dem späten 19. und frühen 20. Jahrhundert prägen hier das Straßenbild ringsherum, das ansonsten ein buntes Angebot an Cafés und Läden bereithält.

Kulinarisches Reiseziel

Auch aus kulinarischer Sicht gilt Göteborg als eine der besten Städte Nordeuropas: Ganze fünf Restaurants wurden hier 2011 mit einem Stern des französischen Guide Michelin ausgezeichnet. Zusätzlich gibt es in der Stadt zahlreiche Edelrestaurants, die im Vergleich zu Lokalen dieser Klasse in anderen Ländern ein gutes Preisniveau bieten.

Da wundert es nicht wirklich, dass in den letzten zwei Jahrzehnten sehr häufig Gastonomen aus Göteborg den Titel »Koch des Jahres« in Schweden gewannen. Zu fast jedem guten Menü kommen in Göteborg Fisch oder Schalentiere auf den Teller – dafür sorgt das nahe gelegene Meer. Auch Fleisch und Gemüse werden hauptsächlich aus der Region Westschweden bezogen. Die großen Spezialitäten der Region kommen aber aus dem Kattegat: Muscheln, Austern, Garnelen, Krebse und natürlich der Hummer, dem im Herbst ein besonderes kulinarisches Erlebnis gilt: Wenn etwa Mitte September die Hummersaison beginnt, haben Westschweden-Besucher die Möglichkeit, mit einem Hummerfischer aufs Meer zu fahren und das schwarze Gold des Meeres eigenhändig einzuholen und es anschließend unter kundiger Anleitung selbst zuzubereiten.

Oben: Der Vergnügungspark Liseberg beherbergt im Dezember einen sehr schönen Weihnachtsmarkt.
Unten: Göteborger Oper mit beeindruckender Architektur

Göteborg & Westküste

Infos und Adressen

Die Fischkirche lädt zum Schlemmen ein.

INFORMATION

Göteborgs Turistbyrå. Kungsportsplatsen 2, 41110 Göteborg, oder
Nordstadstorget. 41105 Göteborg,
Tel. 0046/31 36 84 20 0,
turistinfo@goteborg.com, www.goteborg.com

ÜBERNACHTEN

First Hotel Avalon. Das Designhotel befindet sich am Kungsportsplatz – inmitten der Göteborger Einkaufsmeile. Interessante Formen, wenige rechtwinklige Ecken und die Zusammenarbeit mit dem Röhsska Museet prägen das Erscheinungsbild. Auf dem Dach des Hotels befindet sich ein Pool mit Blick über die Stadt. Kungstorget 9, 41117 Göteborg, Tel. 0046/317 51 02 00, www.avalonhotel.se

Hotel Flora. Kleines 4-Sterne-Hotel im Familienbesitz mit interessanter Mischung aus traditioneller und moderner Einrichtung. Alle Zimmer wurden individuell gestaltet. Grönsakstorget 2, 41117 Göteborg, Tel. 0046/31 13 86 16, www.hotelflora.se

Hotel Lorensberg. Ruhiges 3-Sterne-Hotel in Familienbesitz. Die Zimmereinrichtung ist eher »Standard«, dafür gibt es aber einen gemütlichen Frühstücksraum im Wintergarten-Stil und einen schönen Innenhofbereich. Berzeliigatan 15, 41253 Göteborg, Tel. 0046/31 81 06 00, www.hotel-lorensberg.se

ESSEN UND TRINKEN

Thörnströms Kök. Ausgezeichnet mit einem Stern im Guide Michelin. Im Vordergrund steht die moderne schwedische Küche, basierend auf regionalen Zutaten. Geöffnet montags bis samstags 18 – 01 Uhr. Teknologgatan 3, 41132 Göteborg, Tel. 0046/31 16 20 66, www.thornstromskok.com

Restaurant 2112. So manche Gastrokritiker behaupten, dass es hier die besten Burger in ganz Schweden gibt. Täglich geöffnet ab 16 Uhr, samstags ab 14 Uhr. Magasinsgatan 5, 41118 Göteborg, Tel. 0046/317 87 58 12, www.restaurant2112.com

Sjömagasinet. Ein Flaggschiff der Göteborger Fisch- und Schalentierküche in toller Lage direkt am Wasser. Adolf Edelsvärds gata 5, 41451 Göteborg, Tel. 0046/317 75 59 20, www.sjomagasinet.se

Restaurang Gabriel. Fisch- und Schalentierrestaurant im ersten Stock der Feskekörka. Ein Schalentierbuffet oder frische Austern als Vorspeise? Zusätzlich gibt es täglich ein speziell kreiertes Mittagsangebot – Dagens lunch. Geöffnet dienstags bis samstags ab 11 Uhr, während der Woche bis 17 bzw. 18 Uhr, samstags bis 15 Uhr. Rosenlundsgatan, 41120 Göteborg, Tel. 0046/31 13 90 51, www.restauranggabriel.se

AUSGEHEN

Das Nachtleben konzentriert sich in der Göteborger Innenstadt rund um die Avenyn mit ihren zahlreichen Bars, Pubs, Nachtclubs und Diskotheken. Billig ist es hier jedoch nicht. Wer es etwas ruhiger mag, sollte eines der gemütlichen Lokale in der Linnégatan aufsuchen; die jüngeren Semester vergnügen sich meist in den Studentenkneipen rund um den Vasaplatsen und die Viktoriagatan. Gute Tipps zu Veranstaltungen und Locations sind in den Freitagsbeilagen der Tageszeitungen zu finden.

Göteborg

EINKAUFEN

Göteborg bietet so ziemlich alles, was das Shopping-Herz begehrt. Direkt gegenüber dem Bahnhof befindet sich Nordstan, Schwedens größtes Einkaufszentrum. In der Fußgängerzone entlang der Straßen Kungsgatan, Vallgatan, Södra Larmgatan und Fredsgatan reihen sich Modeboutiquen und kleine Läden auf. Exklusive Modegeschäfte und die Flagshipstores der bekannten Designer sind entlang der Prachtstraße Avenyn zu finden. Kunsthandwerk gibt es rund um das Kronhuset.

SEHENSWÜRDIGKEITEN

Utkiken/Läppstift. Das Café »Götheborgs Utkiken« im obersten Stock des »Lippenstifts« ist montags bis freitags von 11 bis 15 Uhr geöffnet, im Sommer auch an den Wochenenden. Der Aufzug fährt einmal zur vollen Stunde hinauf. Lilla Bommen 1, 41104 Göteborg, Tel. 0046/31 15 61 35, www.goteborg.com
Göteborgs Operan. Ganzjähriges Programm von Oper und Musicals bis hin zu klassischem und modernem Ballett. Täglich für Besichtigungen zwischen 12 und 18 Uhr geöffnet. Christina Nilssons Gata, 41104 Göteborg, Tel. 0046/31 10 80 00, www.opera.se
Maritiman. Von Mai bis September täglich 11–18 Uhr geöffnet, im Oktober freitags bis sonntags 11–16 Uhr. Packhusplatsen 12, 41113 Göteborg, Tel. 0046/31 10 59 50, www.maritiman.se
Feskekörka. Ganzjährig geöffnet dienstags bis freitags 10–18 Uhr, samstags 10–15 Uhr. Rosenlundsgatan, 41120 Göteborg, Tel. 0046/31 61 25 00, www.feskekörka.se
Röhsska Museet. Ganzjährig täglich außer montags geöffnet. Vasagatan 37–39, 40015 Göteborg, Tel. 0046/31 61 38 50, www.designmuseum.se
Göteborgs Konstmuseum. Ganzjährig täglich außer montags ab 12 Uhr geöffnet, mittwochs bis 21 Uhr, an den übrigen Tagen bis 18 Uhr, am Wochenende 11 bis 17 Uhr. Götaplatsen, 41256 Göteborg, Tel. 0046/313 68 35 00, www.konstmuseum.goteborg.se
Trädgårdsföreningen. Der Park ist eine der in Europa besterhaltenen Anlagen aus dem 19. Jahrhundert und ist ganzjährig täglich von 7 bis 18 Uhr geöffnet, erweiterte Öffnungszeiten im Sommer. Das Palmenhaus ist von 10–16 Uhr geöffnet. Södra vägen, 41110 Göteborg, Tel. 0046/313 65 58 58, www.tradgardsforeningen.se

Bootsanleger »Paddan«

Göteborg & Westküste

46 Historisches Göteborg
Von der Seefahrerstadt zur modernen Großstadt

Weltoffen gibt man sich in Göteborg. Schließlich hat man mit den Fremden viel Erfahrung. Der Seehandel brachte der Stadt früh Reichtum und Einflüsse aus fernen Ländern. Hier war Schwedens erstes internationales Handelsunternehmen ansässig, das Göteborg zum europäischen Zentrum für den Handel mit China und dem Fernen Osten machte. Und das spiegelt sich beim Besuch der Stadt wider.

Die Bronzestatue am Gustav Adolfs Torg zeigt Gustav II. Adolf zu Beginn des 17. Jahrhunderts.

Die rechte Hand zeigt auf den Boden, während der Blick in die Ferne schweift. Auf einem meterhohen, quadratischen Bronzesockel überblickt die Statue von Gustav II. Adolf (1594–1632) den Platz Gustav Adolfs Torg mitten in Göteborg. »Hier soll die Stadt liegen«, soll der König gesagt haben, als er Anfang des 17. Jahrhunderts den Ort für das heutige Göteborg aussuchte, das schon 1621 die Stadtprivilegien erhielt. Schwedens Tor zum Westen sollte die neue Stadt werden. Denn der junge Gustav II. Adolf war überzeugt, dass ein Handels- und Wissensaustausch mit anderen europäischen Ländern ein Vorteil für Schweden sein könnte. Zudem wählte der König niederländische Architekten für die Errichtung der Stadt. Das lag vor allem daran, dass diese einerseits viel Erfahrung darin hatten, auf sumpfigem Boden am Wasser zu bauen, und andererseits wussten, wie man eine starke Stadt anlegt. Schließlich sollte das neue Göteborg dieses Mal von Bestand sein. Vorgänger hatte es über die Jahrhunderte schon einige gegeben: Lödöse, etwa 40 Kilometer nörd-

Historisches Göteborg

lich der Flussmündung, war vom 13. bis 15. Jahrhundert Schwedens einziger Hafen mit Direktanschluss über den Göta Älv zur Nordsee. Zu weit vom Meer entfernt, befand man im 15. Jahrhundert, und gründete eine neue Stadt namens Nya Lödöse am Auslauf des Flusses Säveån in den Göta Älv. Zu unsicher, war dann die Ansicht von Gustav II. Adolf, nachdem die Festung Gamla Älvsborgs 1563 und 1612 in dänische Hände gefallen war. Auch die von seinem Vater Karl IX. (1550–1611) am nördlichen Flussufer in Auftrag gegebene Stadt Göteborg wurde 1611 im Krieg mit den Dänen komplett vernichtet. Also musste nun für die Zukunft gebaut werden.

Seefahrer & Handel

Um es potenziellen Angreifern richtig schwer zu machen, versah man die neue Stadt mit einem komplizierten Verteidigungssystem: Die Festung Gamla Älvsborg wurde durch drei neue ersetzt, darunter die Elfsborg auf einer Insel in der Flussmündung. Ein breiter, wassergefüllter Wallgraben in Zickzackform und sieben Meter hohe Verteidigungswalle wurden um den Stadtkern errichtet. Und im Bereich innerhalb der Wallgräben baute man Kanäle nach dem Muster Amsterdams, um die Waren transportieren zu können. Ende des 17. Jahrhunderts war Göteborg eine der am besten gesicherten Städte in ganz Europa. Teile des Zickzack-Wallgrabens kann man heute noch gut erkennen, doch die meisten der Entwässerungs- und Transportgrachten wurden – bis auf den Stora Hamnkanalen – in späterer Zeit wieder zugeschüttet.

Innerhalb von weniger als hundert Jahren entwickelte sich Göteborg nun zu einer blühenden Handels- und Seefahrerniederlassung. Zu Beginn

Nicht verpassen

GLANZ DES 18. JAHRHUNDERTS

Bestes Beispiel für den Reichtum Göteborgs sind das Schloss Gunnebo und der dazugehörige Park, wobei es sich eigentlich um ein pompöses Sommerhaus handelt, das sich der Großhändler John Hall ab 1778 knapp zehn Kilometer südlich der Innenstadt in Mölndal errichten ließ. Heute gelten sowohl das Gebäude als auch der »Schlosspark« als eine der landesweit besterhaltenen Anlagen aus dem 18. Jahrhundert und sind so Schwedens wichtigstes Beispiel für neoklassizistische Baukunst. In der Anlage gibt es drei verschiedene Gartentypen – Küchengärten, streng gestaltete Gärten und einen Landschaftspark, die alle ökologisch bearbeitet werden. Hier wachsen auch die historischen Kräuter- und Gemüsesorten, die im Café-Restaurant »Gunnebo Kaffehus och Krog« zu leckeren Gerichten veredelt werden.

Schloss Gunnebo. Christina Halls Väg, 43136 Mölndal, Tel. 0046/313 34 16 00, www.gunneboslott.se

Göteborg & Westküste

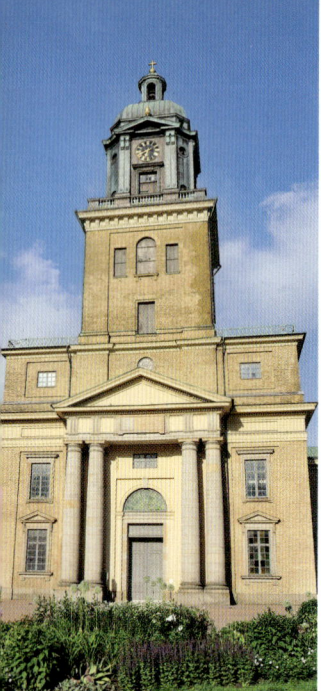

des 18. Jahrhunderts hatte die 10 000 Einwohner zählende Stadt nicht nur eine bedeutende Fischereiflotte, sondern betrieb auch den Export von Eisen und Holz in großem Umfang. Die reichsten Handelshäuser besaßen sogar eine Flotte von Ostindienfahrern, und anno 1731 wurde schließlich die Ostindiska Kompaniet gegründet – Schwedens erstes internationales Handelsunternehmen. Von dessen Macht und Reichtum zeugt nicht zuletzt das palastähnliche Backsteingebäude am Nordufer des Stora Hamnkanalen. Gusseiserne Säulen sowie ein prachtvolles mit Wandmalereien ausgestattetes Treppenhaus spiegeln auch im Innern des Ostindiska Huset, das Mitte des 18. Jahrhunderts als Sitz der Ostindiska Kompaniet errichtet wurde, die Blütezeit des Göteborger Handels wider. Heute befindet sich in seinen Hallen das Stadtmuseum, in dem unter anderem Ausstellungen zur Industrialisierung Göteborgs und zur Stadtentwicklung zu sehen sind – und natürlich zum Ostindienhandel, der das 19. Jahrhundert bestimmen sollte.

Außerhalb der Wallgräben

Im 18. und 19. Jahrhundert wuchs Göteborg nahezu explosionsartig. Um 1850 zählte die Stadt bereits 26 000 Einwohner. Gleichzeitig stieg mit dem blühenden Seehandel auch die Anzahl der Seefahrer. Über deren Leben sowie über die mittlerweile fast 400-jährige Seefahrtsgeschichte gibt es im Sjöfartsmuseum am Stigbergstorget viel und Interessantes zu erfahren. Aber auch innerhalb der Stadt gab es in den Handelshäusern zunehmend Bedarf an Arbeitern. Diese siedelten sich schon früh außerhalb des Wallgrabens an. So entstand im 18. und 19. Jahrhundert südlich des Wassergrabens der Stadtteil Haga – das älteste Vorstadtviertel Göteborgs. Hier schmiegen sich noch heute kleine Holz- und Ziegelhäuser auf Kopfstein gepflasterten Straßen aneinander.

Oben: Die dritte Domkirche am selben Platz wurde 1814 eingeweiht, aber erst 1825 fertiggestellt.
Unten: Origineller Straßenverkauf in Haga

Historisches Göteborg

Infos und Adressen

INFORMATION
Göteborgs Turistbyrå. Kungsportsplatsen 2, 41110 Göteborg oder Nordstadstorget, 41105 Göteborg, Tel. 0046/31 36 84 2 00, turistinfo@goteborg.com, www.goteborg.com

ÜBERNACHTEN
Hotel Royal. Das älteste Hotel der Stadt wurde 1852 eröffnet. Es befindet sich mitten in der Innenstadt und bietet eine gemütliche, persönliche Atmosphäre. Drottninggatan 67, 41107 Göteborg, Tel. 0046/317 00 11 70, www.hotel-royal.com

Barken Viking. 4-Sterne-Hotel an Bord eines Viermasters aus dem Jahr 1907. Insgesamt stehen 29 Kajüten zur Verfügung. Lilla Bommens Torg 10, 41104 Göteborg, Tel. 0046/31 63 58 00, www.barkenviking.com

Pensionat Styrsö Skäret. Etwa zehn Kilometer außerhalb der Stadt, dafür aber wunderschön auf einer kleinen Insel im Schärengarten gelegen. Alle Zimmer wurden individuell eingerichtet – mit Blick auf das Meer oder den Garten. Skäretvägen 53, 43084 Styrsö, Tel. 0046/31 97 32 30, www.pensionatskaret.se

Hotel Gothia Towers. Mit seinen mittlerweile drei Türmen das höchste und größte Hotel der Stadt. Mässans gata 24, 40226 Göteborg, Tel. 0046/317 50 88 00, www.gothiatowers.com

ESSEN UND TRINKEN
Hemma hos. Kleine und größere Gerichte aus der schwedischen Küche mit westschwedischem Touch. Täglich geöffnet, werktags ab 11.30 Uhr, am Wochenende ab 12 Uhr. Haga Nygata 12, 41301 Göteborg, Tel. 0046/31 13 40 90, www.hemmahoshaga.se

Café Husaren. Der Klassiker schlechthin in Haga. Berühmt ist das Café für seine riesigen Zimtschnecken. Geöffnet täglich ab 9 Uhr. Haga Nygata 28, Göteborg, Tel. 0046/31 13 63 78, www.cafehusaren.se

Klassizistische Gebäudefronten gegenüber der Deutschen Kirche

LUST AUF EIN »Fika«?

Kleine Cafés prägen den Stadtteil Haga.

»Ska vi fika?« ist vermutlich einer der am häufigsten gebrauchten Sätze in ganz Schweden. Vereinfacht übersetzt handelt es sich dabei um eine Kaffeepause mit etwas Süßem dazu. Während man in vielen anderen Kulturen seinen Kaffee oder Espresso mal eben schnell im Stehen oder im Gehen trinkt, ist das schwedische »Fika« geradezu eine gesellschaftliche Institution, für die man sich Zeit nehmen muss.

Ob mit Freunden, mit der Familie oder mit Kollegen: Das »Fika« ist ein tägliches Muss für jeden Schweden – gern auch mehrmals. Kein Wunder also, dass die Schweden weltweit den zweithöchsten Kaffeekonsum pro Kopf haben. Mehr als neun Kilogramm des schwarzen Gebräus gönnt sich im Schnitt jeder Schwede pro Jahr. Ebenso wenig verwundert es, dass das »Büro-Fika« gegen 15 Uhr in vielen schwedischen Firmen geradezu heilig ist – zu dieser Zeit haben die Anrufbeantworter Hochkonjunktur. Denn ein »Fika«, das im Schwedischen praktischerweise sowohl als Verb als auch als Substantiv gebraucht wird, ist mehr als nur eine Kaffeepause. Es ist eine tolle Art, um Sozialkontakte zu pflegen, Stress abzubauen und sich mit anderen zu unterhalten, während man sich gleichzeitig den willkommenen Koffein- und Zuckernachschub gönnt.

»Påtår« spart Geld

Man könnte die schwedischen Cafés und Konditoreien auch als Pendant zu den britischen Pubs bezeichnen. Sie sind sozusagen ein zweites Wohnzimmer und ein Ort, an dem die Schweden gern Freunde und Bekannte treffen. Denn ein gemeinsames »Fika« gilt als eine ungezwungene und entspannte Art des Umgangs, die weder viel Zeit noch viel Geld in Anspruch nimmt. Entsprechend ist in vielen schwedischen Cafés auch ein Refill der Kaffee- oder Teetasse im Preis inklusive – die Phrase »Påtår ingår« weist darauf hin. Das gilt in der Regel aber nur für herkömmlichen Filterkaffee und Tee und nicht für Kaffeespezialitäten wie Latte Macchiato oder Cappuccino.

Klassisches »Fika«-Zubehör

Das macht aber nichts. Denn ein klassisches schwedisches »Fika« besteht ohnehin aus einer guten Tasse Kaffee und einer Zimtschnecke. Je nach persönlicher Vorliebe darf man das Getränk natürlich variieren – ebenso wie die »Zuckerzufuhr«. Entsprechend groß ist auch die Auswahl an sogenanntem Kaffeebrot, die je nach Jahreszeit durch spezifische Gebäcksorten ergänzt wird. In der Adventszeit beispielsweise essen viele gern Pfefferkuchen und Safrangebäck zum Kaffee, im übrigen Winter und im Frühjahr dominieren mit Sahne und Mandelmasse gefüllte Semlor und Waffeln, und im Sommer kommen oft eine sahnige Erdbeertorte oder ein Rhabarberkuchen auf den »Fika«-Tisch. Früher wurden zum »Fika« übrigens meist sieben verschiedene Plätzchen- und Gebäcksorten aufgetischt, von denen sich alle bedienen konnten. Heutzutage begnügt man sich nicht zuletzt aus Figurgründen oft damit, den Kaffee mit einer oder maximal zwei Schlemmereien zu kombinieren.

Göteborg & Westküste

47 Im Schärenreich von Göteborg
Charmante Sommeridylle

Kleine Orte mit rot-weißen Häuschen, Felsen, an denen sich die Wellen brechen, von Möwen umschwärmte Fischkutter und einsame Buchten, dazu der Blick auf die untergehende Sonne. An der Bohuslänküste nördlich von Göteborg werden alle Klischees für einen Schwedenurlaub am Meer erfüllt – und das auf fantastische Art und Weise. Es ist eine Region, wo man einen ganzen Urlaub verbringen kann.

Die schwedische Westküste nördlich von Göteborg ist eine der beliebtesten Ferienregionen des Landes. Hier findet man hübsche kleine Orte mit den typischen rot-weißen Fassaden und lichte Wäldchen, einsame Buchten und Gassen voller Trubel mit Cafés und Restaurants. Dazu ein wenig Fischerromantik, deren handfestes und leckeres Fangergebnis sich abends auf dem Teller im Restaurant vorfinden lässt. Highlight der Küste sind die vielen größeren und kleineren Inseln, die dem Festland vorgelagert sind, es gleichsam schützen.

Paradies im Schatten der Festung

Oben: Die Festung Carlsten wacht über Marstrand.
Unten: Felsen und Meer: viel Natur auf der Schärenhalbinsel Koön.

Im Winter leben hier 1000 Menschen, im Sommer 3500. Und in der Hochsaison kommen noch gut 10 000 Touristen dazu. Dann ist der auf einer kleinen Insel an der schwedischen Westküste gelegene Ort alles andere als ein ruhiges Fleckchen Erde, dann ist Party angesagt in den pittoresken Gassen. Für die Stadt ist Trubel nichts Ungewöhnliches. Im 18. Jahrhundert war hier viel los. Da kam der Hering bis in das Schärengewirr rund um Marstrand.

Beim Handelsmann Flink gibt es so gut wie alles.

Mit dem Fisch kamen die Fischer. Und die wollten nach langen und harten Tagen auf dem Meer an Land ihren Spaß haben. Deshalb gab es in Marstrand damals rund 100 Restaurants und Bordelle.

Friedlich ging es damals beileibe nicht zu. Und wechselvoll dazu. 1810 wurde aus dem einstigen Piratennest ein mondänes Seebad, dem auch der König seinen Besuch abstattete. Noch heute erinnern einige mondäne Gebäude an diese Zeit. Auf Marstrand wurde außerdem die erste Straßenbeleuchtung in ganz Schweden installiert. Sogar mit einem Europarekord kann man aufwarten. In Marstrand wurde 1658 die erste Apotheke auf dem Kontinent eröffnet.

Ganz oben auf dem Berg thront die Festung Carlsten. Mit ihrem Bau wurde Ende des 17. Jahrhunderts begonnen, nachdem Marstrand mit dem Frieden von Roskilde (1658) von den Dänen an die Schweden überging. Das mächtige Bauwerk diente dank seiner dicken Mauern einst als Staatsgefängnis. Auf dem Turm der Festung wurde außerdem 1781 der erste schwedische Leuchtturm gebaut. Am Horizont ist vom Festungshügel aus ein weiterer Leuchtturm zu sehen. Paternoster

Nicht verpassen

BEI SCHWEDENS TANTE EMMA

Bonbons und Bücher, Mehl und Mayonnaise: Im Laden von Handelsman Flink gibt es so ziemlich alles, was man für das tägliche Leben braucht. Und das seit rund 100 Jahren. Denn so lange gibt es das Geschäft weit draußen in den Schären schon. Die Idee dazu hatte der Schiffer Petter, der sich darüber geärgert hatte, zum Einkaufen weite Wege fahren zu müssen. So begann sein Sohn Gustav, an der zentral im Inselreich gelegenen Stätte Brygga Waren an die Menschen aus der Umgebung zu verkaufen. Und sie kamen – zum Einkaufen, aber auch für einen gemütlichen Schwatz. Der »Handelsman Flink« war und ist eben mehr als nur ein Geschäft, sondern auch Treffpunkt. Nur schade, dass Evert Taube nicht mehr lebt. Übernachten und gut Essen kann man hier übrigens auch.

Handelsman Flink. Flatön 47491 Ellös, Tel. 0304/550 51
info@handelsmanflink.se
www.handelsmanflink.se

Göteborg & Westküste

MORD IM PARADIES

Die Tochter des Leuchtturmmeisters und *Die Tote auf dem Opferstein* sind zwei Romane der schwedischen Krimiautorin Ann Rosman, die auf und rund um Marstrand spielen. Die Autorin selbst lebt auf der Nachbarinsel und hat sich bei den Recherchen für ihre Bücher mit der überaus interessanten Vergangenheit der Insel und ihrer Umgebung beschäftigt. Wo auf nacktem Fels stehende Leuchttürme den Wogen des Atlantiks trotzen, wo einst Freibeuter durch die Gewässer kreuzten und in den Kneipen geliebt und geklaut wurde, wo ein Freihafen ehrliche und weniger ehrliche Seeleute anlockte, da ist Stoff für spannende Krimis zur Genüge vorhanden. Die Romane sind eine ideale Lektüre zur Vorbereitung eines Westküsten-Urlaubs oder Lesestoff beim Picknick auf den Felsen vor Ort. Dabei wird man nicht nur bestens unterhalten, sondern erfährt noch etliche interessante Geschichten über Marstrand. Beide Bücher sind in deutscher Übersetzung erschienen.

Geheimtipp

heißt er. Der Name geht auf die Seeleute zurück, die sich nach dem Passieren dieser gefährlichen Gewässer zum Gebet sammelten.

Wer Marstrand besuchen will, lässt das Auto am anderen Ufer auf der Koön und nimmt die Fähre. Marstrand ist praktisch autofrei –, was auch kein Problem ist. Der Ort und auch die Insel lassen sich bestens zu Fuß erkunden. Und natürlich sollte man die Gegend vom Wasser aus kennenlernen, sich einen Platz auf einem der Ausflugsboote buchen, zum Angeln auf das Meer hinausfahren oder mit einem Kajak oder kleinen Motorboot die Inseln rund um Marstrand erkunden.

Fischerdorfidylle auf Tjörn

In elegant-weitem Bogen schwingt sich die Brücke von Stenungsund hinüber auf die Insel Tjörn. Schwindlig kann es einem werden, blickt man die knapp 50 Meter hinunter in das tiefgrüne Wasser. Die Durchfahrt durch die Schärenkanäle erfordert von den Kapitänen volle Aufmerksamkeit. Und das nicht nur, weil es bisweilen sehr eng zugeht. In einer nebeligen Januarnacht im Jahr 1980 prallte hier ein Schiff gegen einen Stützpfeiler der Brücke, die daraufhin einstürzte. Sieben Autos fielen dabei in das eiskalte Meer.

Die Brücke auf die Insel Tjörn wurde längst ersetzt. Man erreicht so die malerische Schärenwelt Bohusläns, die zu den schönsten an der gesamten Westküste gehört. Tjörn ist immerhin die sechstgrößte Insel des Landes. Doch es ist nicht die Größe, die begeistert. 15 000 Menschen leben auf der Insel. Hauptsächlich von der Schifffahrt, denn Tjörn ist seit Urzeiten eine Seefahrerinsel mit geschützten Häfen, aber gleichzeitig einem schnellen Zugang zum Meer. Klädesholmen im Südwes-

Die Brücke bei Stenungsund hat eine tragische Geschichte hinter sich.

Im Schärenreich von Göteborg

ten von Tjörn ist dafür ein gutes Beispiel. Ein auf einer kleinen Insel gelegener Ort, dessen rote und gelbe Holzhäuser sich am Fels festzuklammern scheinen. An einem der langen Sommertage, an denen die Sonne erst spät im Meer versinkt, versprüht Klädesholmen – wie viele andere Orte an dieser Küste – eine ungeheurere Leichtigkeit, eine Lebensfreude, die nicht zuletzt auch dem klaren Licht geschuldet ist. Und Åstol ist noch einmal etwas Besonderes. Vereinfacht könnte man sagen, dass dies ein riesiger bewohnter Fels zwischen Tjörn und Marstrand ist. Mit kleinen, bunten Holzhäuschen und einem geschützten Hafen. Direkt daneben ist die Stora Dyrön, wo es außer Felsen und Häusern sogar Bäume und Wiesen gibt. Aus all diesen Gründen verdoppelt sich im Sommer die Einwohnerzahl des Inselreichs. Sven Svensson, der gemeine Schwede, verbringt seinen Urlaub verständlicherweise gern direkt am Meer. Und nicht nur er. Auch der deutsche Michel hat schon vor langer Zeit die Schönheit der westschwedischen Küste entdeckt und bezieht hier sein Ferienhaus. An ihrem westlichen Ende hört Tjörn nicht einfach auf. Sie zerbröselt vielmehr in einer Vielzahl von kleinen und kleinsten Inseln, manchmal sogar nur in einzelne Felsen, an die die Meereswogen schlagen.

Brückenschlag nach Orust

Ein Segelboot, das geräuschlos durch die schmale Wasserrinne gleitet. Rechts und links flechtenbewachsene Felsen, ein paar Bäume. Und überall dort, wo ein wenig Platz ist, ein Haus. Mal leuchtend weiß, mal in typischem Rot-Weiß. So sieht der Übergang zwischen der Insel Tjörn und der drittgrößten schwedischen Insel Orust aus. Es ändert sich der Name, die Größe, nicht aber die Landschaft. Ein paar Felder in den Senken, auf den exponierten Hügeln krallen sich dagegen Kie-

Oben: Einsame Bucht in den Schären vor Tjörn
Mitte: Verzierter Hauseingang in Fiskebäckskil
Unten: Die Felsen sind den Gezeiten ausgesetzt.

Göteborg & Westküste

fern in das Gestein. Und an der Westseite der Insel, wo die Winterstürme mit ungebremster Kraft heranrauschen, da ducken sich lediglich ein paar Sträucher hinter die Felsen. Genau diese Landschaft ist es, die die Faszination der Schärenküste ausmacht. Dieses kleinteilige Mosaik aus nacktem Fels, kleinen Tümpeln, Mooren und Heideflächen. All das mit einer prächtigen Aussicht auf das Meer und die anderen Schären, an deren Felsen sich wiederum die Wellen brechen.

Poet in den Schären

Für einen Sprung ist die Entfernung über den Sund ein bisschen weit. Doch die Nutzung einer Fähre scheint etwas übertrieben. Gleichwohl muss man irgendwie von Orust auf die Flatön kommen. Also doch die knapp 200 Meter mit dem Schiff bewältigen. Über eine schmale Straße gelangt man zu dem an einer Bucht stehenden Haus von Handelsman Flink. Der Tante-Emma-Laden war und ist Treffpunkt der Inselbewohner und spielte auch eine Rolle in der schwedischen Musikgeschichte. Vorn im Laden werden seit fast 100 Jahren Lebensmittel verkauft. Doch die Musik, die spielte eigentlich im Hinterzimmer. Und das im

Oben: Bootshäuser auf der Flatön
Unten: Die Mühle von Fiskebäckskil thront auf einer hohen Schäre über dem Ort.

GUT ZU WISSEN

DEM TRUBEL ENTFLIEHEN
Marstrand gilt auch als das »St. Tropez des Nordens«. Wer den sommerlichen – und in Nordeuropa so nicht erwarteten – Rummel mag, ist hier bestens aufgehoben. Allerdings sollte man sich seine Unterkunft lange vorher reservieren. Wer in Schweden eher Ruhe und Beschaulichkeit sucht, sollte sich einen der kleineren Orte an der Küste suchen oder gar ein wenig in das Landesinnere ausweichen und die Küste auf Tagesausflügen erkunden.

Im Schärenreich

wahren Wortsinne. Denn niemand Geringeres als Evert Taube war regelmäßig zu Gast bei Gustav und seiner Familie auf Flatön. Dieser Evert Taube war einer der größten Poeten und Liedermacher Schwedens. Als junger Mann reiste er zur See und brachte dabei Eindrücke mit, die er später in seinen Liedern verarbeitete. Er besang das »Mädchen aus Havanna« und die Abenteuer der Seemänner Fritiof Andersson und Karl-Alfred, die in der ganzen Welt zu Hause waren. Wer einmal auf Tjörn, Orust, Malö oder Flatön war, kann den singenden Poeten bestens verstehen. Die Inselbewohner erinnern sich gern an Taube. »Er kam aus dem brausenden Meer«, steht auf einem Felsblock, der in der Bucht vor dem kleinen Laden von den Gezeiten umspült wird.

Idylle mit Holzhäuschen

Vom Handelsman Flink bis hinüber nach Fiskebäckskil auf der Nachbarinsel Skaftö sind es gerade einmal fünf Kilometer. Luftlinie. Doch die ist im Schärenreich sehr oft allenfalls eine gedachte Verbindung. Denn die Straßen machen meist jede Biegung der kleinen Buchten mit, meiden die felsigen Klippen und überqueren die tiefen Sunde dort, wo Brücken kurz sein können oder Fährfahrten schnell. Und so legt man bis zum alten Fischerort gut und gern die doppelte Distanz zurück.

Die Fahrt lohnt sich. Fiskebäckskil gehört zu den ältesten Fischerhäfen der gesamten Küste. Der Name deutet auf die Lage in einer geschützten Lage am Wasser hin, denn »-kil« bedeutet im alten Dialekt der Bohusläner »Meeresbucht«. Der Ertrag muss sich gelohnt haben, wie in alten Quellen zu lesen ist. Dorsch ging ins Netz, auch Lengfisch. Und immer noch gibt es Fischer, die morgens ihren Fang am Pier anbieten.

Einfach gut!

AUSFLUG AUF DIE ÖCKERÖARNA

Gerade einmal 20 Kilometer von Göteborg entfernt liegen die Öckeröarna, ein kleines Schärenreich mit zehn Inseln, die wie an einer Perlenkette aufgezogen vor dem Festland aus dem Meer auftauchen. Auf diesen idyllischen Inseln kann man angeln und tauchen. Sogar klettern ist auf den Felsen möglich. Ansonsten kann man das Fischermuseum besuchen, zum Leuchtturm hinauslaufen, sich im Freilichtmuseum alte Häuser anschauen, paddeln, radeln oder einfach nur am Meer sitzen und den Möwen bei ihrem Flug zusehen. Auf die Inseln gelangt man bestens mit öffentlichen Verkehrsmitteln von Göteborg aus. An Übernachtungsmöglichkeiten gibt es die ganze Spanne zwischen einem einfachen Vandrarhem (eine Art Jugendherberge) über Bed & Breakfast bis hin zum Hotel. In den zahlreichen Restaurants ist man mit Fischgerichten oder Hummer immer gut bedient.

Öckerö turistbyrå. Västravägen 1547542 Hönö, Tel. 031/96 50 80, Turism@ockero.se, www.ockero.se

Bunte Heckenrosen kontrastieren mit dem grauen Fels.

Göteborg & Westküste

Infos und Adressen

MARSTRAND/WESTSCHWEDEN

INFORMATION

Västsvenska Turistrådet. Kungsportsavenyn 31–35, Box 53199, 40015 Göteborg, Tel. 031/81 83 00, info@vastsverige.com, www.vastsverige.com
Informationen direkt bei und zu Tjörn:
Tjörns Turistbyrå. Kroksdalsvägen 1, 47180 Skärhamn, Tel. 0304/60 10 10, tjorns.kundcenter@tjorn.se, www.sodrabohuslan.com

ÜBERNACHTEN

Marstrands Havshotell. Das moderne und im klaren nordischen Stil eingerichtete Marstrands Havshotell mit Spa-Abteilung liegt direkt am Hafen auf der Kolön mit Blick auf Marstrand. Varvskajen 2, 44266 Marstrand, Tel. 0303/24 02 00, hej@marstrands.se, www.marstrands.se
Carlsten-Festung. Die Carlsten-Festung ist das genaue Gegenteil zum Havshotell. Hier übernachtet man hinter dicken Mauern eines alten Gebäudes, wo früher Hunderte Soldaten untergebracht waren. Doch keine Angst: Das Hotel ist grundlegend renoviert und bietet eine ganz ungewöhnliche Atmosphäre. 44030 Marstrand, Tel. 0303/60 26 5, info@carlsten.se, www.carlsten.se

ESSEN UND TRINKEN

An der Uferpromenade von Marstrand gibt es etliche Restaurants, in denen vor allem Fisch und Meeresfrüchte serviert werden. Z.B.:
Salt och Sill. Dies ist das erste schwimmende Hotel Schwedens – Meeresblick garantiert! Das Hotel besteht aus sechs zweistöckigen Gebäuden, die auf schwimmenden Pontons ruhen. Die Einrichtung ist im klaren nordischen Stil gehalten. Einige Zimmer im Erdgeschoss haben einen eigenen Steg. Außerdem kann man eine schwimmende Sauna mieten. Gutes Essen gibt es auch. 47151 Klädesholmen, Tel. 0304/67 34 80

SEHENSWÜRDIGKEITEN UND AKTIVITÄTEN

In den kleinen Boutiquen von Marstrand kann man bestens shoppen. Hier bekommt man vor allem Dinge, die in den uniformen Fußgängerzonen in den Städten der Welt nicht zu haben sind. Rund um die Insel führt außerdem ein toller, 5 km langer Wanderweg. Und natürlich ist die Festung Carlsten selbst einen Besuch wert. Bootstouren in das Inselreich rund um Marstrand bietet:
Marstrands Sjötransporter. Hamngatan 33 B, 44030 Marstrand, Tel. 0303/618 22, ulf.elmqvist@marstrandssjotransporter.se, www.marstrandssjotransporter.se
Nordiska Akvarellmuseet. Södra Hamnen 6, 47132 Skärhamn, Tel. 0304/60 00 80, www.akvarellmuseet.org
Unbedingt sehenswert ist das Nordiska Akvarellmuseet auf Tjörn. Das direkt am Meer gelegene Museum bietet zudem ein Café-Restaurant mit Sonnenterrasse und Meeresblick.

BOOTSVERMIETUNG

Swede Charter. S. Strandgatan 15, 44030 Marstrand, Tel. 0303/616 89, info@swedecharter.com, www.swedecharter.com

PADDELN

Die Schären an der Bohuslänküste sind das ideale Revier für Paddeltouren.
Boote verleihen:
Tjörnkajaker. Tel. 241/223 61, www.kajakivtjorn.se, oder
Myggenäs Marin. Tel. 0304/66 16 49, www.myggenasmarin.se
Neben Paddeltouren ist Tjörn auch bestens für Wanderungen geeignet. So kann man auf den Vetteberget, Tjörns höchsten Berg steigen und dort eine fantastische Aussicht genießen. Markierte Wege am Meer gibt es am Stigfjord.

Im Schärenreich von Göteborg

ORUST

INFORMATION
Orust Turistbyrå. Kulturhuset Kajuten
47232 Henån, turistbyran@orust.se,
www.orust.se

ÜBERNACHTEN/ESSEN UND TRINKEN
Mollösunds Hotell & Wärdshus. Im modernen Mollösunds Hotell & Wärdshus genießt man einen herrlichen Blick über den Hafen des Ortes und die umliegende Schärenwelt. Box 2192, 47412 Mollösund, Tel. 0304/211 08, info@mwhus.se, www.mwhus.se
Nösunds Värdshus HavSbadSpa. Im Nösunds Värdshus HavSbadSpa kann man nicht nur in Hotelzimmern, sondern in netten Hütten im Fischerstil direkt am Meer übernachten. Die Küche hat sich auf Fisch und Meeresfrüchte spezialisiert. Boxviksvägen 3, 47496 Nösund, Tel. 0304/209 25, info@nosundsvardshus.se, www.nosundsvardshus.se

SEHENSWÜRDIGKEITEN UND AKTIVITÄTEN
In Mollösund informiert ein kleines Heimatmuseum (Hembygdsmuseet) über die großen Zeiten des Fischfangs. Hier kann eine 200 Jahre alte Fischerhütte mitsamt Ausrüstung besichtigt werden. Tipp: Vorher nach Öffnungszeiten erkundigen. Tel. 0304/214 69

Orust lässt sich auf kleinen Straßen und Wegen außerdem hervorragend mit dem Fahrrad erkunden. Fahrräder verleiht:
L-O Cykelsport. Skansvägen 1, 47232 Svanesund, Tel. 0304/447 12, locykelsport@tele2.se, www.lo-cykelsport.se

Wer lieber auf das Meer hinaus und fischen will, kann sich an Anders wenden:
Anders Båt & Brygga. Strandvägen 5, 47495 Hälleviksstrand, Tel. 070/344 49 63, Mobil: 070/344 49 63, anders.cronwall@telia.com, www.andersbatbrygga.se

Blick über Hummerkörbe in Richtung Fiskebäckskil

Göteborg & Westküste

48 Smögen & Hamburgsund
Paddelfreuden an der Westküste

Die schwedische Westküste ist wie geschaffen für einen Paddelausflug auf das Meer. Große, vom Atlantik heranrollende Wellen, die das kleine Seekajak zum Kippeln bringen könnten, werden von dem Gewirr aus Hunderten und Tausenden größerer und kleinerer Inseln abgehalten. Die Schären schützen nicht nur, sie bieten auch etwas für das Auge. Hier eine schöne Felsformation, da ein traumhafter und einsamer Strand, der zum Baden einlädt. Mit etwas Glück entdeckt man sogar noch eine Robbe, die sich in der Sonne aalt.

Oben: Gewaltige rosa Granitblöcke prägen die einzigartige Schärenlandschaft von Bohuslän.
Unten: Fischerhütten an den Bootsstegen (Smögenbryggan)

Ein Seekajak, Paddel und eine Schwimmweste: Mehr benötigt man nicht für einen schönen Tag auf dem Meer. Und eigentlich ist es kein Hexenwerk, ein solches schmales Boot über das Wasser zu bewegen, ohne zu kentern. Das schwierigste kann dabei das Einsteigen an einem Steg sein. Dann geht es los. Ein Zug am Seil, mit dem das Ruder am Heck ins Wasser gelassen wird, schon ist man manövrierfähig und damit auch bereit, in See zu stechen.

Paddelschlag für Paddelschlag gleitet das Boot aus dem Hafen hinaus, passiert das Schild mit der maximalen Knotenzahl und auch noch ein letztes Ferienhäuschen. Die Wellen schlagen sacht an den Bug, der Wind schmeichelt sanft ums Gesicht. Doch schon kurz darauf, wenn die geschützte Bucht verlassen wird, ist der Gegenwind zu merken. Und das nicht nur in den Armen, die nun

Smögen & Hamburgsund

kräftiger an den Paddeln ziehen müssen. Und die Wellen, die werden auch ein wenig höher. Es ist ein Farbspiel, das man kaum jemals vergessen wird. Rosafarben sind die Felsen in den Schären bei Smögen. Ungemein harter Gneis und Granit bilden das Grundgestein, dass vom Eis, von Wasser und Wind glatt geschliffen wurde und mit seinen Klüften der westschwedischen Küste ihr typisches Aussehen verleihen. Fantastisch, wie die Felsen bei näherem Hinsehen in der Sonne funkeln können!

Ziel der Paddeltour ist ein windgeschütztes Plätzchen auf einer der unzähligen einsamen Schären, die hier den Übergang vom Land zum Meer nicht abrupt, sondern eher gleitend gestalten. Die Boote schieben sich mit einem leichten Knirschen ans Ufer, bald schon brennt ein Feuer, brutzeln Würste in der Glut. Ein kurzes Mittagsschläfchen, ein Bad im erfrischendem Salzwasser und ein Kaffee, dann geht es auf einer anderen Route durch das Inselgewirr wieder zurück zum Festland nach Smögen.

Sommerabende am Meer

Wer an einem der langen warmen Sommerabende durch den Ort schlendert, findet vieles – nur nicht nordische Einsamkeit. Der pittoreske Ort, der das Klischee eines typisch schwedischen Fischerorts erfüllt, hat das Bild einer ganzen Region geprägt. Die bunten Häuser stehen im Wind auf den nackten Felsen der Küste. Gleich hinter den kleinen Inseln beginnt das offene Meer. Die ideale Lage dürfte auch der Grund sein, warum Smögen mit seinem natürlichen Hafen zu einem der Hauptumschlagplätze der schwedischen Fischindustrie wurde. Von hier legen die Fischkutter zu ihren Fanggründen im Skagerrak und in der Nordsee ab. Berühmt sind die »Smögenräkor«, an denen man in dem Hafenstädtchen kaum vorbei kommt. Die

Nicht verpassen

DIE ARCHE DES NORDENS

Nordens Ark ist ein ambitionierter Tierpark, der sich besonders um vom Aussterben bedrohte Tiere kümmert. Der Stiftung geht es um die Erforschung dieser Tiere und auch darum, diese und ihre Probleme der Öffentlichkeit zugänglich zu machen. Und natürlich kann man sie im Park beobachten, der auf einem alten ehemaligen Hofgelände eingerichtet worden ist. Schwerpunkt der Arbeit ist die Aufzucht gefährdeter Arten, die dann ausgewildert werden. Gelungen ist dies bereits mit insgesamt rund 300 Tieren, darunter Raubtieren wie Wanderfalken oder Wildkatzen. Angeboten werden auch geführte thematische Touren durch den Park. Im zur Anlage gehörenden modernen »Hotell Nordens Ark« kann man auch übernachten.

www.nordensark.se

Smögen & Hamburgsund

Krabben werden in jedem Restaurant angeboten, mal puristisch mit Brot und Kartoffelsalat mit Dill und viel Mayonnaise, mal eingebettet in ein Gourmet-Menü. Und wer es noch einfacher mag, kauft sich ein paar Räkor, setzt sich auf eine Bank oder einen der Felsen an der Smögenbryggan und pult die kleinen Tierchen, die mit Zitrone getränkt am besten schmecken. Diese hölzerne Promenade schlängelt sich entlang der Granitfelsen den Hafen entlang. Früher liefen hier die Fischer zu ihren auf Stelzen stehenden Bootshäusern, heute ist das lange Holzbauwerk die Hauptattraktion des Ortes, über die in jedem Jahr Zehntausende Touristen flanieren.

Rot-weiße Idylle in Hamburgsund

Hamburgsund ist ein weiterer dieser typischen Fischerorte an der Bohuslänküste. Gut geschützt gegen die Unbilden der Ostsee liegen die rot-weißen Häuschen hinter einem Bollwerk aus Felsen an einer schmalen Fahrrinne, in die bei Sturm kein Brecher seinen Weg findet. Kein Wunder, dass angesichts dieser günstigen Lage hier seit Urzeiten Menschen leben, darunter auch die Wikinger. Südlich der Stadt wurde daher ein Wikingerdorf rekonstruiert, in dem alljährlich im August ein bunter Markt abgehalten wird. In der zweiten Hälfte des 18. Jahrhunderts kamen die Heringsschwärme besonders nah an die Bohuslänküste. Doch manchmal blieben die Fischschwärme aus, sodass man zunehmend auf Handel und den Abbau von Granitblöcken setzte. Und auf die Touristen, die das Idyll mehr und mehr zu schätzen wussten. In Hamburgsund und der vorgelagerten Insel findet man ein ebenso prächtiges Plätzchen wie auf Smögen, um einen Abend in den Schären zu verbringen. Und das kann ein einsamer Fels, aber auch ein gemütliches Restaurant am Hafen sein.

Infos und Adressen

INFORMATION ZUR WESTKÜSTE
Västsvenska Turistrådet. Kungsportsavenyn 31-37
Box 53199, 40015 Göteborg,
Tel. 031/81 83 00,
info@vastsverige.com,
www.vastsverige.com

INFORMATION ZU HAMBURGSUND
Turisten Väst. Färgeläget,
45745 Hamburgsund,
Tel. 0525/611 88,
info@turistenvast.se,
www.hamburgsund.com
Hier gibt es auch Auskünfte zu Bootsverleih und geführten Touren in den Schärengarten.

INFORMATION ZU SMÖGEN/SOTENÄS
Sotenäs Turism. Bäckeviksrorget 5,
45631 Kungshamn,
Tel. 0523/66 55 50,
info@sotenasturism.se

ÜBERNACHTEN/ ESSEN UND TRINKEN
Restaurant Sea Lodge. Seemannskost gibt es am Hafen von Smögen.
Nordmanshuvud 1, 45043 Smögen,
Tel. 0523/703 02, info@sealodge.se,
www.sealodge.se

Die schwedische Westküste ist ein klassisches Camperrevier. Auf vielen Campingplätzen werden auch einfache Hütten vermietet. In der Hauptsaison sollte man jedoch unbedingt reservieren!

Göteborg & Westküste

49 Tanum & seine Felszeichnungen
Kunst für die Ewigkeit

Hirsche und Hunde, Schiffe und Männer mit Streitäxten: An der Bohuslänküste in Westschweden haben bronzezeitliche Künstler Werke geschaffen, die mittlerweile zum Welterbe gehören. Ihre Leinwand waren die Felsen, die sowohl das Festland als auch die vorgelagerten Inseln prägen. Die Felsritzungen von Tanum gehören zu den bedeutendsten vorgeschichtlichen Funden in Skandinavien.

Die Arbeit muss Jahrhunderte gedauert haben. An etlichen Felsen in der Gemeinde Tanum an der schwedischen Westküste – aber nicht nur dort – haben bronzezeitliche Künstler wie in einem Bilderbuch ihr Leben dargestellt und mühevoll in das harte Gestein geritzt. Dazu gehören sowohl Motive aus dem Alltag wie Jagdszenen als auch vermutlich kultische Objekte. Zu einer Berühmtheit hat es das sogenannte »Brautpaar« gebracht, das auf einem Felsen bei Vitlycke verewigt ist. Auf dem 22 Meter langen Granitstein tummeln sich weitere 300 Personen. Bei Fossum hat nach Ansicht der Forscher ein einziger Künstler Jagdszenen dargestellt, außerdem Hirsche und Hunde in den Fels geritzt. Und immer wieder zu sehen sind Schiffe, die über die Felsen segeln und gerudert werden. Rund 1000 Schiffsdarstellungen wurden bisher gefunden. Das größte Exemplar, das in einen Felsen bei Torso geritzt wurde, ist 4,5 Meter lang. Unklar ist, ob die ebenfalls bei Tanum zu findenden Fußabdrücke vom Künstler stammen oder einer unbekannten Gottheit zugeordnet werden sollen. Es bleibt also Raum genug für Spekulation.

Seite 264 oben: Fischerboote am Steg von Hamburgsund
Seite 264 unten: Die Wellen lassen auf den nackten Felsen an der Wasserlinie keinerlei Bewuchs zu.
Oben: Das Felsbild Fossum bei Tanum gehört zum UNESCO-Welterbe.

Tanum

Das gilt auch für die Schalendarstellungen. Rund 30 000 dieser in den Fels getriebenen Vertiefungen wurden bisher gefunden. Möglicherweise wurde darin den Göttern geopfert. Oder, so sehen es andere Forscher, sollten sie ein Gegenstück zu den häufigen Darstellungen von Männern mit erigiertem Phallus sein – und eben das Weibliche darstellen. Oder sie dienten zum Zählen, waren eine Art bronzezeitlicher Kalender.

Die Funde sind so bedeutend, dass die UNESCO sie zum Weltkulturerbe erklärt hat. Schon ihre Zahl flößt Respekt ein. Rund 10 000 Zeichnungen sind auf den Felsen rund um Tanumshede zu finden.

Künstler am Ufer

Die bronzezeitlichen Künstler konnten ihre Füße beim Ritzen ins Wasser hängen. Denn damals, so etwa 1500 bis 500 Jahre vor der Zeitrechnung, lagen die steinernen Leinwände noch direkt am Ufer. Das Klima war damals durchaus erträglich, erheblich wärmer als heute. Auf den Tisch kamen Getreide, Fleisch und Fisch. Und scheinbar hatte zumindest ein Teil der bronzezeitlichen Bewohner soviel Muße, dass sie diese einzigartigen künstlerischen Darstellungen ihres Lebens zu Fels bringen konnte.

Mittlerweile ist das Meer durch die Landhebung ein Stückchen weggerückt. Und die Zeichnungen selbst liegen im Hinterland rund 20 Meter über dem Meer. Das bedeutet aber auch, dass neues Land, über das die Menschen der Bronzezeit noch mit ihren Booten gefahren sind, entstanden ist. Wie an einer Perlenkette reihen sich nun kleine und größere Inseln mit unzähligen Buchten an der schwedischen Westküste auf. So, als ob sie das Land vor den heranrollenden Wellen des Meeres schützen wollen.

Infos und Adressen

SEHENSWÜRDIGKEITEN
Tanum. Die Felszeichnungen rund um Tanum sind öffentlich zugänglich. Die Anfahrt zu den verschiedenen Plätzen ist ausgeschildert.

INORMATION
Grebbestad Info Center Torget.
45772 Grebbestad,
Tel. 0525/100 80, Fax 0525/142 02,
grebbestadturist@telia.com,
www.grebbestad.se

MUSEEN
Über die Felsritzungen kann man sich ausführlich im Vitlycke Museum informieren. Hier gibt es auch Audioguides, mit denen man sich auf die Spuren der bronzezeitlichen Bewohner machen kann.
Vitlycke museum. Vitlycke 2,
45793 Tanumshede,
Tel. 0525/209 50,
vitlyckemuseum@vgregion.se
www.vitlyckemuseum.se

Die Werke der unbekannten Künstler stammen aus der Bronzezeit.

Göteborg & Westküste

50 Nationalpark Kosterhavet
Maritime Entdeckungsreise vor der Westküste

Welch eine Farbenpracht! Welch ein bizarres Leben! Tief unten im Meer zwischen der schwedisch-norwegischen Küste bei Strömstad und den Kosteröarna, den Kosterinseln, tummelt sich eine einzigartige Unterwasserflora und -fauna. Doch auch über Wasser hat der Archipel vieles zu bieten. Deshalb wurde das Gebiet rund um die Kosteröarna 2009 zum ersten marinen Nationalpark Schwedens erklärt.

Schwämme und Korallen – solche Lebewesen würde man so nah an der schwedischen Küste nicht erwarten. Und doch nutzen diese Tiere einen ganz besonderen Lebensraum. Denn zwischen dem Festland und den Kosterinseln ist das Meer bis zu knapp 250 Meter tief. Dieser sogenannte Kosterfjord ist eine Besonderheit im sonst eher flachen Wasser des Skagerraks. Rund 6000 marine Arten haben die Wissenschaftler im Kosterhavet gezählt, 350 davon gibt es sonst nirgends in Schweden. Und da sind richtige bunte Exoten dabei, die man eher in warmen tropischen Gewässern denn im frischen Wasser der Nordsee vermuten würde. 2009 wurde das Gebiet deshalb zum Nationalpark erklärt. Schließlich gilt es, diesen ganz besonderen Lebensraum zu schützen. Die Unterwasserwelt lässt sich auf Fotos im Informationszentrum des Nationalparks – dem Naturum – auf der nördlichen Kosterinsel bewundern. Natürlich kann man hier auch tauchen oder mit einem der Ausflugsschiffe aufs Meer hinausfahren. Auch wenn der Grund für den Nationalpark unter Wasser liegt,

Oben: Seezeichen an der Bohuslänküste warnen vor Felsen und Untiefen.
Unten: Schäreneinsamkeit in Basteviken im Nationalpark der Kosterinseln

Nationalpark Kosterhavet

lohnen die Inseln einen Besuch. Auf den Kosteröarna leben gerade einmal etwas mehr als 300 Menschen – 100 auf der Nordinsel und 200 auf dem südlichen Eiland. Es gibt eine Schule, eine Kindertagesstäte, Geschäfte – und natürlich Unterkünfte sowie Häfen. Denn im Sommer wird der Archipel zu einem beliebten Touristenziel. Man kommt – so man hat – mit dem Boot und genießt ein paar schöne Tage in den Schären rund um Koster.

Übers Wasser

Wer kein eigenes Boot hat, nimmt die Fähre von Strömstad aus und gelangt so nach einer kurzen, beeindruckenden Fahrt durch das Inselgewirr hinaus nach Sydkoster oder in den Sund zwischen den beiden großen Koster-Inseln. Und damit ist man schon im Zentrum des Archipels. Hier gibt es Restaurants, in denen vorzugsweise Fisch und anderes Meeresgetier serviert wird. Nordkoster erkundet man am besten zu Fuß. Hinter dem letzten Haus der kleinen Siedlung kann man sich an einen hübschen Strand legen und in einer Bucht baden. Will man mehr von der Insel sehen, so folgt man einem der Pfade, die an die Nordspitze der Insel führen. Dort, wo das Ufer dem Meer ausgesetzt ist, haben die Wellen bizarre Strukturen im Fels freigelegt und Plätze zum Träumen geschaffen, an denen man nur die Wellen und das Kreischen der Möwen hört. Nur im Osten der Insel, da, wo Klippen vor den heranrauschenden Stürmen schützen, da wachsen Bäume, sind Wiesen, wirkt die Landschaft lieblich. Im Unterschied dazu ist die größere Südinsel ein wenig dichter besiedelt, ist die Natur auch nicht so rau. Kleine Sträßlein verbinden die Siedlungen miteinander. Von der Nordspitze bis zum Südende der Insel sind es immerhin gut vier Kilometer Luftlinie. Will man Südkoster erkunden, sollte man sich ein Fahrrad leihen.

Einfach gut!

SPEISEN IN DER STRANDKANTEN

An der »Strandkanten« kommt man kaum vorbei, zumindest nicht, wenn man mit dem Boot durch den Sund zwischen den beiden Kosterinseln fährt. Die Strandkanten ist das Restaurant der Kosterinseln. Bei schönem Wetter sitzt man auf der Terrasse, blickt auf die Meeresenge, schaut den schicken Yachten und altehrwürdigen Segelschiffen beim Anlegen zu. Dabei sollte man aber das Essen nicht vergessen. Denn in der Strandkanten gibt es leckere Fische und Meeresfrüchte. Dazu kommt die einzigartige Atmosphäre des Restaurants, das direkt am Wasser liegt. An den Wänden und in den Ecken steht ein ganzes Sammelsurium an Gegenständen, die die Fischer früher auf See mitgenommen haben. Die Strandkanten ist ein Plätzchen, an dem man locker einen Mittag verbringen kann, ohne dass es langweilig wird.

Strandkanten. Västra Bryggan, 45204 Nordkoster, Tel. 0526/206 66

269

Oben: Die Kosterinseln sind der jüngste Nationalpark Schwedens.
Mitte: Schiff an der Västra bryggan auf Nordkoster
Unten: Gelbe Blütenpracht im Nationalpark Kosterhavet
Seite 272/273: Unterwegs in den Stockholmer Schären

Inselgewirr

Den ganz besonderen Reiz des Kosterhavet machen oberhalb der Wasserlinie die unzähligen kleinen Inselchen aus, die vor dem Festland rund um Resö, Tjärnö (wo es eine der Öffentlichkeit zugängliche meeresbiologische Station der Universität Göteborg gibt) oder auf der Südseite der beiden großen Kosterinseln liegen. Um dieses Schärenreich zu erkunden, muss man zwangsläufig ins Boot steigen. Seekajakfahrer finden hier hervorragende Bedingungen und sind vor den hohen Meereswogen geschützt. Auch mit Ausflugsbooten, kleinen Motobooten und Segelyachten kann man zwischen den Inseln umherkreuzen. Allerdings ist Vorsicht geboten: Zahlreiche Untiefen haben schon so manchen Bootskörper aufgeschlitzt, sodass sich unerfahrene Skipper besser in die Obhut eines ortskundigen Kapitäns begeben.

Ursholmen mit seinem markanten Leuchtturm ist der letzte Felsen, bevor es hinaus aufs offene Meer geht. Im Winter 1891 wurde das Leuchtfeuer auf Nordkoster durch zwei neue Leuchttürme auf Ursholmen ersetzt. Hier lebten bis zu drei Leuchtturmwärter auf einem Hof mit ihren Familien: eine Gesellschaft en miniature in der Isolation. Die alten Gebäude sind heute vermietet. Gleichwohl kann man mit einem Taxiboot hier herausfahren und eine schöne Zeit auf dem Inselchen verbringen.

Nationalpark Kosterhavet

Infos und Adressen

INFORMATION
Västsvenska Turistrådet. Kungsportsavenyn 31–35, 40015 Göteborg, Tel. 031/81 83 00, info@vastsverige.com, www.vastsverige.com

Unbedingt lohnend ist ein Besuch im Infozentrum Naturum in Ekenäs auf Sydkoster, Tel. 010/224 54 00

ANREISE
Von Strömstad aus verkehren je nach Saison mehrere Fähren auf die Kosterinseln. Auskünfte dazu bei:
Koster Marin AB. Svennebyvägen 3, 45205 Sydkoster, Tel. 0526/201 10, info@kostermarin.se, www.kosterhavet.se
Zwischen Nordkoster und Südkoster gibt es eine Seilfähre, die den Sund überquert.

ÜBERNACHTEN
Hotell Ekenäs Sydkoster. Das Hotell Ekenäs Sydkoster liegt auf den Kosterinseln und ist ein hervorragender Ausgangspunkt, um die einzigartige Inselwelt zu erkunden. Hamnevägen 41, 45205 Sydkoster, Tel. 0526/202 50, info@sydkoster.se, www.sydkoster.se
Resö Gamla Skolan. Die ehemalige Schule von Resö auf der Festlandsseite des Kosterhavet wurde zu einem Hotel mit ganz besonderem Flair umgebaut. 45797 Resö, Tel. 070/310 20 86, info@resogamlaskola.se, www.resogamlaskola.se

AKTIVITÄTEN
Mit der »M/S Sara« kann man einen interessanten Tag im maritimen Nationalpark Kosterhavet verbringen.
Selin Charter Strömstad. Vallbostrand 5, 45797 Resö, Tel. 0525/223 42, info@selincharter.com, www.selincharter.se
Die Kosterinseln sind nicht groß, Südkoster als die größere der beiden Hauptinseln misst gerade einmal acht Quadratkilometer. Nordkoster erkundet man deshalb am besten zu Fuß, Sydkoster mit einem Fahrrad (Vermietung vor Ort). Die Strände von Rörvik (Ekenäs) und Kilesand sind besonders beliebte Badeplätze. Der Schärengarten rund um die beiden Hauptinseln ist zudem ein Paradies für Paddler.

Bootshäuser von Långegårde auf Südkoster

REISEINFOS

Südschweden von A bis Z
Anreise, Baden, Bahn & Bus, Camping, Einkaufen & Souvenirs, Essen und Trinken, Ferien, Geld, Gesundheit, Haustiere, Jedermannsrecht, Klima & Reisezeit, Mietfahrzeuge und Verkehr, Mücken, Post, Rauchen, Reisedokumente, Telefonieren, Trinkgeld, Übernachtung, Zoll **274**

Kleiner Sprachführer **281**

Südschweden für Kinder und Familien **282**

Reiseinfos

Die Öresundbrücke im Sonnenuntergang

Anreise

Die meisten Urlauber aus Deutschland reisen mit dem Auto oder Reisemobil nach Südschweden.

Direkte Fährverbindungen von Deutschland nach Schweden werden von mehreren Reedereien von verschiedenen norddeutschen Städten aus angeboten: Kiel, Rostock, Sassnitz und Travemünde. Häufig genutzt wird auch die sogenannte Vogelfluglinie, mit der es per Fähre in nur 20 Minuten von Puttgarden ins dänische Rødby geht und die kurz vor Kopenhagen über die Öresundbrücke nach Malmö führt.

Eine weitere Alternative ist die kurze Fährfahrt von der dänischen Stadt Helsingør über den Öresund nach Helsingborg. Südschweden ist aber auch gut mit der Bahn zu erreichen, etwa mit dem Berlin-Night-Express nach Malmö oder mit dem DB-Nachtzug von Nordrhein-Westfalen und Bayern nach Kopenhagen, von wo es zahlreiche Verbindungen nach Schweden gibt.

Innerhalb des letzten Jahrzehnts wurden aber auch die Nonstop-Flugverbindungen ab Deutschland, der Schweiz und Österreich stark ausgebaut. Die Großstädte Stockholm und Göteborg werden von mehreren deutschen Flughäfen aus täglich direkt angeflogen. Malmö ist nur eine 20-minütige Zugfahrt vom internationalen Kopenhagener Großflughafen entfernt, und insbesondere im Sommer bieten verschiedene Reiseveranstalter und kleinere Fluggesellschaften ebenfalls Direktflüge in kleinere Städte wie Växjö, Jönköping oder Visby an.

Für den Transfer vom jeweiligen Flughafen in die nächstgrößere Stadt gibt es überall eine gut ausgebaute Infrastruktur mit öffentlichen Verkehrsmitteln.

Baden

Im Vergleich zu Südeuropa mit seiner »Badewanne« Mittelmeer zählt Schweden sicherlich nicht zu den klassischen Reisezielen für einen reinen Bade- und Strandurlaub. Wenn das Wetter mitspielt, hat insbesondere der Süden aber unzählige alternative Badestrände und -seen zu bieten. Die Badehose gehört also auf jeden Fall ins Reisegepäck, auch wenn die Wassertemperaturen hier etwas frischer sind als etwa in Italien oder der Türkei. Baden darf man in Südschweden letztlich überall, wo das Wasser lockt. Manchmal wird allerdings – besonders am Meer – vor gefährlichen Strömungen gewarnt. Diese Hinweise sollte man dann auch ernst nehmen.

Bahn & Bus

Für die Reise innerhalb Schwedens ist die Bahn (SJ) mit ihrem gut ausgebauten Streckennetz ein praktisches und angenehmes Verkehrsmittel. Der Hochgeschwindigkeitszug X2000 verbindet die größeren Städte miteinander. Autoreisezüge direkt nach Schweden werden derzeit nicht angeboten. Tickets können in Deutschland bei der Deutschen Bahn, in angeschlossenen Reisebüros und bei verschiedenen Skandinavienspezialisten erworben werden. In Schweden wendet man sich direkt an die schwedische Eisenbahngesellschaft SJ: www.sj.se. Innerhalb Schwedens ist auch der Bus eine preiswerte Alternative. Die mit über 300 Zielen größte innerschwedische Busgesellschaft ist Swebus: www.swebus.se.

Camping

In Schweden gibt es mehr als 600 Campingplätze mit über 100 000 Stellplätzen, von denen sich ein Großteil in Südschweden befindet. Die meisten Campinganlagen sind dem Schwedischen Campingverband SCR angeschlossen. Neben Stellplätzen für Zelte, Wohnwagen und Reisemobile vermieten viele Campingplätze auch einfache Ferienhütten und Ferienhäuser für einen längeren Zeitraum oder einzelne Nächte (www.camping.se). Das schwedische Jedermannsrecht (Allemansrätten) erlaubt unter bestimmten Voraussetzungen aber auch das Wildcampen in freier Natur (siehe Jedermannsrecht).

Einkaufen & Souvenirs

In den größeren Städten finden Sie sowohl große Bekleidungsketten wie H&M, Indiska und KappAhl als auch moderne

Beim Handelsmann Flink auf der Insel Flatön »klingelt« die Kasse noch wie vor hundert Jahren.

Reiseinfos

Designboutiquen. In vielen Gegenden ist auch das schwedische Kunsthandwerk nach wie vor sehr lebendig, z. B. im Bereich Töpferhandwerk, Glaskunst oder Schmiedehandwerk. Souvenirs gibt es meist dort, wo auch die Touristenströme »entlanglaufen«. Dabei muss Shoppen in Schweden nicht teurer sein als in Deutschland. Mittlerweile befinden sich die beiden Länder besonders im Bereich der Bekleidung ungefähr auf dem gleichen Preisniveau. Die Geschäfte sind im Allgemeinen werktags von 10 bis 18 Uhr, samstags bis 14 oder 16 Uhr geöffnet. In Warenhäusern kann man teilweise bis 20 Uhr oder 22 Uhr einkaufen, in den größeren Städten meist sonntags auch von 12 bis 16 Uhr. Viele Lebensmittelgeschäfte und Supermärkte haben erweiterte Öffnungszeiten. Die Rückerstattung der Mehrwertsteuer (Tax Free) ist nur für Bürger aus Nicht-EU-Staaten möglich.

Essen & Trinken

Das gastronomische Angebot ist in Südschweden so vielfältig wie das Land selbst – angefangen bei Imbissbuden und den weltweit bekannten Fast-Food-Ketten über Cafés, Bistros und Restaurants mit einfacher Küche bis hin zu Gourmet- und Sterne-Restaurants. Viele Restaurants bieten besondere Mittagsmenüs, Dagens Lunch, an. Diese beinhalten meist ein warmes Hauptgericht, dazu Brot und Butter, Salat, ein alkoholfreies Getränk und Kaffee zu einem Preis ab etwa 6 Euro. Bier unter 3,5 Vol.-% kann man auch in Schweden in Lebensmittelgeschäften oder einfachen gastronomischen Betrieben kaufen. Stärkere alkoholische Getränke werden allerdings ausschließlich in staatlichen Alkoholgeschäften (Systembolaget) oder in Restaurants mit Alkoholausschanklizenz (*fullständiga rättigheter*) an Personen

Historische Straßenbahn in Malmö

über 20 Jahre verkauft. Die Alkoholgeschäfte sind geöffnet Montag bis Freitag von 10 bis 18 Uhr und am Samstag in der Regel von 10 bis 14 Uhr.

Ferien

Die Sommerferien fangen in ganz Schweden Anfang bis Mitte Juni an, und das neue Schuljahr beginnt dann erst wieder zwischen Mitte und Ende August. Industrieferien sind meist im Juli. Im Februar/März (7.–10. Kalenderwoche) haben die Schulkinder eine Woche Skiferien, um Ostern herum eine Woche Osterferien und im Oktober eine Woche Herbstferien. Die Weihnachtsferien dauern in der Regel zwei Wochen. Sie enden um den 10. Januar.

Geld

Die schwedische Währungseinheit ist die Krona (SEK oder skr). 1 Krona = 100 Öre. 1 € ≈ 9,25 SEK. (Stand: Nov. 2014). Zum 30. September 2010 wurde die 50-Öre-Münze abgeschafft, sodass die kleinste Münze nun einen Wert von 1 Krona hat. Die Preise werden in den Geschäften aber nach wie vor mit Öre-Stellen hinter dem Komma angegeben und bei Kartenzahlung auch exakt berechnet. Bei Barzahlung wird je nach Gesamtsumme zur nächsten vollen Krona auf- oder abgerundet. Kreditkarten sind in Schweden sehr weitverbreitet, auch kleinere Beträge werden häufig mit Karte gezahlt. Empfehlenswert ist dabei, sich eine PIN für die Kreditkarte zuteilen zu lassen. Die Maestro-Card (früher: EC-Karte)

Markttag auf dem Stockholmer Hötorget

wird hingegen in Schweden i.d.R. nicht als Zahlungsmittel anerkannt. Allerdings kann man mit der Maestro-Card in Verbindung mit der dazugehörigen PIN an mehr als 2400 Geldautomaten (Bankomat) im ganzen Land problemlos Geld abheben. Bei Banken und in vielen Postämtern in Schweden kann man Geld wechseln. Es ist aber nicht möglich, Geld von einem deutschen Postsparbuch abzuheben. Beschränkungen für die Ein- und Ausfuhr schwedischer oder ausländischer Währung gibt es nicht.

Gesundheit (Ärzte, Notruf)

Das schwedische Gesundheitssystem ist sehr gut ausgebaut. Bei akuten Erkrankungen oder Unfällen sollte man sich an die Unfallambulanzen der Krankenhäuser (*Akutmottagningen*) wenden. Im Notfall lautet der Notruf für Polizei und Feuerwehr 112. Zwischen Schweden und allen EU-Ländern besteht ein Sozialver-

Reiseinfos

Eisvogel im Wasserreich von Kristianstad

sicherungsabkommen, das den EU-Bürgern eine Behandlung zu gleichen Bedingungen wie den Schweden garantiert. Im Jahr 2006 ist die European Health Insurance Card (EHIC) von den Gesetzlichen Krankenkassen eingeführt worden. Sie ersetzt u. a. den Auslandskrankenschein (E111). Die Gebühren für einen Arztbesuch belaufen sich auf etwa 24 bis 40 Euro. Zur Deckung dieser Kosten ist der Abschluss einer privaten Auslandsreisekrankenversicherung zu empfehlen. Medikamente sind ausschließlich in Apotheken erhältlich, häufig nur gegen Rezept. Die Apotheken sind zu normalen Geschäftszeiten geöffnet. In den größeren Städten gibt es auch einen 24-Stunden-Service. Wer auf die regelmäßige Einnahme von Medikamenten angewiesen ist, sollte einen ausreichenden Vorrat mit sich führen.

Haustiere

In den vergangenen Jahren sind die Bestimmungen zur Haustiereinfuhr nach Schweden mehrfach vereinfacht worden. Wer einen Hund oder eine Katze von einem EU-Land nach Schweden mitnehmen möchte, benötigt keine schriftliche Genehmigung mehr, und auch ein Gesundheitsattest ist ebenso wenig vorgeschrieben wie Impfungen gegen Leptospirose und Hundestaupe – auch wenn beide Impfungen weiterhin empfohlen werden. Seit dem 1. Januar 2012 muss außerdem kein Tollwut-Antikörpertest mehr vorgelegt werden und auch die Entwurmung auf Fuchsbandwurm frühestens zehn Tage vor der Einreise entfällt. Vorgeschrieben sind aber weiterhin eine D-Kennzeichnung mit Mikrochip oder eine deutlich erkennbare Tätowierung, die Tollwut-Impfung entsprechend den Empfehlungen des Impfstoffherstellers mit einem zugelassenen Impfpräparat sowie das Mitführen eines Tierpasses, in dem der zuständige Tierarzt alle notwendigen Maßnahmen notiert. Jungtiere dürfen frühestens drei Wochen nach erfolgter Tollwutimpfung eingeführt werden, d. h. ab einem Alter von ungefähr vier Monaten. Ergänzungen und weitere Informationen zur Einfuhr von Haustieren werden kontinuierlich auf der Website des Schwedischen Zentralamts für Landwirtschaft (auch in englischer Sprache) veröffentlicht: www.jordbruksverket.se

Jedermannsrecht

Das schwedische Jedermannsrecht, das sogenannte *Allemansrätten*, ist ein jahrhundertealtes Gewohnheitsrecht, das jedem erlaubt, sich überall in der Natur frei zu bewegen –, und zwar unabhängig von jeweiligen Besitzverhältnissen. Das bedeutet, dass man beispielsweise überall in Seen baden, sich an Stränden sonnen, Blumen pflücken darf … so lange Tiere, Pflanzen und Anwohner dadurch nicht gestört oder geschädigt werden. Geschützte Arten sind allerdings grundsätzlich tabu. Das Jedermannsrecht beinhaltet außerdem das Recht, sich für eine Nacht an einem beliebigen Ort in der Natur »niederzulassen«, jedoch nicht in Sichtweite von Wohnhäusern oder dort, wo das Wildcampen ausdrücklich verboten ist.

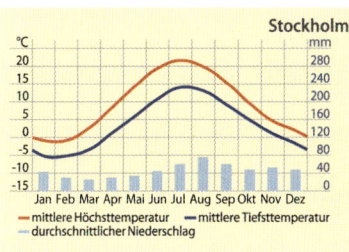

Klima & Reisezeit

Dank des Golfstroms verfügt Schweden und insbesondere Südschweden über ein gemäßigtes Klima. Trotz der nördlichen Lage können die Sommer hier sehr heiß werden, aber lange nicht so stickig wie in deutschen Großstädten. Ähnlich wie in Deutschland gibt es im Sommer aber keine Schönwetter-Garantie. In den Herbst- und Wintermonaten ähnelt das Wetter je nach Region oft dem norddeutschen, jedoch gehören Schnee und Eis in Südschweden nach wie vor wie selbstverständlich zum Winter. Eine Schneegarantie gibt es im Süden mittlerweile aber auch nicht mehr.

Mietfahrzeuge und Verkehr

Autovermietungen sind an allen Flughäfen, in vielen Städten sowie zahlreichen Tankstellen zu finden. Die Verkehrsregeln

KALENDER

JANUAR
1.1. Neujahr
6.1. Trettondagen
(13. Weihnachtstag)

MÄRZ/APRIL
Karfreitag: Freitag vor Ostern
Ostersonntag
Ostermontag

MAI
1.5. Neujahr
Christi Himmelfahrt

JUNI
6.6. Nationalfeiertag
Pfingstsonntag

Mittsommerabend:
Der Freitag vor dem Mittsommertag

Mittsommertag:
Der Samstag, der dem 24. Juni am nächsten liegt

Allerheiligen:
Samstag zwischen dem 31.10. und 6.11.

DEZEMBER
10.12. Nobel-Tag
13.12. Lucia-Tag
24.12. Weihnachtsabend
25.12. 1. Weihnachtstag
26.12. 2. Weihnachtstag
31.12. Silvester

Reiseinfos

entsprechen der europäischen Norm. Zu beachten ist, dass in Schweden Taglichtpflicht gilt und für Kinder bis zum 7. Lebensjahr Kindersitze vorgeschrieben sind. Zu beachten ist außerdem: Die Elch-Warnschilder werden nicht aus optischen Gründen für die Touristen aufgestellt. Hier sollte man verstärkt auf möglichen Wildwechsel achten. Rund die Hälfte aller Unfälle in Schweden ist auf Kollisionen mit Wild zurückzuführen! Auch Alkohol am Steuer wird streng bestraft. Die Promillegrenze liegt bei 0,2 Promille.

Mücken

Mücken sind in Südschweden zwar nicht annähernd eine so große Plage wie im Norden des Landes, aber trotzdem gibt es je nach Region auch hier reichlich von ihnen. Also für Mückenschutz sorgen.

Post

Sogenannte Poststellen in Geschäften oder Zeitschriftenläden dienen als Anlaufpunkt für das Verschicken von Paketen und Briefen oder Postkarten. Das normale Porto für einen Brief oder eine Postkarte innerhalb Europas beträgt 14 SEK.

Rauchen

Das Rauchen ist in Schweden schon seit dem 1. Juni 2005 in Hotels, Restaurants, Bars und öffentlichen Gebäuden nicht mehr gestattet. Meist treffen sich die Raucher vor der Tür.

Reisedokumente

Reisende aus einem EU-Mitgliedsland sind durch das Schengen-Abkommen von der Ausweiskontrolle befreit. Dennoch kann es vorkommen, etwa bei einer Zollkontrolle, dass man sich ausweisen muss. Schweizer Staatsbürger benötigen eine gültige Identitätskarte bzw. einen gültigen Pass.

Telefonieren

Die Vorwahl für Schweden von Deutschland, Österreich und der Schweiz aus ist 0046. Um von Schweden aus in Deutschland anzurufen, wählt man 0049, Österreich hat von Schweden aus die Vorwahl 0043, die Schweiz erreicht man unter 0041.

Buckelvolvo aus den 1950er-Jahren in Vimmerby

Trinkgeld

Das Bedienungsgeld ist in Schweden immer im Preis inbegriffen. Das Aufrunden im Taxi oder Restaurant wird aber gern angenommen.

Übernachtung

In Südschweden gibt es Unterkünfte für jeden Geschmack und Geldbeutel – angefangen bei der günstigen Übernachtung auf Campingplätzen und in Jugendherbergen über familiengeführte Pensionen, B&B und Ferienhäusern bis hin zu Hotels aller Kategorien und Preisklassen.

Zoll

Für Reisende aus EU-Ländern gelten die EU-Richtlinien zum Warentransport.

Kleiner Sprachführer

KULINARISCHES BEGRIFFSLEXIKON

Bröd Brot
Macka belegtes Brötchen
Kanelbulle Zimtschnecke
Gädda Hecht
Hälleflundra Heilbutt
Kräftor Flusskrebse
Räkor Krabben
Sill eingelegter Hering
Strömming Ostseehering
Lax Lachs
Löjrom Maränenkaviar
Ostron Austern
Torsk Dorsch
Köttbullar Fleischbällchen
Nötkött Rindfleisch
Kyckling Hühnchen
Renkött Rentierfleisch
Oxfilé Rinderfilet
Fläsk Schweinefleisch
Älg Elch
Anka Ente
Gås Gans
Korv Würstchen
Pannbiff Hacksteak
Kantareller Pfifferlinge
Svamp Pilze
Sparris Spargel
Purjolök Lauch

WICHTIGE VOKABELN

Willkommen Välkommen
Guten Tag Hej
Auf Wiedersehen Hej då
Danke Tack / **Bitte** Varsågod
Ja ja / **Nein** nej
Flughafen flygplats
Bahnhof station
Hafen hamn
Stadtplan stadskarta
Auto bil
Fähre färja
Eingang ingång
Ausgang utgång
geöffnet öppet
geschlossen stängt
Einzelzimmer enkelrum
Doppelzimmer dubbelrum
Gepäck bagage
Ferienhaus stuga
Bettwäsche sänglinne
Rechnung kvitto, notan

ZAHLEN

eins ett
zwei två
drei tre
vier fyra
fünf fem
sechs sex
sieben sju
acht åtta
neun nio
zehn tio
hundert hundra
tausend tusen

SÜDSCHWEDEN
für Kinder und Familien

Astrid Lindgrens Värld in der Miniaturstadt begeistert besonders die kleinen Besucher.

Schweden ist ein extrem kinderfreundliches Land. Nicht nur, dass die abwechslungsreiche Natur in Südschweden einen riesengroßen Abenteuerspielplatz darstellt. Auch Hotels und andere Unterkunftsarten, Verkehrsmittel, Restaurants, Ausflugsziele und Attraktionen sind häufig auf Eltern mit Kindern unterschiedlicher Altersgruppen eingerichtet und bieten nicht selten Rabatte für Kinder an.

◯ Kinder bis 6 Jahre

Mit dem Kescher an der Bohusküste Krebse fangen, Sandburgen an den Stränden von Halland oder Skåne bauen, mit dem Schiff über den Götakanal schippern, Elche in Småland bestaunen und streicheln oder im Wald auf Entdeckungstour gehen: Für die Kleinsten hält die südschwedische Natur unzählige spannende Erlebnisse bereit. Und falls das Wetter mal nicht ganz so toll sein sollte, locken z. B. Tierparks wie Nordens Ark bei Hunnebostrand, Kolmården Djurpark in Östergötland und Skånes Djurpark bei Höör, das Kindermuseum Junibacken in Stockholm oder das Schloss Kalmar.

◯ Kinder ab 6 Jahre

Wer Kinder in diesem Alter hat, wird wohl an einem Besuch in Vimmerby und vor allem in Astrid Lindgrens Welt nicht vorbeikommen. Am besten, man sichert sich direkt ein Zweitagesticket für den Park, um dem Bitten und Betteln der Kinder zuvorzukommen. Daneben hat die Natur eine Vielzahl an aktiven Abenteuern zu bieten. Ein Klassiker ist natürlich eine Kanufahrt auf einem der vielen Seen in Småland, Blekinge oder Östergötland. Hinzu kommen mehrere Kletterwälder, Wanderungen über verwachsene Pfade wie im Tiveden oder Schiffstouren durch die Schären vor Göteborg und Stockholm.

◯ Kinder ab 12 Jahre

Auch wenn der Nachwuchs auf der Suche nach etwas mehr Action und Abenteuer ist, ist man in Südschweden goldrichtig. Wie wäre es mit einem Zipline-Erlebnis in Småland, einer mehrtägigen Kanutour mit Übernachtung auf einer einsamen Insel, ein paar ersten Angelerfahrungen an einem See oder dem Sprung ins kühle Nass von einem Felsen an der Schärenküste? Wer weibliche Teenager in der Familie hat, sollte auf jeden Fall auch mindestens einen Shopping-Tag in Stockholm oder Göteborg einplanen – und etwas mehr Platz im Kofferraum, um die neuen Errungenschaften nach Hause zu transportieren.

Kolmården Djurpark und Aquarium

Südschweden für Kinder und Familien

Tipps für Kinder und Familien

○○○ Astrid Lindgrens Welt.
Für alle Kinder, die mit den Geschichten von Astrid Lindgren aufgewachsen sind, ist der Besuch in diesem Theater- und Erlebnispark ein Muss. Volles Theaterprogramm gibt es allerdings nur in den Sommermonaten. Wer ein wenig Geld sparen möchte, kann den eigenen Picknickkorb mitbringen (www.alv.se).

○○○ Götakanal
Eine Schiffstour auf dem Götakanal ist ein Highlight für die ganze Familie – vor allem, wenn es darum geht, das Schleusen der schmalen Schiffe zu beobachten. Auch eine Fahrradtour über den ehemaligen Treidelpfad des Kanals ist toll für Familien geeignet, da er überwiegend flach und autofrei verläuft und gut zu fahren ist (www.gotakanal.se/de).

○○ Junibacken
Junibacken in Stockholm ist alles andere als ein langweiliges, ermüdendes Museum, sondern eine lebendige Ausstellung zum Mitmachen, prall gefüllt mit Geschichten, Spaß und munteren Streichen. Hier trifft man nicht nur auf die Geschichten von Astrid Lindgren, sondern auch auf Willi Wiberg, Pettersson & Findus, Willi Werkel und viele andere (www.junibacken.se).

○○ Kolmården
Der riesige Safaripark ist nicht nur für Kinder faszinierend. Wer noch keinen Elch gesehen hat, bekommt im größten Zoo Nordeuropas eine Chance. Aber natürlich gibt es auch wilde Tiere, die man vom Auto aus, vom Safarizug oder von oben aus der Seilbahn beobachten kann (www.kolmarden.com).

○○ Little Rock Lake
Nordeuropas längste Zipline befindet sich in Klavreström in Småland und ist ein Erlebnis voller Adrenalin. An einem 2,5 Kilometer langen Drahtseil, das zwischen Türmen, Podesten und Bäumen gespannt ist, gleitet man sicher angegurtet mit einer Höchstgeschwindigkeit von 70 Stundenkilometern durch die Wälder. Wagemutige jüngere Kinder können ab fünf Jahren

Gespannt folgen die kleinen Zuschauer der Geschichte von Pippi und den Piraten.

Mittsommernachtsfest in Gränna

mit einem Guide-Tandem zippen (www.swedenzipline.com/de).

○○ Nordens Ark
Wölfe, Luchse, Rentiere und Vielfraße bekommt man in diesem Tierpark zu sehen. Hier hat man es sich zur Aufgabe gemacht, vom Aussterben bedrohte Tierarten des Nordens aufzuziehen und auszuwildern (www.nordensark.se).

○○ Schloss Kalmar
Im Sommer übernehmen die Kinder das Schloss Kalmar. Hier können sie den Schwarzen Ritter zum Kampf herausfordern, das Schwert aus dem Stein ziehen und sich im Schlosssaal feierlich zum Ritter schlagen lassen. Oder wie wäre es mit einer Schatzsuche oder einer Führung mit der Prinzessin des Schlosses (www.kalmarslott.se)?

Familienfreundliche Unterkünfte

Camping
Laut ADAC-Campingführer 2016 ist Schweden hinter Deutschland das zweitgünstigste Reiseland für Campingurlauber in Europa. Kein Wunder also, dass die schwedischen Campingplätze nicht zuletzt bei Familien überaus beliebt sind. Meist übernachten sie in Reisemobilen oder im Caravan, wobei die Kinder ein kleines Abenteuer darin sehen, im eigenen Zelt zu nächtigen. Viele Campingplätze in Schweden bieten außerdem einfach ausgestattete Hütten an, die man für eine oder mehrere Nächte anmieten kann. Eine große Auswahl an Campingplätzen in Schweden gibt es unter www.camping.se.

Ferienhäuser
Perfekt für den Familienurlaub eignen sich auch Ferienhäuser, von denen es in Südschweden eine breite Palette gibt – von einfach bis luxuriös. Zu den größten Anbietern zählen Novasol (www.novasol.de), Dansommer (www.dansommer.de) und DanCenter (www.dancenter.de). Darüber hinaus vermitteln auch einige lokale Tourismusbüros Ferienhäuser in der jeweiligen Region.

Hotels
Viele Hotels in Schweden bieten im Sommer auch Familienzimmer an. Dazu zählt z. B. die Hotelkette Scandic (www.scandichotels.de).

Register

A
Ängelholm 50 ff.
Åsens by 110 f.
Askersund 211

B
Bauer, John 107 f., 205
Bergmann, Ingrid 62
Birka 172 f.
Bjärehalbinsel 50 ff.
Blå Jungfrun 123
Blekinge, Schärengarten 72
Borås 230 f.
Borg, Björn 63

E
Eksjö 102 ff.
Elchparks 98 ff.
 Grönåsens Älgpark 99
 Östra Elinge 99
 Smålandet Älgpark 100

F
Farö 138 ff.
Feste 279
Fika 252
Fiskebäcksil 259
Flatö 258 f.
Fotevikens Museum 55

G
Garbo, Greta 62
Glaskogen 234 ff.
Glaskunst 90 f.
Glasreich 84 ff.
Glimmingehus 56 f.
Götakanal 194 ff.
Göteborg 240 ff.
 Feskekörka 241
 Museen 242 ff., 247
 Seehandel 248 ff.
 Utkiken 241
Gotland 130 ff.
 Bläse Kalkbruksmuseum 139
 Kirchen 138
 Museum Gotlands Fornsal 131
 Vikingabyn 134
 Visby 130 ff.
Gotska Sandön 139
Gränna 205
Gripsholm (Schloss) 180 ff.
Gryt 190 f.
Gudhem 225 f.
Gunnebo (Schloss) 249

H
Hamburgsund 262 ff.
Håverud 232 f.
Helsingborg 42 f.
 Fredriksdal Museer och Trädgårdar 43
 Nimis 43
 Schloss Sofiero 44 f.
Hornborgasjön 228
Hovs hallar 52
Husaby 226
Huskvarna 204 f.

J
Jönköping 106 ff.
 Länsmuseum 107 f.

K
Kalmar 92 ff.
 Kunstmuseum 95
 Länsmuseum 95 f.
 Schloss 92 ff.
Kamprad, Ingvar 61
Kanu/Kajak 220 ff.
Karlsborg 207 f.
Karlshamn 70
 Kreativum 70
Karlskrona 68 ff.
Karlstad 216 f.
Kinder 282 ff.
Kivik 57
Kolmården (Tierpark) 189
Kosterhavet 268 ff.
Kristianstad 64 ff.
Kullahalbinsel 46 ff.
 Krapperups Slott 48
 Arild 48

L
Läckö (Schloss) 218
Larsson, Carl 61
Leander, Zarah 62
Lindgren, Astrid 61, 112 ff.
Linköping 200 f.
Linné, Carl von 62
Lund 38 ff.
 Domkirche 38 f.
 Museumsweg 38 f.

Romeleåsen 40
Universität 39

M

Malmö 30 ff.
  Altstadt 34
  Malmö Museer 32
  Malmöhus Slott 31
  Moderna Museet 32
  Turning Torso 36
  Västra Hamnen 36 f.
Mankell, Henning 63
Mariefred 180 ff.
Marstrand 254 f.
Motala Motor-
  museum 195

N

Nobel, Alfred 62
Nordens Ark 263
Nybro 85
  James-Bond-Museum 85
Nyköping 188 f.

O

Öckeröarna 259
Örebro 214 f.
Olofström 69
Orust 257 f.

P

Palme, Olof 63

R

Ronneby 68 ff.

S

Sigtuna 176 ff.
Skara 224
Skokloster (Schloss) 176
Skurugata 103
Smögen 262 ff.
Stendörren 184 ff.
Stockholm 144 ff.
  Drottningholm
  (Schloss) 168 ff.
  Gamla Stan 154 ff.
  Museen 152
  Schärengarten 162 ff.
  Skyfiew 149
  Sofo 145
  Überblick der Sehens-
  würdigkeiten 147, 151
Store Mosse 78 ff.
Strängnäs 181

T

Tanum 266
Tiveden 210 ff.
Tjörn 256 f.
Tjust 190 f.
Trosa 184 ff.
Tullgarn (Schloss) 185

U

Uppsala 174 f.
  Dom 174
  Universität 175

V

Vadstena 202 f.
Vadstena 206 f.
Vänern 216 ff.
Västergötland 224 ff.
Varberg 74 f.
  Radiostation
  Grimeton 75
Vattenriket 64 ff.
Vättern 204 ff.
Växjö 82 f.
Vimmerby 112 ff.
  Astrid Lindgrens
  Welt 114 ff.
Visby 130 ff.

W

Wadköping 215

Y

Ystad 54 ff.

Impressum

Produktmanagement: Claudia Hohdorf
Lektorat: Dr. Barbara Münch-Kienast
Korrektorat: Anke Höhne
Layout: Elke Mader
Umschlaggestaltung: Zero Werbeagentur
Repro: Repro Ludwig
Kartografie: Kartographie Huber, Heike Block
Herstellung: Bettina Schippel
Printed in Slovenia by Florjancic

Sind Sie mit diesem Titel zufrieden? Dann würden wir uns über Ihre Weiterempfehlung freuen.

Erzählen Sie es im Freundeskreis, berichten Sie Ihrem Buchhändler, oder bewerten Sie bei Onlinekauf.

Und wenn Sie Kritik, Korrekturen Aktualisierungen haben, freuen wir uns über Ihre Nachricht an Bruckmann Verlag,
Postfach 40 02 09,
D-80702 München
oder per E-Mail an
lektorat@verlagshaus.de.

Unser komplettes Programm finden Sie unter

 www.bruckmann.de

Alle Angaben dieses Werkes wurden von den Autoren sorgfältig recherchiert und auf den neuesten Stand gebracht sowie vom Verlag geprüft. Für die Richtigkeit der Angaben kann jedoch keine Haftung übernommen werden.

Bildnachweis:
Alle Aufnahmen des Innenteils und des Umschlags stammen von Petra Woebke, außer:
Fotolia/Stefan Röhler/modulFotos, S. 209;
Fotolia/DenZ0r, S. 228 Mitte; Thomas Krämer, S. 40 o., 180 u., 230 u.; Peter Mertz, S. 222, 223 u.; Public Domain, S. 61, 61, 63; Picture Alliance/dpa, S. 60;
Picture alliance/DUMONT Bildarchiv, S. 194 u.; Shutterstock/Conny Sjöstrom, S. 19 o.; Shutterstock/Andreas Gadin, S. 20.; Shutterstock/travelight, S. 38; Shutterstock/Stefan Holm, S. 148 u.; Shutterstock/Estea, S. 179 re.; Shutterstock/Jan Willem van Hofwegen, S. 249

Umschlagvorderseite:
oben: Blaubeeren, rechts: Mädchen an Mittsommernacht, unten: Halbinsel Orust, der Fischerhafen von Fiskebäcksil
Umschlagrückseite:
links: Elch, rechts: Leuchtturm bei Digrans auf Gotland
Klappe vorne: Blick auf Stockholm

Die Deutsche Nationalbibliothek verzeichnet diese Publikation in der Deutschen Nationalbibliografie; detaillierte bibliografische Daten sind im Internet über http://dnb.d-nb.de abrufbar.

4. neu bearbeitete Auflage
© 2016, 2015, 2014, 2012 Bruckmann Verlag GmbH, München
ISBN 978-3-7343-0952-6